徐渭書法藝術之研究

林 榮 森 著

文 史 哲 學 集 成
文史哲出版社印行

國家圖書館出版品預行編目資料

徐渭書法藝術之研究/ 林榮森著. -- 初版. --
臺北市：文史哲，民 93
　面：　公分. -- (文史哲學集成 ；484)
參考書目：面
ISBN 957-549-554-3 (平裝)

1.（明）徐渭 – 傳記 2.（明）徐渭.– 學
術思想 – 書法 3.（明）徐渭 – 作品評論
940.986　　　　　　　　　93005921

文 史 哲 學 集 成

徐渭書法藝術之研究

著　　者：林　　　榮　　　森
出 版 者：文　史　哲　出　版　社
http://www.lapen.com.tw
登記證字號：行政院新聞局版臺業字五三三七號
發 行 人：彭　　　正　　　雄
發 行 所：文　史　哲　出　版　社
印 刷 者：文　史　哲　出　版　社
臺北市羅斯福路一段七十二巷四號
郵政劃撥帳號：一六一八○一七五
電話886-2-23511028 ・傳真886-2-23965656

實價新臺幣四二○元

中 華 民 國 九 十 三 年 （2004） 四 月 初 版

自　序

　　余自幼耽閱書道，喜於操筆弄墨，搦管恒疏，雖不得要領，卻也感到充實自在、無比快慰。然而韶光飛逝，歲月易得，不覺倏已二十餘載，其間雖曾僥倖得些小獎，但隨著馬齒徒長，愈益感嘆書法之精深奧微，光憑技法錘鍊，終難有所突破，於是開始蒐研書史論著，期能從中擷取養分，獲得啓發。惟先人論書往往喜用典故，或間以冷字僻詞，讀之不免晦蒙艱澀，而弗得其旨要。

　　民國八十九年間，在柳老師炎辰及師母鼓勵催促下，投考就讀中興大學中研所，遂決意以書法理論作爲碩士論文研究主題，當時爲草擬研究計劃之需，面對歷代書史百家及相關文獻的卷帙浩繁，頓時有種「狗咬刺蝟」般的茫然，不知所措，幸蒙杜忠誥博士的指引提示，選定徐渭爲研究對象，題目既定，自此展開資料搜尋工作，前後歷時兩年，眞可謂「上窮碧落下黃泉」，竊知台灣地區對徐渭書法研究，仍處洪曚階段，乃轉而向大陸方面蒐求，且親赴北京、上海等地遍訪各大書坊，終於將所需資料完整攜回，繼而進行消化分類，初時亦覺雜亂無章，事倍功半，但經指導教授陳欽忠博士的引領點撥，很快便進入狀況，並在既定目標下，觀瀾索源，振葉尋根，依次完成各項論文撰寫準備工作，就緒後便利用課餘著手草擬，迨至九十一年九月完稿，始底於成，克竟全功。

　　在研究所就讀期間，除得親炙陳教授之治學法門，亦有機會獲得諸多師長在研究方法上之啓迪，同時因多方修習中文、國學等相關課程，得能廣泛研讀經史典籍，使眼界爲之益寬，學術根基也進一步得到充實，凡此皆是促成本書能夠順利完成的重要因素。質言之，以我樗櫟之材，若不是透過研究所嚴格的訓練，這本書是不可能如期寫出來的。曾國藩曾說〝平生讀書百無一成，而於古人爲學之津途，實已窺見其大〞，在我讀完徐渭相關資料後，的確頗能感受到他藝術造詣之高以及學問之大，這也更加肯定他的書法實在值得鑽研探究。

明代書法由於政治、社會、經濟、學術等環境因素的烘染，使得書法風氣呈現一片蓬勃興盛的景象，在不到三百年的歷史中，出現了古典派、浪漫派及表現派三大書風流派。這三大流派彼此間，存在著互爲消長或相輔相成的作用與關係。然而很明顯地，眞正能代表明代書法最高成就的主流，應歸屬於〝表現派〞。因爲〝古典派〞主要還是在傳統的路線中尋求出路；而〝浪漫派〞則屬〝表現派〞的先聲，仍然著重於美學形式的追求，在藝術原創之表現上，多少受到某種程度的限制，唯有〝表現派〞才徹底擺脫沉重而固定的美學框架，純任書家恣性揮灑，標誌著主體個性的張揚，以精神自覺爲鵠的，從〝浪漫派〞的基礎上，更向前跨進一步，不僅在波瀾壯闊的明代書壇取下領導地位，也爲中國書法的歷史與發展帶來了新的契機。

〝表現派〞書風的崛起，固然不得不歸功於〝浪漫派〞的臂助，同時也符合當時的時代背景之外，最重要的是，明代中後期一群血性書家的大力拉抬，將作爲創作本體的心理情境以及精神要素，參和著個人的生命遭遇，渾含筆墨，頃注於毫端，爲書法藝術與生命基調作高度的融合，開創出前所未有的藝術新觀念，這其中徐渭實扮演了極其重要的角色，尤其他生活蹇困、潦倒坎壈，在藝術商品化的大時代環境中，讓他別無選擇地向鬻字賣畫靠攏，就因為他為了換取經濟生活所需，於是大量寫出適合懸掛廳堂素壁的立軸作品，更由於遷就當時高挑的建築空間需求，其所寫書法規格亦創下歷史新高，此對晚明變形書風動輒十數尺的風尚，不無起著先導作用。

其次，以往徐渭研究者，特別是探討他書法藝術的論述，多未能從宏觀的視角，全面搜集其書學論著進行研究，例如他有一本極其重要的書學理論《筆玄要旨》，一般學者雖也大多曾經提到，但其內容卻從未被探討過，這樣的研究將造成見樹不見林、知偏不知全之弊，本文則予以深入解讀探究，期能對徐渭之書學思想有一較精確的掌握，並進而加以闡發。另一方面，由於歷來對徐渭書法深入研究者不多，以至迄至目前為止，尚無人為其書風作分期，本項研究則儘可能廣搜徐渭作品圖版，先就繫年作品加以整理分類，再從未繫年作品中核對找出風格或署款相近之作品，試著予以作歸類。此項作法雖未必恰當成熟，也不見得能達到精確的地步，但如果把它視為徐渭書風分期的一個片斷或起點，則似又有其一定之價值。

事實上，徐渭書法創作以行草為主，未見篆隸作品傳世，即使楷書也所見不多，嚴格講起來，稱得上法度嚴謹的楷書作品只有一件，另有少數行楷合參者外，餘則行草為多。因此欲了解徐渭書法內涵，勢難從書體上作文章。是以，本文擷採書寫格式作為研究類別，試圖在不同的創作形式中，做一比較評析，結果發現，其卷冊、題畫、尺牘、匾聯雖屬既有之格式，然徐渭也都能在古人的基礎上予以改革發揚，創造出嶄新的風貌。而在各種格式中，則以縱長立軸書法成就最高，貢獻也最大，甚至可以說是徐渭書法之代表，其對當時或後世書壇影響亦最深遠。徐渭行草書法當其濡墨揮灑在巨幅立軸紙上時，但見煙嵐滿紙、點畫狼藉，幾乎完全打破旣定律則，行序之間無固定規律，大小、寬窄、粗細、長短，悉依作者興之所至，行於所當行，止於所不可不止，處處充滿著尙奇與犯險之精神，時時流露出〝隨機性〞及〝以醜拙爲美〞的審美趣尙。觸處機發、渾然天成。尤以〝行書草寫〞之表現方式，爲前人所無，堪爲晚明變形書風之濫觴。

　　表現派書風到了王鐸、傅山時期，因將其可用技巧予以整合運用殆盡，使得有識之士深刻體認到，此一書風形式已〝利多出盡〞，後人勢難在這一領域裡有所斬獲，加上明末清初趙、董遺風大行其道，復以金石考據學所帶來的碑學風尙，致使徐渭這號人物逐漸被忽略，更重要的是，明清書論絕少提到徐渭，尤令人匪夷所思。不過徐渭的歷史地位也並未因此而遭受到抹煞，反而由於被壓抑得愈久，其反彈的力道愈大。迄至清中葉以後，不少具有畫家背景的書家，如石濤、八大山人、楊州八怪、吳昌碩、齊白石、龔賢等人皆受其薰染不小。近年來書法界亦已重視起他，除了書法史不再遺漏之外，有關徐渭書法之論述、專著亦紛紛出籠，只不過因其書法資料離散，蒐集不易，致難有較完整之研究成果問世。本文期以拋磚引玉之心情，冀能提供書壇及學術界些許獻曝，並給予徐渭在書法史上更公允之評價與定位。當然，囿於個人學力所限，所論勢難面面俱到，或由於個人主觀偏見，或訛誤遺闕，在所難免，但總是盡最大力量勉力從事，期待未來能引發更多徐渭書法愛好者投入研究行列，實乃寫作本書之最大心願。然而學海無涯，率爾操觚，據以立論，雖銖積寸累，困知勉行，亦僅能粗述厓略，鮮所發明，倘蒙高明告之所聞，匡我不逮，則乃區區之微意也。

　　　　　　　　　中華民國九十三年二月　　**林榮森**序於甄宜軒

徐渭書法藝術之研究

目　錄

第一章　緒　論

第一節　研究動機與目的

一、研究動機

　　中國書法從一開始就依附著文字的演進而發展壯大，因此在文字的變革中，書法風貌隨之附和遷異，自屬天經地義之事。溯自甲骨文時期，書法與文字完全是一體的，這種書文合一的觀念，歷經金文、大篆，一直到戰國以後才稍有改變，尤其是近年出土文獻的大量問世，使當時文字呈現多樣化的局面。以我們現在的眼光來看，甲骨文、金文、籀篆文字之所以與書法不可須臾分離，主要是因爲年代久遠，文物史料保存不易，導致目前僅見的文字現象趨於單一，而戰國以後所提供給予我們的資料，則較豐富，故能引起我們對該時期文字使用多元性的注意與興趣，也就是說，在同一個時期所普遍通行的字體上，因著地域、階層或書寫背景不同，因而有風貌上的差異，此種差異並非來自文字形體的變遷，純粹是由於環境及人爲因素所造成。舉例而言，過去我們對秦代書法的認識，僅止於刻石、權量、詔版，但在秦漢簡牘相繼出土後，才發現當時文字書寫的面目多樣，斑爛紛呈，其書法研究價值亦相對得到強化，所以中國書法雖建立在文字基礎上，然如將字體暫擱一旁，就其書寫形式及風格呈現角度視之，實有其獨立存在的空間與價值。特別是在唐代以後，各種書體均已發展成熟，可是書法風格並未因此而完全靜止，仍然以搖曳多姿的身段，昂首闊步、推陳出新，豐富著中國書法的創作技巧與本質內涵。然而，在一個時代或某種主義思潮書風的內部，都是由主要書家擔負起流派氣象營建的重責大任，比如尚意書風是代表宋代書法的整體成就，但它還是靠蘇東坡、黃山谷等人的支撐，始有足夠的說服力來擺脫唐代"尚法"的干涉，由此我們認為，書家個人的表現，有時具有時代風尚的縮影現象，甚至富有一定程度的歷史意義。

　　明代書法可謂繼宋之後又一高峰，不僅名家輩出，而且在前後二百餘年間，書法風貌出現了重大的變革，而我們所看到的亦不過是書風遞嬗的表象軌跡，其實在這時期重要書家的集體表現，才是有明一代書風得以雄視各朝的有利後盾。當然，明代書法因帝王的喜好，且在文化上延續著元代的科舉制度，一般書者對"館閣體"的追求樂此不疲，這種書體被接受認同的程度當為一時之冠，從開國之初直到明末，作為古典派書風的保守型書家，代有傳人，可惜此一最被普遍學習認同的書風，並未能夠作出太大貢獻，反將開拓性任務交到"浪漫派"及"表現派"書家身上，所以明代書法的改革風潮實際上是由浪漫主義書家率先發起，再由表現主義書家接手，共同打造出中國書法的歷史高峰。而如果真要探究明代書法的最高成就，則必須將目光專注在表現派書家之上，徐渭即是此派最核心的關鍵人物，正也因此而興起筆者研究徐渭之動機。

　　中國書法長期以來，一直存在著"傳統"與"創新"的論爭，舉凡傑出的書法名家，無不出身傳統，又無不具有自家面貌，幾乎大家都清楚，只有根植於紮實的傳統功夫，才能發展出富有筆墨內涵的書法藝術，問題是"傳統"與"創新"的界線何在？究

竟擁有多少傳統基礎始可自由發揮？卻無人能作回答，或許就是
因爲它的分寸不易拿揑，才更顯出它的難度與可貴，若從這一觀
點來講，則明代表現派書家的異軍突起，實不得不教人爲他們歡
呼喝彩。徐渭從陳淳手中接下表現主義的棒子，他不甘於只擔任
傳遞的工作，甚至把這一創作理念發揮到極致，將明代書法浪潮
帶到頂端，憑藉的就是他對傳統與創新的高度調和，他認爲書畫
有法，有法就有傳統，有法有傳統就不可能不有所繼承，但重要
的是法與傳統都需要擴充發展，一味臨摹古人，成爲“蝸蚓之死
者”[1]，“時露己意”[2]才是他的最終理想。事實上，講求創新洵
非易事，古往今來，有多少的書家不想創新？又有誰不想在滾滾
歷史洪流中揮灑出自己的一片天空？但都在傳統的喊話下功敗垂
成，身先士卒，究其原因，即在於對傳統吸收的過剩與不足，倘
在古人身上習染太深，往往難以自拔，“館閣體”就是活生生的
例子；如果傳統功夫不足，就侈言創新，則容易偏離正軌，根本
無法躋身書法之林。對此，我們不由得要佩服徐渭那種縱橫古
今、睥睨一世的能耐與勇氣，到底他對古人吸收有多少？他又有
何條件能揉合古今，而以驚世駭俗的面目開創書法新局，建立他
個人的歷史版圖，亦使筆者深感好奇。

二、研究目的

　　徐渭是位天才型的文學藝術家，雖然他在詩文、戲劇、繪畫
等方面亦有傲人的成就，但他自己認爲書法的造詣最高，嘗言

1　徐渭〈跋張東海草書千文卷後〉《徐渭集》，（北京：中華書局，
　　一九九九年二月二刷）P1091。
2　徐渭〈書季子微所藏摹本蘭亭〉《徐渭集》，P577。

"吾書第一，詩二，文三，畫四，識者許之"[3]。這番自白，說明其對書法的自信，是顯而易見的，奇怪的是，歷來研究其繪畫藝術者有之，研究其詩文、戲劇者亦有之，獨其書法卻少人問津，令人費解。

　　經筆者大略檢視徐渭書法作品，發現如純就傳統美學標準來評斷，則部份作品顯得高低參差、良莠不齊，但細品之下，一種勃然之氣和濃烈的情感特質洋溢其間，這些作品究竟有多少藝術價值，實應深入探討釐清，以進一步了解他的創作苦心。或許唯美的書法觀已不足以解釋徐渭書法風格，它所涵容的美學語言，又或許早已超出既有的藝術畛域，對古人的超越以及對新境域的開發拓墾，應該才是他邁向成功之路的有力憑藉，若干看似村童野老般其貌不揚、平凡無奇的作品，反而最能代表他個人的獨特風格。同時他身處浪漫主義與表現主義的銜接點上，他靠著個人力量，竟能將此一書風一舉拉到最高點，其在風格裡層及技巧表達上，當有過人之處，而他的突出風格也必然對當時或往後的書壇產生發酵作用。因此，對徐渭書法作一全盤性之研究探討，由上找出他的書學來源，並從橫向綜合各項影響成因，以歸結出其實質表現，再向下尋繹影響後世之深淺多寡，以給予他在中國書法史上更公允的評價與定位，此則本文研究之最終目的。

第二節　研究範圍

　　徐渭生當明代中後期，在政治、經濟、社會、文化等方面，都正處於急劇變動的時刻，這些時代環境因素，對書法風尚勢必

3　陶望齡〈徐渭傳〉收於《徐渭集》，P1341。

造成一定程度的影響，例如政治力的介入、社會形態及經濟結構
的轉變，以及學術思潮的衝擊等，對書法風格的形成，無不具有
烘染型塑的潛在功效。而徐渭自身的家世、出身和成長背景、師
友交往乃至生命際遇、人格特質，亦是不可忽略的項目。其次，
明代書法風氣及流派消長，也可提供整個時代縱向及橫向的書風
藍圖，便於就徐渭與各家或各派之間作一比較。在研究徐渭書法
的同時，他的其他文藝當然也應一併納入探討，以期對他的思想
有一完整而深刻的了解。

在書法專題方面，則當圍繞在徐渭與書法有關的範圍，舉凡
書學淵源的追索、書學論述的闡發，都有助於進一步掌握徐渭書
法創作的思想基礎。而在進入其書風析論時，更將碰觸到直接影
響徐渭書法特質的若干要素，亦即在客觀環境以外，鑄成他創作
風格的個人主觀週邊因素，如酒後縱筆、精神狀態、應人索書或
使用工具的差別等等。同時，既然是作專家研究，則其前後期書
風發展，亦不可錯過，對他每個時期的書法風格自應加以界分釐
清，藉以明白其各期之書風傾向與趣尚。此外，書法格式的改
變，也是明代書壇的一大收穫，立軸巨製在徐渭手中展現了前所
未有的佳績，由於他的大力開創，延續到明代晚期，蔚為大觀，
質量都居各朝之冠，不過，他在詩卷、題畫等方面亦有不凡的表
現，由於創作格式的多元化，更顯現了他書風的多面性。

在經過各項議題的討論推演之後，則要回歸到他作品的現象
面來作觀察，首先以提綱挈領的方式，歸納出徐渭書法特徵的藝
術精神，也就是在作品藝術技巧方面的綜合性風格特色，次再深
入他的點畫線條、字形結構和章法佈局的細部分析，試著為他的
藝術表徵作理性客觀的詮解，並透過後人對徐渭的評價，統整出
他在書法史上的意義。此則本文研究之大抵範圍。

第三節　研究方法與限制

一、研究方法

　　從第二章〈明代中晚期的時代背景〉和第三章〈徐渭的生平和事蹟〉，到第四章〈明代書風概述〉、第五章〈徐渭藝術成就及書學淵源〉，係採文獻研究法，先就各相關史料文獻進行研讀，再行抽絲剝繭，將與本文有關的部份予以扒疏匯整，避免流於籠統或偏離文旨，而以最經濟的筆墨對各章節所欲探討的問題，作清楚的交代，其中第四章比較具有挑戰性，因爲以往介紹明代書法，大多只區分爲"古典派"與"浪漫派"，或將晚明時期界分爲所謂"變形書風"，筆者以爲，該兩種方法都是以創作形式及表現技巧爲根據，但如就創作精神而言，則陳淳、徐渭、張瑞圖、黃道周、倪元璐等人應可歸爲"表現派"，因爲他們的創作心態和"浪漫派"有所不同，而"變形書風"又往往將王鐸、傅山列入，該二人與表現派書家仍有些許差距，故本章又須採用到比較法，以作爲各家各派之間分野的理論依據。至於第五章〈徐渭藝術成就及書學淵源〉，則須採用歸納法，在他的各種才藝上，歸結出一以貫之的藝術理念，再探求他書法學習歷程的取法路徑。第六章〈徐渭書學理論闡要〉，主要是從他的書學著作《筆玄要旨》、《玄抄類摘》序，及北京中華書局出版的《徐渭集》中有關書法論述作一研究，提煉出他在書法上的創作主張，所以必須採用文獻研究法及歸納法並重方式，始能克竟其功。第七章〈徐渭書法風格之形成〉，首先採用分析法，對影響徐渭個人書風的具體因素進行鑽探分析；其次採比較、分析、歸

納綜合研究法，整理出一個大致可循的書風發展型態；第三節書
寫格式則係以比較、分析法，就各種不同創作格式對書風各別的
影響，再比較之間的差異與優劣。第八章〈徐渭書法藝術之特
色〉，更須在歸納法、比較法、分析法外，再加上觀察法，從現
象學的觀點來仔細考察個別的現象，以作品的技巧特徵呼應前面
各章的推論，使本文前後的論點更能連貫且具說服力。

二、研究限制

　　徐渭書法因面貌特異，不如趙孟頫、宋四家等容易廣受喜
愛，復以其作品較爲紛散，以致從事其作品圖版整理者幾稀，所
幸北京文物出版社《中國古代書畫圖目》，有收錄爲數可觀的徐
渭書法作品，另由大陸書法學者過大江編輯，上海人民美術出版
社出版的《徐渭墨蹟大觀》，亦有近四十件作品，兩種著錄中雖
有部份重覆，但仍提供筆者研究上極大方便。過去曾有人質疑徐
渭傳世作品之眞僞問題，筆者原擬藉此機會略作探討，惜因資料
有限，且圖版印刷與原作難免有出入，加上因圖版篇幅關係，有
些僅刊印局部，未能見到全貌，尤其署款、用印的部份，如不能
清晰辨識，都將產生莫大困擾，況且辨別眞僞，有時還得借助紙
張的考察，作爲年代參考，而歷來書畫僞作情況猖獗，如非眞僞
對照，一時還眞難辨出眞假，即連鑑定專家都未必能作得到，經
再三估量，最終還是選擇了放棄。

　　此外，徐渭書法的蓬頭垢面，往往很難讓一般書家廣泛認
同，有時對他的若干表現，尚稍有微詞，基於這點，筆者原亦打
算以批判的眼光來看待他的書法，然經審愼縝密的觀察解析，最
後仍然拜倒在他攝人心魄的藝術眞誠之下，對他的了解愈多，就
愈被他的藝術魅力給收服，在在都顯示了徐渭書法的成就絕非偶

然現象，同時更說明了自己的渺小與能力的淺短，這些限制，無
疑是本文寫作上的一大缺憾。

第二章 明代中晚期的書學背景

　　大凡一個時代的藝術風氣、審美趣尚，多與時代背景有關。
而明代書法自然也在這種規律制約中，產生屬於這個時代的獨特
風貌與性格。正所謂"藝術家的可貴，還是在時代的限制中，能
給自己規定出可行的目標，從而進行超越他人的藝術實踐。時代
的需要及其所提供的條件，會給藝術家提供充滿創造精神的良好
環境"１。此一時代環境若把焦距縮小，則可歸結於政治、經
濟、社會、文化等方面，大陸學者陳方既說"書法美的時代變異
性，與時代的經濟、政治、文化發展有不可分的聯繫。"孫過庭
書譜云：

> 夫質以代興，妍因俗易。雖書契之作，適以記言；而淳漓
> 一遷，質文三變，馳騖沿革，物理常然。２

誠然，時代因素所形成的社會環境以及特定心理氛圍，將支配書
家的創作思維，從而表現出時代客觀形式下的藝術表徵。本章將
就政治概況、社會背景、經濟型態，以及學術風尚四端進行探
討，然因篇幅考量，且爲顧及與本篇論文核心議題之關係，所述
各項儘量將筆墨集中在和明代中後期之書風以及徐渭書法藝術之
相關論點上，作爲往後章節之舖陳基點與開端，嘗試爲徐渭書法

1　陳振濂《書法學》，（江蘇教育出版社，一九九三年六月三版）
　　P656。
2　孫過庭《書譜》，收於《歷代書法論文選》上冊，（台北：華正書
　　局，一九九七年四月）P112。

創作背景之時代因素，理出一點頭緒。

第一節　尚文的政治氛圍

　　明朝建國後，朱元璋爲了防止元人伺機反明，一方面採取中央集權政策，將大權操縱在皇帝手中；一方面則承襲元代遺風，許多規模制度，均未有重大變革，藉以安定民心、籠絡朝臣，尤其在文化上標榜國粹的重要，延續元代士大夫們的古典主張。整體而言，明初幾位帝王雖然專制擅權，但大多有心爲國家百姓盡一份責任，也亟思爲大明王朝的可長可久奠立宏基。

　　明代的書法，由於明太祖朱元璋對傳統文化的提倡，加上其對書法的雅好，重用宋濂、劉基等人，爲明代書法發展開啓了新的契機。今人蔣文光在《中國書法史》中說：

> 明太祖朱元璋由於他喜歡翰墨，存世的墨跡……雖談不上有多大的功力……，但頗有自己的特色。3

馬宗霍《書林藻鑑》亦載：

> 太祖神明天縱，默契書法，御書第一，山三大字於鳳陽龍興寺，端嚴遒勁，妙入神品。4

馬氏以“端嚴遒勁，妙入神品”來肯定明太祖的書藝。雖然蔣、馬二人對太祖書藝水準見解稍有出入，但可以確定的是，太祖在

3　蔣文光《中國書法史》，（台北：文津出版社，一九八三年七月）P258。

4　馬宗霍《書林藻鑑》，（台北台灣商務印書館，一九八二年五月台二版）P285。

書法方面興趣濃厚且具備一定的功力，應是無可置疑的。就在朱元璋的重視愛好下，書法風氣遂由皇帝、大臣逐漸延伸到社會各階層，書法藝術於是在明代燃起了希望之火，使元代以來幾近凋蔽的書風展現出生機蓬勃的景象。

　　太祖之後，成祖朱棣繼承父志，其對書法的耽嗜，不亞於太祖。曾於永樂年間，下詔向各界徵求書法人才，到宮中從事文書詔令繕寫工作，書寫程度較高的，擢至翰林院，授以中書舍人，再從中選拔書法造詣較佳者，提供內府所藏碑帖法書，作為學習臨摹之用，且讓他們專習二王，試圖透過政府力量來發揚傳統書法。明初書法名家沈度，即曾因此而受寵信，舉凡成祖重要文件，均由沈度代筆，具見成祖之用心。《書林藻鑑》云：

> 成祖好文喜書，嘗詔求四方善書之士以寫外制，又詔簡其尤善者為翰林寫內制，凡寫內制者，皆授中書舍人，復選舍人二十八人專習羲獻書，使黃淮領之，且出秘府所藏古名人法書，俾有暇益進所能。5

明代書法經過了太、成二祖的倡導鼓勵，到了仁宗、宣宗以下各朝仍然依循前朝獎腋書法之精神，繼續開創，風氣盛極一時，此在《書林藻鑑》中亦有明確記載：

> 仁宣嗣徽，亦留意翰墨，仁宗則好摹蘭亭，宣宗則尤契草書，憲宗孝宗世宗，皆有書蹟流傳，孝宗好之尤篤，日臨百字以自課，亦徵能書者使值文華供內制，神宗十餘歲即已工書，每攜大令鴨頭丸帖虞世南臨樂毅論米芾文賦以自隨，夫上有好者，下必甚焉，明之諸帝，既並重帖學，宜

5　馬宗霍《書林藻鑑》，P283。

> 士大夫之咸究心於此也。6

正所謂"上有好者，下必甚焉"，於是習書臨帖的風尚，就在朝內宮中迅速向社會各階層漫延開來。

　　因著臨摹學習的需要，刻帖之風亦隨之而起，成為宋代之後的另一鼎盛光景。這時，除了部份政府單位投入刻帖工作之外，也帶動民間更多人士加入此一行列，如此一來，書法愛好者便可擁有更多名跡佳帖的機會，此對書法藝術的推廣與書寫水準的提升，具有相當程度的作用。因此，明代書法的普及，實不得不歸功於政治力介入的結果。

　　然而，帝王愛好和重視書法，對促進書法藝術的發展，確實有所幫助，但在「欣賞」、「喜愛」的主觀思維中，書法藝術性的理解似乎也受到侷限，他們對書法審美的要求漸次走上「唯美」一路，自然而然，明代科舉考試，遂以此一標準作為取捨考量，形成所謂的「台閣體」，士人們為求仕進，只好競相仿效，蔚成風氣，這種字體著重點畫精美、結構平穩，卻忽略了書法的自覺性，知識份子於是力求字的端整謹嚴、四平八穩，致使更多的情感因素及豐富的藝術內涵消失殆盡。所以帝王極力鼓吹的書法藝術，在風氣大開之餘，又出現藝術生命遭到扼殺的命運，可謂一得一失矣。加上刻帖的盛行，惟刻工良莠不齊，就算精良的刻帖也難匹墨跡，何況如果遇到粗糙的刻工，更與原跡相去甚遠，書家們倘若一味迷信刻帖，必難有所成就，這對書法個性的表現及創造而言，無疑是一大阻礙。值得注意的是，刻帖大都以楷、行、草為主，而該等書體又特重筆墨趣味，書法線條在經過摹刻後再轉拓出來，必無法精確傳達原始風貌，甚至在一片追求

6　馬宗霍《書林藻鑑》P283。

秀麗妍媚的氛圍下，刻帖者也可能將筆畫略加修飾，原本起伏多姿的線條，竟被改得平板呆滯、了無生趣，書家們若未細察，或庋藏捧玩，或置之案中，朝摹夕臨，其後果自是不堪設想。反倒是篆隸碑刻，在當時則少人問津，我們知道，篆隸向來以秦漢爲正宗，流傳下來的作品大多爲金石碑刻，明人如能將目光移到篆隸，以學習刻帖的刀筆趣味來表現篆隸書體的線條，力求金石氣，則或許會有一番作爲。就因爲如此，明代近三百年的書法，在篆隸方面沒有出現較爲出色的名家，是其來有自。

　　另一方面，明朝君主自正德以後，政治開始衰亂，國勢日益凋頹，帝王荒佚於上，綱紀敗壞於下，讀書人面對如此情況，除了部份仍照旣有軌道因循苟且外，便普遍走向極端的兩極化途徑，一是積極投入政務，直接面對當局的施政，發出改革聲音，力圖振興國祚；另一是消極退隱，不參與任何政事，過著逍遙無爲的生活，以保其身。徐渭在此過程中，前半段選擇投入政治，而後半段，則採取隱退姿態，以逃禍害。洪光耀認爲"動盪混亂的時代，豐富了徐渭的藝術內涵"[7]。嘉靖年間奸相嚴嵩主掌朝政，結黨營私，殆忽國事，以致邊患猖獗，北方俺答進軍北京效臣，嚴嵩及其黨羽無力抵抗，反殺兵部尙書丁汝夔抵罪。徐渭聞睹此事，賦詩諷刺，並興起投筆從戎的念頭，其在〈今日歌〉中說：

> 套中大酋號俺答，夜獵時時索靴韉，親驅教馬五萬群，不寇榆林向東踏。……擄生殺死不可數，將軍劊疊空成堵。……假令眞有募兵者，吾亦領銀乘匹馬。……丈夫本是將

7　洪光耀《徐渭書法研究》，（國立台灣師範大學美術研究所碩士論文，二〇〇一年六月）P127。

軍者，令欲從軍聊亦且……。8

與徐渭同為越中十子的沈鍊，因不滿嚴嵩等人的惡行，上疏舉發
十大罪狀，竟遭嚴嵩殺害，好友為正義而死，徐渭自是萬分悲
痛，在〈會祭沈錦衣文〉中對沈鍊的道德勇氣予極高評價。9

　　嗣後又因懷抱「學問濟世」的理想，不滿倭寇與海盜汪直相
互勾結，對江、浙地區大行擄掠，毅然進入胡宗憲幕府，參與抗
倭行動，熟料胡因罪下獄，他害怕受到牽累，曾憤而自殺未果，
終日憂憂惶惶，導致精神病發，誤殺妻子，入獄七年。徐渭的書
法創作要不是政治上給予的衝擊和激盪，使他精神受到壓彎扭
擠，則其生命就顯得平淡無味了，又如何能滿蓄“胸中不可磨滅
之氣”呢？

第二節　多元的社會型態

　　江南地區自唐、宋以後，由於該地的交通便利，水路四通八
達，富有優越的天然條件，擴大了土地的利用率，順利地成為工
商經濟據點。尤其到了明代中期以後，該地的社會型態在時代強
風的吹拂下，逐漸產生幾項明顯的特徵，這些特徵與書法藝術又
有著一定程度的關係，徐渭身處那個時代環境，自然也不能脫離
他所生存的社會環境客體，台灣書法學者陳欽忠說“後天的社會
環境，即廣闊的社會生活、自然環境和社會心理塑造著書法藝術

8　徐渭〈今日歌〉《徐渭集》，（北京中華書局，一九九九年二月二
　　刷）P121。
9　徐渭〈會祭沈錦衣文〉《徐渭集》，P658。

家的個性和整個精神世界"10。也就是說，書家的藝術表現往往受到時代給予的需求與條件，並從而得到提示或啓發，以致完成時代風格的藝術實踐。

一、社會變遷，都市文化興起

明代中後期的江南首善之區，以蘇州、松江爲核心，它標誌著新市鎮崛起和城市發展都市化的成型，影響所及，江南周圍地區社會也發生了帶狀性的變化，包括浙、閩、粵等地，明顯出現一種地區性社會發展的類型。而這些江南周圍地區在受到新社會風尚的衝擊和影響之後，一部分人也從家鄉走出來，加入到蘇、松等地的工商行列，親身涉足繁榮的核心地帶，接受新環境的洗禮和薰陶，再將繁華社會的新觀念帶回家鄉。另外，閩、浙等地士人科舉進仕後，有些曾分發到京師或江南發達地區服務，一段時間後，如有機會返鄉任職，他們也會將原本的生活經驗，移歸故里，這就形成整個江南地區文化擴散以及社會合流的景象。

流風所至，這地區的人們將閒逸、安適、享樂當作追求的目標，於是城市生活逐漸體現了居民們的生活嚮往，新社會中的成員，都可能在都市生活中找到自己的位置，不論各種階層、行業，各自以自己的生活方式，作爲整個城市社會的組成分子，點綴著城市生活的色彩，揭示出多彩多姿的生活情趣正由貴族化走向平民化的趨勢。伴隨而起的，是各種娛樂業、服務業的興起，一方面促進了農工產品的行銷，刺激城市居民的市場消費；但另一方面，卻造成了社會風氣的敗壞，人們在兢兢業業的蓬勃環境

10　陳欽忠《法書格式與時代書風之研究》，（台北：華正書局，一九九七年九月增訂版）P2。

中，儼然潛伏著奢靡、享樂、追逐感官刺激的氣氛。吳剛在《中國古代城市生活》有這樣一段記載：

> 城市中的統治階層，由其政治地位和經濟實力所決定，他們完全脫離生產活動，過著閒逸、舒適的生活，追求的是高級、豪華、奢侈的物質消費和娛樂享受，那些經營得法的商人和手工業者，也因其有雄厚的經濟實力做基礎，為了擺脫商場和生意上的緊張，鬆弛一下精力，他們追求的是排場講究、感官刺激的娛樂享受。11

當然，娛樂生活並不僅止於達官富賈，一般的市井小民，雖然沒有能力一擲千金，但在廣大社會需求下，也能追求經濟實惠而又能夠達到精神滿足的娛樂活動。豐富而多元的娛樂追求，促使城市的生活機能更趨完善，增添了城市濃郁鮮麗的色彩，在不同樂趣追逐中，也促進了書畫玩賞鑑藏的雅好，進而帶動書畫藝術的「商品化」及創作的絕佳條件。

　　同時，物質經濟的穩定以及生活品質的提昇，居家學藝便也成為一種休閒娛樂的生活方式，而書畫也是其中一項重要內容，他們透過休閒學藝，作為精神調劑的良方，藉以達到怡情適志、解放身心的目的。何孟春《餘冬序錄》有這樣的記載：

> 士大夫遊藝必審輕重，且當先有跡者。學文勝學詩，學詩勝學書，學書勝學圖畫…。12

---

11 吳剛《中國古代城市生活》，（台北：台灣商務印書館，一九九八年十一月）P71。
12 明，何孟春《餘冬序錄》，（台北國家圖書館藏明萬曆間衡州府推官黃齊賢等重刊本，卷二）P6。

何氏這段話說明了當時詩、文、書、畫乃是他們生活休閒的一部分。如專就書畫方面而言，嗜於收藏珍好者，亦不亞於其他各項，文震亨謂：

> 況書畫在宇宙，歲月既久，名人藝士不能復生，可不珍秘寶愛。一入俗子之手，動見勞辱，卷舒失所，操揉燥裂，真書畫之厄也。故有收藏而能識鑑，識鑑而不善閱玩，閱玩而不能裝襯，裝襯而不能銓次，皆非能真蓄書畫者。13

生活雅好在日益普及中，也能慢慢提昇層次，講究品質，此對書畫藝術風氣的拓展，自能發生莫大的作用。

二、講究住屋，園林建築林立

　　明代官方的建築主要是延續唐宋風格，基本格局大抵沿用京都舊城的型制，但在社會經濟的籠罩下，江南地區建造了不少私家園林，其數量之豐，居於全國之冠，成為歷史上住宅建築的奇特景觀。江南園林的建築經營，就其空間而言，有開敞式和半開敞式以及封閉式三種，在形體上則是紛繁多變，根據楊鴻勛的研究，光房屋建築的匾額題名，就可分為廳、堂、館、寶、軒、榭、亭、廊、樓、閣、齋、房、屋、盧、舍、處、所等等14，這些多數是由來已久的古老建築名稱，本來各自代表一種個別的建築形式，並都有其不同的用途。為因應這些題匾的需求，正好提

13　《長物志‧卷五‧書畫》P1 上（轉引自吳智和〈明人居家休閒生活〉收於《明史研究專刊‧第十三期》，（宜蘭：明史研究小組，二○○二年三月）P316。

14　楊鴻勛《江南園林論》，（台北：南天書局，一九九四年二月）P80。

供書家展露身手的大好機會，排匾也就成了園林與書法的結合表現，在這當中，有自題畫室書房、亭台樓閣，也有書家應人請索而題寫匾額。例如張瑞圖、文徵明就曾自題許多齋館堂號，而徐渭則曾自題也曾應他人請託而題寫不少匾額。

其次，為增加園林內的文雅氣息，屋主往往在壁上鑲刻名家書法，例如「滄浪亭」一園就有碑刻七百餘方；「留園」四個景區以曲廊作為聯絡脈胳，廊長七百餘米，沿壁嵌有歷代書法家石刻三百餘塊；「怡園」廊上牆壁亦有九十五塊石刻，在在都顯示園林建築反映出的書法功能。

再次，屋內除了已經鑱刻固定的書法之外，其他牆面亦需書畫作品作為裝飾。耿劉同在《中國古代園林》中說：

> 廳堂在園林中，主要是待客、宴客的場所。所以廳堂內的陳設布置，總是要體現出主人的身分、愛好和文化素養。
> 舊時的廳堂內附庸風雅，什麼琴棋書畫，總要有所點綴……。15

在裝飾功能上，屏風是其中不可或缺的物品。根據主人不同的政治、經濟地位，家中屏風也出現各式各樣的不同形式，其主要作用，乃以欣賞裝飾為目的，不論落地屏風或掛屏，幾乎視為室內擺設裝飾，而它的設計和製作，大多使用珍貴木材，將歷代著名書畫墨跡描繪雕刻於其上，或由當時名家直接濡墨揮毫，此種居家時尚，很快就普及開來，一時之間，競相仿作。

除此之外，明代雄偉高挑的建築，也和書法風格有著深層的

15　耿劉同《中國古代園林》，轉引自歐陽石中《書法天地》，（台北：台灣商務印書館，二〇〇一年十月初版）P416。

聯繫。江南建築的風格大部分取法自南京及北京的都城建築，其佔地之廣，造型之美自不待多言，以紫禁城爲例，其主體建築從廣場地面到殿頂高約四十公尺，這樣巨大的建築雖然象徵著皇權的凜然不可侵以及高大至尊的威勢，但它也代表了一種宏麗的藝術效果。江南地區在城市化的傾向中，居家戶外的園林景色，雖是他們戮力追求的理想，但宏大壯麗的豪華住宅外觀，更是他們重視的一環，同時"這時期的生產性建築，爲了適應冶煉、紡織、造船、陶瓷等手工業的要求，規模也隨之擴大，因而有高達一丈七、八尺（約五、六米）"16。這多重的因素，使得明代建築紛紛往上挑高，而作爲裝飾功能的掛軸書法，自然也需隨之加長，書家們就在這樣的空間環境需求下，創作出空前的長幅巨軸，譬如現存於台北故宮的文徵明〈七言律詩軸〉長三四三‧八公分，又見錄日本《中國明清書法名品圖册》的張瑞圖〈李白宮中行樂詞軸〉，更長達三五一公分。常抒認爲：

> 明初以來，書法越來越成爲雅玩對象，屋室廳堂的變化，使條屏、中堂、楹聯等書法形式充分地得到發展。……長軸立軸及尋丈巨制爲裝點廳堂而大量出現，成爲明代居室廳堂中不可或缺的裝點門面，或顯示身份的藝術品。17

由此觀之，書法格式確實受到時代社會環境不小的制約。針此一議題，歐陽石中在《書法天地》也有精到的剖析：

16　劉敦楨《中國古代建築史》，（台北：文海學術思想研究發展文教基金會，二○○○年十月再版）P286。

17　常抒《常州書學論集》，（北京：中國文聯出版社，一九九九年十月一版）P153。

> 掛軸在明代較宋元有較大的發展，這種變化與當時居室環
> 境變化有關。高堂廣宇式的居室，且家具多高腳高背，與
> 之相適應，便出現了書畫裝潢上的「大」和「高」的變
> 化。

他似乎進一步將高堂立軸的視覺美感和家具的型制掛上鉤，更凸
顯出縱長巨軸的時代性及其室內擺設搭配功能的必然關係。

三、社群形成，知識份子社會化

　　明代中晚期江南地區在工商經濟的助長下，隨著人口快速成
長，以及娛樂消費習慣的改變，集會結社的風氣稍有開展。當時
社群組織大概分成兩類，一類是富有政治或宗教色彩的組織，大
多與執政當局的立場相背，故而他們的活動均採秘密進行。王爾
敏說：

> 凡秘密會社組織，必與已有政權對立，必在圖謀政治革
> 命，必為天然叛亂集團。史實所見，種種叛亂活動，固多
> 與秘密社會有關……。18

　　另一類社群組織則屬公開化、透明化的形態，一般而言，與
身分、地位、職業背景或興趣專長有關，他們沒有明顯的政治立
場。而文人雅集酬唱之風，自古有之，加上社會上此風甚盛，因
而明代文人結社、以文會友的情況更甚於前，成員們以志趣相投
合，一起從事各種活動，"或十日一會，或月一尋盟，每假湖山

18　王爾敏《明清社會文化生態》，（台北台灣商務印書館，一九九七
　　年七月初版）P318。

勝地，作詩酒唱酬，旣有朋友相契的喜悅，又有砥礪詩文的效用"[19]。此類結社雅聚，剛開始多起於志同道合的兄弟至友，彼此間的文藝見解相近，相互砥礪切磋，由小型集會，漸次出現大型組織，一方面因慕名求友者紛紛加入，一方面則因合併理念近似的小社，人數多者達千人以上，可謂盛況空前。

　　在這時候，社會組織的結構在自然的發展變遷中，也由原本性質單一、色彩分明的組成分子，演變爲不同性質社群的交雜互滲，其中最明顯的例子就文人與政治階層人士的往來互動。因爲文人中總有需要"以文墨糊口四方"者，或有一部分文人也想藉機攀附，謀個一官半職，而在政治人物方面，也多少有些喜歡附庸風雅之人，或欲借重文士長才，爲其效勞，例如沈明臣、徐渭都曾出任浙直總督胡宗憲幕府；沈明臣還做過閣臣徐階的門客；王稚登也曾是閣臣袁煒的門客，另如王叔承、陸應揚等文士，亦深受朝臣李春芳、申時行推重，彼此往來密切，交情甚篤。牛建強《明代中後期社會變遷研究》提到：

> 從嘉靖到萬曆年間，高層士夫間交往便有互遞名刺的習慣，且有大量公文書牘的往還，借以建立和增強相互利用的關係，而這類事務需要雇備這類山人代辦……。徐渭、沈明臣、余寅即是其中較著名的人物。[20]

作爲下層士子，在生活環境變遷的情形下，面對場屋不遇、懷才難逞的社會現實，轉而結交權貴，尋求安身立命的工作，反映出

19　曹淑娟《晚明性靈小品研究》，（台北：文津出版社，一九八八年七月）P110。

20　牛建強《明代中後期社會變遷研究》，（台北：文津出版社，一九九七年八月一刷）P146。

處於社會變革時代的知識分子，勇於投入群體行列，參與社會運作的實況，這對當時文藝氣息的提昇，也適時給予臂助作用。

第三節　工商業日趨繁榮

隨著全國各地土產交流的發展和白銀的普遍使用，明朝政府對於官府手工業所需物料的徵收，由實物改折貨幣，農民為了獲得貨幣交給政府，就必須把實物投入市場，政府在集中貨幣之後，為了獲得官府手工業所需的物料，乃用「召買」的方式，把貨幣投入市場，如此一來，物料就成了市場上重要的商品，這對促進商品經濟的發展將具活絡與刺激雙層效果。由於貨幣政策的改變，復以江南地區佔有優越的地理、人文地位，政府經營生產的物品，已無法滿足需求日殷的廣大市場，所以明代中後期的手工業，呈現出民間逐漸取代官府手工業的態勢，伴隨而來，則是資本主義的萌芽，人民因經濟社會提供較多的就業機會，為他們製造財富，並為城鎮的繁榮注入優厚的養份。譚錦家〈唐寅書學之時代背景〉述及蘇、杭風貌說“蘇州為我國東南一塊寶地，一顆明珠，所謂「天上天堂，地上蘇杭」”，並引元代奧敦周卿〈蟾宮曲〉為證：

　　春暖花香，歲稔時康，真乃上有天堂，下有蘇杭。21

反映出蘇、杭早在宋元時期就已為往後的繁榮作了良好的準備，明代中葉以後，更呈現繁榮似錦、絢爛多元的富饒盛況。

工商經濟的發達，帶給書畫藝術的便利，主要集中於絲織、

---

21 譚錦家《唐寅書藝研究》，（台北：漢光文化事業股份有限公司，一九九九年八月）P19。

印刷及造紙三端。首先在絲織方面，是當時紡織業中最顯著的行業，無論從地域普及或技術生產規模而言，都大大超越了前代，以明代官府織造局來說，就有中央及地方二種層級，此在劉永成的《中國古代手工業史》裡有明確記載：

> 在京師直屬於工部的，有針工局、織染局、織染廠、文思院和王恭廠等。地方的官府織染局，自設於浙江、南直隸、安徽、福建、四川和山東等省的二十餘處，而其重心則放在江南，並以南京、蘇州、杭州三處為重點。[22]

事實上，民間存在著更多紡織坊，尤其在明代中後期的江南地區，如蘇、松、杭、嘉、湖五府，絲織業堪稱全國最大生產製造中心，其絲織品經過手工業者的加工，種類繁盛，花色齊全，素有「湖絲遍天下」、「新絲妙天下」的美譽。絲織業的興盛，也使生產技術和產品質量不斷提高，這對向以紙縑作為創作材料的書法藝術而言，無疑是一大福音。因為當絲織品不發達的時代，書家欲大量揮毫創作，如非經濟能力許可，很難擁有好的縑帛，而今紡織業蓬勃發展，不僅產品普及，取得容易，而且價格低廉，一般中下階層書家較有能力購得縑帛作為創作材料，其對書畫藝術所作的貢獻，實不可謂不大。

　　書法創作的材料除縑帛外，使用量最大的，當為宣紙莫屬。明代造紙業，主要分佈在浙江、福建、安徽、江西和湖南等省，而其所生產的紙，大抵又可分為二類，一是供作印刷之用，一則充為書畫創作之用。印刷用的紙和印刷術的發達有密切關係，我國印刷術興於宋代，到了明中葉，更已日新月異，所用的紙張，

22　劉永成《中國古代手工業史》，（台北：萬卷樓圖書有限公司，二〇〇〇年十一月初版）P158。

為因應大量印刷之需，其產量及紙質也有大幅度的提昇，對刻帖印拓及複製，可達於精緻的地步。而書寫用的宣紙，在經濟因素的帶領下，造紙廠如雨後春筍般林立，特別是安徽宣城、涇縣和寧國等地的宣紙，廣受書畫家所喜愛。而宣紙種類繁多，各式各樣，應有盡有，為了滿足書家適應住家空間的尺幅需求，當時就有製造平均長十二公尺、寬八公尺的宣紙，甚且有一種稱為「疋紙」的書畫用紙，更長達五十尺 23。此外，牋紙也是中國數百年來特有的紙製品，紙上印成各式花樣，更增添書寫情趣，創造出另一種材料上的文房藝術。

　　當然，工商經濟的發達，除了可以提供書家們更多樣且高品質的物質條件外，其最直接受惠的，還得歸功於經濟富庶，市民參與工商生產行列，基本民生不虞匱乏之餘，尚有餘力品鑑玩賞書畫藝術。張懋鎔說：

> 文人揮毫，本為自娛，但筆墨著於尺素，書畫長留於天地之間。作為視覺物，它不同於琴瑟，鼓罷而音亡；也不同於劍影舞姿，事過而景遷，難以追尋。書畫自然成為購求的對象……。24

於是書畫作品便由私家珍藏把玩，一躍成為可供交易出售的「商品」，職是在格式上亦從手卷、冊頁適於放置桌面賞玩的橫向形式，轉變為直向立軸，以便懸掛廳堂、畫廊，公開展示或買賣。雖然立軸書法目前可見作品，最早始自宋代，但這種格式真正被

23　錢存訓、劉拓、汪劉次昕《造紙及印刷》，（台北：台灣商務印書館，一九九五年九月初版）P119。

24　張懋鎔《書畫與文人風尚》，（台北文津出版社，一九八八年十二月初版）P23。

大量創作則在明代，其興盛的原因自然是和書法的商品化有密不可分的關係。徐渭身處明末時代洪流中，因經濟生活並不順遂，因此他也曾靠鬻字賣畫維生，對書法創作格式的改變，當有一番獨特體會。

第四節　心學抬頭

　　任何一個時代的學術潮流，除了受前代影響之外，當時的政治環境、社會關係以及學者們個人的際遇，都是形成新學術思想的因素，明代也是如此。

　　我國自宋代以後，理學已是學術思想的主流。明太祖與明成祖又定制採用宋儒的四書五經注解作為科舉取士的依據，直接影響到了明代的學風，因此明代的學者，多屬宋儒的傳人，所作的學問也大抵不超出二程朱陸的領域。最先是明代開國重臣宋濂，他認為朱熹是集儒學大成的學者，但對於理學他也提出"自我"的重要性，以為學問在自我的開悟、自我的思考、自我的方寸心，可謂明代繼承心學的先聲。其後他的學生方孝孺也是從宋濂博學一派出發，他不事空談，信道篤實，操守嚴正，在心學這一路線上，自博學致知的基礎，更進一步趨向切實的踐履。當然，在明代對學術界影響最大的，還是得推王守仁，他上承陸九淵的「吾心即理」的學說，強調天地萬物皆在我心中，提出「致良知」的理論，由此並發展出「知行合一」的主張。由於心學對市民階層追求幸福權利的肯定，否決了封建禮制的教條，因而受到廣大下層民眾的青睞，將庶民與聖人拉到同一水平線上。王陽明謂"自己良知原與聖人一般，本體認得良知明白，則聖人氣象不在聖人而在我矣"，又謂"夫道，天下之公道也；學，天下之公學也，非朱子可得而私也，非孔子可得而私也"25。此一學說富含平等主義思想，指出人的精神層面應無分高下尊卑，喚醒了長期被桎梏於禮教之下的人心，喊出了大多數人的心聲。王守仁之弟子王畿（紹興山陰人），曾在朝廷爲官，後來辭官專事講學，大力宣揚王守仁的心學思想，而且貫串了心學中的平民意識。徐渭乃王畿表弟，平時多有過從，受其影響亦深，在自訂〈畸譜〉裡，師類首舉王畿之名，徐渭的思想也因此直承明代心學主流一派，這和他在書法藝術上追求個性解放、主體意識顯揚的書風，應有一定關聯。

　　而比徐渭稍晚的李贄（一五二七～一六〇二）提出「童心說」，主張以自然爲美，其所謂「自然」的涵意，就是眞誠，他最厭惡、最鄙棄的就是假仁假義、假清高、假道學。他以犀利的筆調漫罵世間的偽善人，他認爲"童心者絕假純眞，最初一念本心也，若失卻童心，便失卻眞心"26，"穿衣吃飯，即是人倫"27。他反對一切虛偽造作及表面形式，肯定人的眞實情感與個性，並提倡男女平等、准許婦女進行講學以及鼓吹婚姻自主，對傳統價値系統給予重重一擊。徐渭某些基本主張和李贄有相似之處，譬如徐渭並不贊成「女子無才便是德」的說法，相對的，他對女子的文武才幹給予高度肯定，他所著《四聲猿》之女狀元辭凰得鳳及〈雌木蘭替父從軍〉28，就對女子的才德進行讚賞和表

25　王陽明〈傳習錄〉收於《王陽明全集‧語錄下》，（上海：古籍出版社，一九九七年）P116。

26　李贄《焚書‧卷三‧童心說》，（台北：河洛出版社，一九七四年）P97。

27　李贄《焚書‧卷一‧答鄧明府》，P15。

28　徐渭著，周中明校註《四聲猿》，（台北：華正書局，一九八五年六月初版）P44～P62。

彰，是有意在男尊女卑的社會中，代爲伸張女性主義，藉以提高女子在舊體制中的人權與地位，正好呼應了李贄反對男性沙文主義的思想理路。

明代文學依附著學術思潮的流變，在前後二百餘年間，也產生了一些轉折和特色。前期的文學，由於政府推行以八股取士的習尚，士子們苦鑽時文以求登科進仕，因而在古詩文方面沒有太大成就，而在弘治、正德年間以何景明、李夢陽爲首領的「前七子」強調「文必秦漢，詩必盛唐」，反對台閣體的庸弱文風。嘉靖、隆慶以及萬曆前期，又出現以李攀龍、王世貞爲代表的「後七子」29，繼承了「前七子」的擬古主張，聲勢不弱，然卻矯枉過正，摹擬成風。於是又有以王愼中、唐順之、歸有光、茅坤爲首的「唐宋派」出現，對前後七子的擬古主張不滿，認爲作文應學習唐宋法度，但須有自家面目。明代文學自此開始走向個性化的道路。到了萬曆時期文壇又冒出「公安派」和「竟陵派」兩大派別。公安派的領導人物是袁崇道、袁宏道、袁中道三兄弟，他們認爲文學有其時代性，反對一味擬古，應該「獨抒性靈、不拘格套」，以抒發自己的眞實情感及彰顯創作個性爲主。「竟陵派」的首腦人物爲鍾惺、譚元春，他們響應公安派反擬古作風，標榜性靈的顯揚，但又認爲必須用幽深孤峭的風格以矯公安派淺浮俚俗之弊30，因而又走向另一極端。不過，整體說來，公安、竟陵二派可算是明代最具時代性的文學流派，也最符合明代中後

29　前七子爲李夢陽、何景明、徐禎卿、邊貢、唐海、王九思、王廷相。後七子爲李攀龍、王世貞、謝榛、宗臣、梁有譽、徐中行及吳國倫。

30　廖可斌《復古派與明代文學思潮》，（台北：文津出版社，一九九四年二月初版）P536。

期的思想色彩。徐渭的文學主張也深具改革意識，他提出了「本
色說」。在〈題崑崙奴雜劇後〉云"凡語入緊急處，略著文采，
自謂動人，不知減卻多少悲歡。此是本色不足者，乃有此病"
31，暢論過度藻飾反而弄巧成拙。人因性靈本質不同，文章風貌
亦互有差異，而才華情性，更將影響文章的氣質風神，其在〈肯
甫詩序〉中說：

> 古之詩本乎情，非設以爲之者也，是以有詩而無詩人。迨
> 於後世，則有詩人矣，乞詩之目多至可勝應，而詩之格亦
> 多至不可勝品，然其於詩，類皆本無是情，而設情以爲
> 之，夫設情以爲之者，其趣在於干詩之名，干詩之名，其
> 勢必至於襲詩之格而剿其華詞，審如是，則詩之實亡矣，
> 是之謂有詩人而無詩。32

可見，徐渭對詩的看法和文章一致，認爲詩人不可爲作詩而陷溺
在格式音律或前人的矩度中，或爲求詩名而失卻詩情眞性，而應
任性情自然流露，不假矯飾，方爲佳作。

　　由上觀之，徐渭和明代中後期的學術主張、思想趨向以及文
學潮流又有著明顯的密合性，所以他的思維基礎其實是根植於時
代環境的滋養，再配合他個人的生命際遇，造就了特異奇崛、驚
世駭俗的性格，開拓出輝煌耀眼的文學藝術版圖。

31　徐渭〈題崑崙奴雜劇後〉《徐渭集》，P1092。
32　徐渭〈肯甫詩序〉《徐渭集》，P535。

第三章　徐渭的生平和事蹟

徐渭先祖為浙江望族，有的曾經為官，也有是望重鄉閭的生員士紳，且大多是豪富考壽之人。後來逐漸沒落，到了明初遭人牽累入罪，放逐到貴州龍里衛充軍，徐渭的父親徐鏓（克平），就是在這裡成長[1]，因生平喜歡竹子，自號竹菴主人。徐鏓從小雅好詩書，於弘治二年（一四八九）中貴州舉人，歷任數項官職，包括巨津知州、嵩明、鎮南、潞南、江川、祿豐、三泊等州縣，最後調任四川夔州同知。退職後，返回山陰（今紹興）原籍，卒於正德十六年（一五二一）五月十五日[2]。徐鏓原配童氏生有二子，長子徐淮（文東），二子徐潞（文邦），分別大徐渭二十九歲及二十歲。童氏卻不幸在跟隨夫婿遷調途中病逝，徐鏓乃續娶雲南澂江府江川縣的苗氏，其告老還鄉時即帶著苗氏、徐淮、徐潞及僕人等回到山陰，之後定居於縣內大雲坊觀橋巷的榴花書屋，亦即後來的青藤書屋，徐渭就是在此地誕生。

第一節　滿懷壯志的青少年時期

徐渭出生於正德十六年（一五二一）二月四日，剛滿百日其父就結束顛簸的一生，離開人世。徐渭生母苗君，據傳係嫡母苗

1　王家誠〈徐渭傳〉收於《故宮文物月刊》第十二卷第七期，總第一二七期，（台北：故宮博物院，一九九三年十一月）P140。

2　梁一成《徐渭的文學與藝術》，（台北：藝文印書館，一九七七年元月初版）P2。

氏的侍女，由於苗氏並未生育，而淮、潞異母兄弟又因年紀稍
長，與繼母難以融洽相處，所以苗氏視徐渭如己出，教養兼施，
疼愛有加，徐渭對嫡母的養育之恩，感懷於心，在〈嫡女苗宜人
墓誌銘〉裡有這樣的表述：

> 宜人性絕敏，略知書，其持身嚴毅尊重，內外莫不敬憚。
> 其描寫俎鹽，爲世女師。其才略酬應，畜釀種植，出入籌
> 策，駁辨禁持，則宗戚、子婦、賓客、塾師、老牙嫗、悍
> 奴碑糜不失氣。其保愛教訓渭，則窮百變，致百物，散數
> 百金，竭終身之心力，累百紙不能盡，渭粉身莫報也。3

苗夫人不但擔負起家庭重任，還把希望寄托在徐渭身上，因此對
徐渭的慈愛和關懷，點點滴滴都烙印在其心中，他在〈感夢祭嫡
母文〉也有一段動人的記載：

> 惟在昔，以病而死，胡昨夕夢，不死而病？裸坐寶隅，展
> 戶自掩，兒疹其候，呼涕激面。脈數以煩，知不可理，詭
> 曰其愈，須旦夕耳。掩面痛哭，失母於床，哭罷而覺泣涕
> 猶滂。夢母於病，衰且不禁，覺哀其死，兒何爲心。4

這是苗氏死後，徐渭夜裡夢到嫡母，仍"泣涕猶滂"，可見彼此
感情之深。事實上，苗母之死，對徐渭而言，無疑是一項重大打
擊，其在〈畸譜〉中亦流露出對嫡母的至性至情：

> 十四歲。苗宜人辛，病漸劇時，渭私磕頭，不知血，請以

3　徐渭〈嫡女苗宜人墓誌銘〉《徐渭集》，（北市：中華書局，一九
　九九年二月二刷）P632。
4　徐渭〈感夢祭嫡母文〉《徐渭集》，P657～658。

身代，請醫路，卜人語以讖語惡，不食二日，嫂憐渭，好
語之，稍粥。宜人竟不起…。5

《畸譜》是徐渭在七十三歲辭世前自訂，對嫡母病重到仙逝時的
情景，彷彿記憶猶新，足證苗氏對徐渭影響之重大。

徐渭長兄淮，字文東，號確石山人，生於弘治五年（一四九
二），喜好神仙長生之術，沒有子嗣，個性沈毅嚴肅，不苟言
笑，但卻古直而灑脫，熱心慷慨，樂於放貸，又不以營利為目
的，結果千金散盡，依然故我，且其嗜遊名山大川，經常不在家
中，故與徐渭接觸不多。二兄徐潞，字文邦，生於弘治十四年
（一五〇一），隨同父親返回紹興，曾補諸生，然卻屢試不第，
於是借助父親以前在貴州龍里衛的戍籍，參加這裡的考試，雖考
中第一，卻因遭忌而被硬拉下榜。徐潞及其夫人就在貴州過著粗
衣糲食、艱苦異常的旅居生活。但他仍然好學不倦，讀書至勤，
所以在學問上日有進境，此對徐渭的讀書習慣或多或少有些啟
發，因為從相關資料發現，徐渭與仲兄徐潞感情較佳，在〈上提
學副使張公書〉中說：

便欲往之貴州。從仲兄以希肄業發跡，而徒手裸體，身無
錙銖……。6

另在〈仲兄墓誌銘〉中亦說：

兄性聰明純厚，善諧俗，其去之衛，學益進。……。其後
稍為古詩文，而衛固少文，故自撫按大吏以下至百戶軍人

家，靡不敬藉兄。7

可見他對仲兄的學問確有一定程度的了解，進而對其學習效法，亦屬自然之事。

徐渭自幼聰穎過人，資賦異秉，四歲時長嫂楊氏病故，他就能夠迎送前來弔唁的賓客；六歲"入小學。書一授數百字，不再目，立誦師所"。八歲時，他自謙的說"稍解經義"，但在師塾陸文望舉行的試朔望，"渭文滿二三草而後入早飯。師奇之，批文云，昔人稱十歲善屬文，子方八歲，校之不尤難乎？噫！是先人之慶也，是徐門之光也，所謂謝家之寶樹者，非子也耶？"8。這件事傳到紹興府學官三先生陶曾蔚耳中，囑咐生員徐潞務必帶這個小神童前來引見，陶先生於讚賞之餘，還贈送一些獎品，使徐渭受到莫大鼓舞。十歲之時，父親生前分配給他的僕人連夜逃跑，徐潞帶著徐渭前往山陰知府告狀，知縣劉昺看到徐渭英姿，大加讚賞，遂出題目要徐渭現場作文，自己則轉身處理訟狀，當他還未完成二十紙時，徐渭的文章已經完成了，劉知縣讀後擊節讚嘆，於是叫人取出好的紙張及兔毫毛筆送他，作為勗勉，並問他的師承及讀些甚麼書，徐渭回答，老師姓王名政，平常教讀程文，知縣聽後就在他的考卷上批說"小子能識文義，且能措辭，可喜可喜，為其師者，當善教之，務在多讀古書，期於大成，勿徒爛記程文而已"9。這段批語對徐渭往後的學問追求，有了不小的影響。而有關他從小喜愛讀書且才華出眾，常被師長肯定的事蹟，在〈自為墓誌銘〉、〈畸譜〉及部分詩文中，

7　徐渭〈仲兄墓誌銘〉《徐渭集》，P633。
8　徐渭〈畸譜〉《徐渭集》，P1325。
9　徐渭〈畸譜〉《徐渭集》，P1326。

均有若干記載。然而就在同一年，生母苗氏被嫡母遣散，這件事在〈畸譜〉中也有一段稍微模糊的記述：

> 苗宜人，渭嫡也。教愛渭世所未有也，渭百其身莫報也。
> 然是年似奪生我者，乃記憶耳，不知是是年否？10

雖然嫡母對徐渭關愛有加，但將他生母趕走的事實，也令他內心感到相當矛盾，而無法釋懷。不過，苗夫人的這番作法也是出於不得已之舉，當時徐家經商不善，被迫出此下策，但嫡母卻未因家庭經濟拮据就棄徐渭於不顧。後來徐渭遇到了一位山陰縣知名的人物蕭鳴鳳，是徐渭表姐夫，爲王守仁弟子，正德九年（一五一四）進士，官至監察御史，個性剛直，敢於上諫，他對徐渭非常欣賞，因而介紹許多名流給他認識，其中有位名叫汪應軫，正德十二年（一五一七）進士，且是會試第二。徐渭在蕭、汪二人身上，不但聽到許多朝中之事，擴大他的知識見聞，更重要的是，他二人守正不阿，耿介中直的個性，使徐渭深受感染，並激起他起身報國，積極進取的熱忱。

　　嘉靖十三年，正當徐渭十四歲，嫡母苗夫人病逝，使他又一次經歷人生的不幸，令他哀痛逾恆。一個英姿勃發的鷹揚少年，面對身邊最親近的人死亡，如何思索未來人生的道路，將成爲他最重要的課題，而苗夫人之死，確實也是徐渭生命歷程的一個重大轉折。他在二十歲那年，有一封〈上提學副使張公書〉中，回憶苗夫人死後的生活苦況謂：

> 十三歲（以足歲計）老母終堂，變故尋口芬縷疊，有非說
> 所能書者。五尺之軀百事攸萃，志雖英銳而業因事牽，家

10　徐渭〈畸譜〉《徐渭集》，P1326。

> 本伶仃就衰，而渭號託藝苑，不復生產作業；再試有司，
> 輒以不合規寸擯斥於時，業墜緒危，有若碁卵；學無效
> 驗，不信於父兄，而況骨肉煎逼，箕豆相燃，日夜旋顧，
> 惟身與影⋯⋯古人志在四方，故桑孤蓬矢取諸廣遠，重耳
> 奔竄而霸，馬援牧邊而達，奮名發跡，豈有拘方？激昂丈
> 夫，焉能婆娑蓬蒿終受制於人。11

苗夫人去世之後，雖然他有雄心壯志，但因考試不順利，逐漸遭
到兄長擯斥煎逼，其壓力之大，可以想見，所以也燃起他 "奮名
發跡" 掙脫別人束縛的決心。

　　徐渭青少年時期從事的學習活動，並不僅止於文學和琴藝，
他在少年時代，曾跟彭應時學過劍術，和丁肖甫比射箭，與張子
錫等學騎馬。這些事蹟在《徐渭集》的〈彭應時小傳〉、〈張母
八十序〉及〈元旦與肖甫較射〉都曾提到。而他對書法的興趣，
應該也是發生得很早，前面提到徐渭曾經從遊的蕭鳴鳳，有個姪
子蕭翊，比徐渭大一、二歲，不喜歡科舉功業，書法深受徐渭欽
佩，其書風廣泛，楷書最佳，由於二人性情相投，遂成了好朋
友，彼此也以兄弟互稱，徐渭在〈蕭女臣墓誌銘〉寫出了他對這
位摯友的印象：

> 女臣（蕭翊字女臣）心不喜舉業，獨喜秦漢古文、老莊諸
> 子、仙釋經錄及古書法，以故楷甚精，摹十數種，死後爭
> 得之，率丈尺金數兩。12

徐渭十六歲時，感受到社會輿論他的壓力，宗族鄉黨紛紛攻擊詆

11　徐渭〈上提學副使張公書〉《徐渭集》，P1107。

12　徐渭〈蕭女臣墓誌銘〉《徐渭集》，P635。

毀他，指責他不務正業，一事無成，他於是仿效揚雄〈解嘲賦〉寫了一篇〈釋毀〉為自己進行辯解。這篇文章沒有流傳下來，卻獲得當時文壇的關注與重視，然而幸運之神卻始終未因徐渭才高而給予特別眷顧。

第二節　師承學侶及其交遊狀況

徐渭一生除了文藝活動之外，其學問主要內涵約有兩端：一為儒學，一為道學。儒學在明季是以陸王心學稱霸的學術主流，徐渭有位姑表兄弟的老師王畿，以及另一位老師季本，都是出自王守仁門下，所以構成徐渭儒道兼修的思想特質。他在自著〈畸譜〉裡列了十五名紀師，然十歲時跟隨的業師王政則漏列，所以正確應為十六位。最早啟蒙業師是管士顏，已能發現徐渭的過人天賦，八歲時轉至陸如岡處研習時文，下筆為文，愈為快捷。後來從王政為學，亦有所獲。其他如陳孔和、上虞朱先生、趙蕭邦、陸文望、余貴張、馬草崖、馬白峰、謝天和、金天寵、鄭時美、張松溪、汪青湖、季彭山等人，不論從遊時間長短深淺，徐渭均列於紀師之中。

徐渭求學過程除了上述一般性老師之外，還有幾位對他的一生影響更大的人物。如被徐渭列為師類首位的王畿是徐渭表兄，為明代思想家，山陰人，為王守仁高足，曾在門下擔任助教，公職退休後講學至勤，足跡遍及吳、楚、閩、越、江、浙等地，後為「浙中學派」的代表人物。由於是徐渭表親，時往請益，自屬方便，但徐渭則以「函丈」尊稱。唐順之、張元忭皆出其門下。[13]

13　張孝裕《徐渭研究》，（台北：學海出版社，一九七八年）P28。

其次，蕭鳴鳳，在前文已述及。徐渭對這位既是親戚又是師長的感知，令他畢生難忘，亦將其繫於師類及紀知項下。

再次，被徐渭列為師類第三位的季本，他特別記明"嘉靖廿六年（一五四七）丁未，渭始師事先生"14，當時徐渭廿七歲，受其啓迪甚多。徐渭〈季先生入祠祭文〉中云：

> 先生之於學，探本極源，既急於其大矣。而著述之精密，如蠶絲牛毛，用以明六經而酌百氏者，則又不遺乎其細葉。15

另在〈時祭文〉、〈季先生祠堂碑〉中，對其學術思想、行事風格多所肯定。

另外，徐渭在二十三、四歲之間從遊的一位老師錢楩，嘉靖五年進士，官至刑部郎中。晚年辭官修道，與徐渭亦師亦友，兩人均曾師事季本，徐渭〈師季長沙公行狀〉裡說：

> 鄉之錢君楩，始以文章老釋自高於世，終亦舍所集而就業於先生焉。16

因錢楩在入季本門下之前，就享有文名，而且年齡比徐渭大，其思想言行也頗受徐渭推崇，故而將其列為師類。而徐渭後來對道教養生之術發生興趣，除受長兄徐淮影響外，多少受到錢楩感染。

在〈畸譜〉師類中還有一位唐順之，這號人物同時被徐渭列入紀知，可見唐對徐渭而言，具有雙重身分。唐順之也是研究致

14　徐渭〈畸譜〉《徐渭集》，P1332。
15　徐渭〈李先生入祠祭文〉《徐渭集》，P660。
16　徐渭〈師季長沙公行狀〉《徐渭集》，P643。

良知之學的學者，曾任兵部主事，於天文、樂律、地理、兵法、弧矢等無所不精，與多才多藝的徐渭聲氣相通。唐順之在文學觀念方面特重本色，徐渭的「本色論」顯然受其影響不小。17

　　此外，薛應旂、馮惟訥、蔣鱉、玉芝禪師等人都曾與徐渭有過師生關係，尤其薛應旂在徐渭三十二歲參加秋圍，初試由其評閱試卷，將徐渭列爲第一，儘管複試並未中舉，但徐渭始終銘感在心。至若學侶及交遊方面，則涵蓋面甚廣，梁一成《徐渭的文學與藝術》將其分成七類，即幕僚生活、官紳交遊、浙江文武官員、同窗摯友、書畫之交、弟子門人以及同時名流作家等。18

　　在幕僚生活中，與徐渭關係較深的首推胡宗憲，胡對其信任有加，畀予重任，不僅讓其參贊重要決策，胡宗憲許多文稿書函也都是由其代筆。徐渭是在嘉靖三十六年（一五五七）被胡宗憲延攬進入幕府，時年三十七歲，到了嘉靖四十一年（一五六二），前後六年時間，相處融洽愉快。至於另一位職場上的長官李春芳，是在嘉靖四十二年（一五六三）透過管道邀請徐渭擔任他的幕僚，但因徐渭感到不受重視，一方面又想參加鄉試，於是在次年春天主動請辭，故徐與李春芳相處不久，關係不深。而吳兌和李如松年齡都比徐渭小，雖然都曾召徐渭至其幕府，但情況和入胡宗憲及李春芳府不同，類於門客性質，彼此僅止於惺惺相惜的至交而已。在幕府關係中，和徐渭較有交情的還有張天復、張元忭父子。張天復是嘉靖進士、張元忭爲隆慶狀元，徐渭曾擔任過父子兩人的秘書。張天復和徐渭是一起在蕭鳴鳳門下的同學，而張元忭和徐渭則是同爲王畿弟子。張氏父子對其至爲佩

17　張孝裕《徐渭研究》，P35~P37。
18　梁一成《徐渭的文學與藝術》，P185~P234。

服，許多文稿都徐渭代爲捉刀，例如〈季本的祠堂碑〉、〈景賢祠集序〉、〈邑侯徐公生祠記〉，地方上都認爲應由狀元執筆，卻是由徐渭代作。就連徐在獄中，張元忭也推荐很多代筆機會給他，張家的廳堂樓閣也都掛有徐渭書法 19，張氏二人對徐渭照顧有加，所以在〈畸譜〉中將這對父子列爲「紀恩」。

在官紳交遊方面較重要的，有沈鍊、紐緯、朱公節、諸大綬、沈明臣等人。沈鍊和徐渭同爲越中十字 20，嘉靖進士，曾因上書檢舉嚴嵩十大罪狀，遭到扙刑，其間雖獲釋放，不久又被嚴嵩處死，徐渭同感激憤，沈鍊之子沈襄和徐渭亦頗熟稔。紐緯，也是嘉靖進士，爲當時有名的藏書家，取「世學樓」作爲堂號，是文士雅集的最佳場所，徐渭學問的增長，部份就是來自世學樓的陶冶。朱公節，爲越中十子之一，曾與陳鶴、沈鍊等人組成「息柯詩社」，和徐渭偶有唱和雅聚的機會。諸大綬，比徐渭小兩歲，曾參與「永樂大典」校錄工作，他很欣賞徐渭的書畫，常留宴家中，藉機看徐渭即席揮毫。徐對諸大綬的感念之情，一一記述於〈哀諸尙書辭〉中。沈明臣，乃徐渭在胡宗憲幕府的同僚，文才與徐渭齊名，"《文長集》中涉及明臣的詩凡十七首，而《明臣集》中關係文長之詩也有七首，可見來往之密，唱酬之頻" 21。他兩人在胡幕解散後，仍時相往來，徐渭被關，他也去探視。到了年老的時候，徐渭還作〈答嘉則次韻七十見壽〉22，在徐渭生命裡，沈明臣也算得上是一位重要的人物。

19　梁一成《徐渭的文學與藝術》，P192。
20　越中十子爲：徐渭、蕭勉、陳鶴、楊珂、朱公節、沈鍊、錢楩、柳文、諸大綬、呂光升等。
21　張孝裕《徐渭研究》，P79。
22　梁一成《徐渭的文學與藝術》，P202~203。

　　在浙江文武官員方面，以戚繼光及徐貞明較重要。戚繼光是明代蕩平倭寇的名將，徐渭在胡宗憲幕府時，與其時有過從，所作詩歌和徐渭風格類似。徐貞明爲隆慶進士，徐渭曾贈序及詩，他在擔任山陰知縣離開時，山陰地方人士爲其建祠紀念，大家公推由徐渭作記，並以張元忭之名上石 23。

　　於同窗摯友方面，較有代表性的有李有秋、丁模、葉雍、柳文等人。李有秋和徐渭一起受知於季本，是季本弟子中，和徐渭交誼最深的同學，其學問甚受徐渭欽佩，因此，被徐渭列入〈畸譜〉紀知中。丁模，和徐渭是三代世交，又是二度同窗，徐渭曾爲其詩作序 24，難得的是，徐渭因殺妻入獄時，一家老小皆由丁模代爲照料，而徐渭生母過世，亦由其出面保釋他出獄。他們的友誼實非一般泛泛可比。葉雍，與徐渭及蕭翊同爲少年同學，其書齋毗鄰竹叢旁，徐渭便作了一篇借竹樓記送他，也曾爲其詩作題序 25，而後各自到外地工作，仍然尺素往返、酬唱不輟。柳文，與徐渭同爲山陰人，和陳鶴、徐渭等文士經常往來，大徐渭十五歲，被列於〈畸譜〉紀知之中。徐渭出獄時，他曾盡過力，其四子元穀爲徐渭門生 26。徐渭同窗摯友除前列五人外，尚有張子錫、呂光升、高陞、王寅等人，因從現有文獻上不易查考該等與徐渭有何深厚交誼，故不予介紹。

　　書畫之交方面，梁一成列有陳鶴、劉世儒、朱南雍、錢伯陞等四人，但還有豐坊、楊珂、沈學等三人，亦應予以納入。陳鶴列於〈畸譜〉紀知類，故與徐渭交情不言可喻。其在〈陳山人墓

23　徐渭〈邑侯徐公生祠記〉，P1102。
24　徐渭〈肖甫詩序〉《徐渭集》，P534。
25　徐渭〈葉子肅詩序〉《徐渭集》，P519。
26　張孝裕《徐渭研究》，P57~58。

表〉對陳鶴記載極為翔實,且看:

> 余與柳君先後得友山人,雅相抱筆伸紙以朝夕,庶幾稱知
> 己於山人也……。山人生而穎悟絕群,年十餘,已知好
> 古,買奇帙名帖,窮晝夜誦覽……。而其所作為古詩文,
> 若騷賦詞曲草書圖畫,能盡致諸名家,既已間出己意,工
> 膽絕倫。其所自娛戲,雖瑣至吳歈越曲,綠音釋梵,巫史
> 祝咒,……樂師矇瞍,口誦而手奏者,一遇興至,身親為
> 之,靡不窮態極調。27

表中所述,對陳鶴文學藝術的造詣大加讚揚,徐渭的書畫、戲曲
成就和他應有一定關聯。

劉世儒,是個畫家,亦能詩,工於畫梅,常與徐渭酬唱,徐
渭在〈劉雪湖梅花丈幅〉中,感讚劉氏的作品謂:

> 我客金陵訪畫梅,畫梅莫妙盛行之,劉君放逸不可羈,一
> 劉一盛無雄雌。……28

另在〈為商燕陽題劉雪湖畫〉中亦云"得此須用名錦裝潢,安精
中,便作奇香好茗,多調妙曲"29。具見徐渭對劉世儒繪畫的看
重。

朱南雍,和徐渭同鄉,隆慶進士,畫風取法沈周、倪瓚,與
徐渭學步倪瓚應有關係。《徐渭集》中,涉及南雍之作頗多,其
中有兩首是為朱氏題畫的詩,他們二人經常以畫互相往來,有人
喜歡朱南雍的畫作,甚至還由徐渭代為索託,在〈與朱太僕〉中

---

27 徐渭〈陳山人墓表〉《徐渭集》,P640~641。
28 徐渭〈劉雪湖梅花丈幅〉《徐渭集》,P165。
29 徐渭〈為商燕陽題劉雪湖畫〉《徐渭集》,P1099。

說：

> 嗜好者不量，往往徒見敝寓壁間，粘掛之妙，以為公真不
> 棄鄙人於翰墨間，故惹卻此累。惟察而恕之。30

彼此交誼之深，由此可見一斑。

　　錢伯陞，是徐渭晚年的密友，書法工草隸。徐渭有首〈贈錢
生〉詩前附註曰"善琴、療、書及蒔花藥"31。另外，在〈題楷
書楚詞後〉中，頗能表現徐渭對他的佩服之情：

> 慕子蘭深博古器，而法書圖畫尤其專長。余書多草草，而
> 尤劣者楷，不知何以入其目也；古語曰「心誠憐，白髮
> 玄」其斯之謂歟？

　　而在梁一成《徐渭的文學與藝術》所列書畫之交以外的豐
坊，則是一位頗有份量的人物，他也是嘉靖進士，博學多聞，尤
擅書法，家中藏書萬卷，著有〈書訣〉及〈童學書程〉各一卷，
對書法理論與技法，有獨特而精闢的見解。曾邀徐渭到西湖泛
舟，二人交往，於書藝一事定多切磋32。和徐渭書法有關的另一
位人士，就是楊珂，浙江餘姚人，為越中十子之一，不曾作官。
能詩文，善書法，以狂草見長，後來書法與徐渭齊名，其草書對
徐渭影響甚大，徐渭入獄時，他曾協助營救，因此，徐渭作有
〈寄答秘圖山人二首－獄中〉詩一首見贈33。最後是沈學，此人
名氣雖不大，但能畫人物花鳥，專工寫真，嘗為徐渭畫一幅天池

30　徐渭〈與朱太僕〉《徐渭集》，P1023。
31　徐渭〈贈錢生〉《徐渭集》，P827。
32　張孝裕《徐渭研究》，P90~91。
33　徐渭〈寄答秘圖山人二首-獄中〉《徐渭集》，P75。

小影，兩人交往密切，藝術觀念互相交流，應不在話下。

　　在弟子門人及同時名流作家方面，因對徐渭影響不大，故不予贅述。34

第三節　屢試不第的坎坷歷程

　　徐渭從小用功讀書，潛研學問，尤其是對於八股文的訓練，很早就能輕鬆上手。

　　王家誠《徐渭傳》說，徐渭和丁模是少年時的同學，當時所學爲八股文，"目的在於獵取功名"35。他在〈畸譜〉的記載說，八歲"師陸先生，名如岡，教爲時文"也是作八股文，甚至到二十歲都還跟隨岳父潘克敬學作八股文，可見他對舉業功名是很嚮往的，怎奈造化捉弄人，登科進仕的夢想始終無法實現，利祿榮華都在一次又一次的科考中和他擦身而過，令他感到沮喪萬分。

　　徐渭第一次參加科舉考試，是在嘉靖十六年（一五三七），時年十七，抱著無限憧景的心情，邁入了科場的第一步，可惜事與願違，並未順利考取童試，往後他一路從未放棄任何一次科考，直到四十歲，包含十七歲時的童試，總共考了九次，卻未能一遂心願進舉入仕，反而眼見週遭同儕學友甚至晚輩門生一一登榜，並進而擔任政府要職，怎不令他有所感觸呢？

　　他在嚐到第一次童試失敗經驗後，終於等到了二十歲那年的

鄉試，滿懷希望而躍躍欲試，結果又是名落孫山，他於是上書提
學副使表明心志，他說：

> 渭少嗜讀書，志頗閎博，自有書契以來，務在通其概焉。
> 六歲受大學，日誦千餘言，九歲成文章，便能發衍章句，
> 君子縉紳至有寶樹靈珠之稱……。五尺之軀百事攸萃，志
> 雖英銳而業因事牽，……。進不能取功名以發舒懷抱，艮
> 則蒙訊當途，君子所不齒，鄉曲不道，由食其出誓不爲義
> 入耳……。渭頗讀詩書，亦知大義，豈同負販，有異魚
> 蟲，使一辱英盼，九死甘心，第恐天地無窮，徒懷哀恫耳
> ……，諒明公觀于超曠之道，必不以踈遠見拒，故敢述其
> 始末，託書自陳，萬一因其昏愚加以擯斥，則有負石投
> 淵、入坑自焚耳，烏能繞首葡匐，偷活苟生，爲學士之廢
> 棄，儒行之瑕摘手！惟明公其生死之。36

這份類似陳情書的函件內容，洋洋灑灑數千言，對自己追求功名
的心情，毫不掩飾，一方面訴諸以理，說明其從小喜歡讀書，
"志頗閎博"、"日誦千餘言，九歲成文章，便能發衍章句"，
表示自己學問根基紮實，暗指落榜是沒有道理的事。接下來則訴
之以情，陳述他的處境已不爲父兄接納，甚至到了"骨肉愈逼"
（見第一節引文）的地步，身爲一個舉業士子，如再不求上進，
將情何以堪？最後他乾脆直接表白，如果長官不能諒解，他寧願
"負石投淵、入坑自焚"，其所使用的措辭十分強硬而且極端，
顯示他是一個勇於表達、直率感性的人，這種個性對他的藝術創
作，應該不無影響。而他的這封上書果然奏效，張副使在讀了他

---

36 徐渭〈上提學副使張公書〉《徐渭集》，P1106~P1110。

的來函之後，深受感動，"乃與嘉靖十四年（一五三五）到任的
山陰知縣方廷璽聯手舉荐"37，讓他參加複試，並錄取爲山陰縣
諸生。這一年，徐渭獲得新任陽江主簿潘克敬的賞識，將自己女
兒許配給他，而且潘知道徐渭家境並不寬裕，不要求任何聘禮，
次年就在陽江完成終身大事。不幸的是，他的二兄徐潞卻在嘉靖
十九年（一五四〇）病逝。喜訊噩耗交互加諸在他身上，心理負
擔必然沈重不堪。

　　徐渭二十三歲，再度參加秋闈，又未登榜，似乎上蒼有意爲
難他，在往後的幾年，他經歷了妻子潘氏及長兄徐淮的死亡，但
這之間（嘉靖二十四年）徐渭得到了第一個兒子，名叫徐枚，第
二年潘氏就死了，而這一年徐渭進舉仍未中第，面對雙重的打
擊，使他萬念俱灰，至此，徐渭最親近的人都已往生，僅剩剛出
生不久的兒子和流落在外的生母了，對他而言，無疑又會加深他
內心的苦痛。

　　徐渭第四次應試是在二十九歲，嘉靖二十八年（一五四
九），仍然敗興而歸，〈畸譜〉記說"己酉科，北。始幸迎母以
養，買杭女胡奉之，劣"。這段期間，生活雖過得清苦，但一生
最親近的人總算能夠團聚，終究是一件值得安慰的事。

　　過了三年，徐渭三十二歲，對科場仍未死心的他，還是抱著
一絲希望前往一試，初試時獲得浙江督學張應旂賞識，評列第
一，可惜複試未蒙主考官青睞，仍以落榜收場，他仿照晉潘岳
〈秋興賦〉作〈涉江賦〉，在前序中借朋友的口吻說自己"子髮
白矣"，文末則謂"年三十二，形則六八"38。此時的徐渭已然

37　王家城〈徐渭傳〉《故宮文物月刊》第十二卷第八一期，總第一二
　　八期（台北：故宮博物院，一九九三年十二月），P142。
38　徐渭〈涉江賦〉《徐渭集》，P1~P2。

發覺韶光易逝，歲月磋砣，透露出消沈倦怠的訊息。嘉靖三十四年（一五五五），徐渭三十五歲，應舉初試名列第二，複試又被淘汰，索性前往武夷山散心，途中許多特殊的古蹟勝境、人文景觀令他印象深刻，而到了目的地之後，對當地優美的景色風光亦多流連，因而創作了多首詩篇。此趟行旅，不僅使他的生命視野得到拓展，也豐富了他往後的藝術創作內涵。三十七歲起擔任胡宗憲幕僚，大受器重，到四十二歲胡宗憲被逮前後六年間，是徐渭一生最如意的時光。有關他入幕的時間，王家誠說"嘉靖三十七年徐文長入胡宗憲幕"，與事實稍有出入，一般說法，應以三十六年爲正確，且其〈畸譜〉亦載"三十七歲。季冬，赴胡幕作四六啓京貴人"39，事實上，早在該年年初徐渭就曾爲其代筆，如此推算，恐怕是見解上的問題。

　　然而，他並未因受寵信而放棄科考。三十八歲時第八度赴試，仍然敗北。甚至三年後以四十一歲之齡，依然應辛酉科，再嚐敗績，從此註定了他與舉業無緣的命運。〈畸譜〉自謂"自此崇漸赫赫，予奔應不暇，與科長別矣"40。這種帶著絕望頹喪的語氣，就此爲他的考試生涯劃上遺憾的句點。

　　綜觀徐渭的生命歷程，考試讀書幾乎貫串了他的菁華歲月，從小時候的滿懷壯志，到絕意科場，共歷二十餘年，尤其資材聰穎，自視非凡，從他〈釋毀〉、〈上提學副使張公書〉等文章中，亦不難看出他的自信與自負，這種不服輸的個性，怎堪一次又一次失望和落寞的無情摧折，又加上坎壈多蹇的不幸遭遇，逼使他的生命逐漸變形扭曲，終至殺妻、自戕等，一齣齣悲劇的上

39　王家誠〈徐渭傳〉《故宮文物月刊》第十三卷第二期，總第一三四期（台北：故宮博物院，一九九四年五月），P138。

40　徐渭〈畸譜〉《徐渭集》，P1328。

演。然而正因爲他科場失利，沒有順利進仕，不必耗盡心力去應付官場的送往迎來以及索然無味的公文案牘，讓他更有時間從事創作。同時，面對舉業的一再受挫，而將精神轉移到藝術創作上，也具有消解痛苦、宣洩壓力的作用，特別是在情緒起伏、鬱憤難抑的情況下，所寫書法自然與平和愉悅狀態下創作的作品迥然有別。因此，科舉雖然和他玩了一場捉迷藏，卻也是幫助他取下個人藝術版圖的功臣之一，正所謂"水可載舟，也可覆舟"也。

第四節　飽嚐折磨的生命際遇

前文提到徐渭前半段的生命，幾乎都與科舉爲伍，到最後卻落得「終身不第」的局面，這固然使他身心嚴重受創，但要不是生命之神給他異於常人的百般折磨，或許他的一生還不至於如此悲慘淒滄。他出生剛滿百日父親就過世；十一歲生母被苗夫人趕出家門；十四歲養母苗夫人往生；二十歲二兄徐潞染痾疾，溘然長逝；二十五歲，長兄徐淮相繼死亡；二十六歲，第一任妻子潘氏，也因肺病去世；三十二歲，與嚴翁長女訂親，不數日又悔婚；三十九歲入贅杭州王家，秋天即告離異；四十一歲再娶張氏；四十二歲胡幕垮台；四十六歲，殺張氏入獄；四十八歲生母羽化一直到五十三歲出獄，自此過著貧病交加、窮苦潦倒的日子。翻開徐渭的生命史，等於就是觀看一齣曲折動人的血淚史，令人不忍卒睹。

一、孤僻多疑造成家庭悲劇

徐渭因從小天資過人，靈敏聰穎，故而對學術、詞章、文藝乃至生活週遭多所留意，原本這些特質對一個積極奮發、努力向上的年輕人來說，應該是件好事，但是在經歷了一連串打擊煎熬之後，讓他的性格特質轉向敏感孤僻、燥鬱多疑，終而鑄下了無可挽回的後果，這在他三十二歲與嚴翁長女退婚的事件，便可看出一些端倪。這門親事是由一位叫潘時誼的朋友熱心為他促成，這位潘君前後遊說徐渭三次，第三次徐渭才答應相親，女方家長嚴翁與徐渭相談甚歡，於是將其長女許配給他作繼室，但在相處數日後，徐渭發現嚴翁舉止反應有些遲鈍，他擔心未婚妻受她父親遺傳，是否也有癡呆基因，所以當機立斷，宣布退婚，可是後來他聽說嚴女在一次海盜前來擄掠時被押走，她竟投水而死，表現出烈女精神。徐渭對當初的退婚感到悔恨，自慚不已，〈畸譜〉上說"悔是也"；另於〈宛轉詞〉序中載著"湖嚴氏有二女，其翁以長者許渭繼室，渭自愆盟。頃聞為寇斷其翁臂，二女俱被執，……後知長女被執時，即自奮墮橋死，……。"並賦詩曰：

> 訐道自愆盟，天成烈女名，生前既無分，死後空餘情。粉化應成碧，神寒儼若生，試看橋上月，幾夜下波明。41

在其〈奉答少保公書〉自稱"渭犬馬賤生，夙有心疾，近者內外交攻，勢益轉劇……"42；覆書之五也說"舊患腦風"43；覆書之二亦云"緣渭前疾稍增，夜中驚悸自語，心系隱痛之外……志慮塞荒，兼以健忘……精神日離"44。所稱之"心疾"、"腦

41　徐渭〈宛轉詞〉《徐渭集》，P171~172。

42　徐渭〈奉答少保公書〉《徐渭集》，P458。

43　徐渭〈奉答少保公書之五〉《徐渭集》，P460。

44　徐渭〈奉答少保公書之二〉《徐渭集》，P459。

風"、"驚悸"、"健忘",都屬精神方面的疾病,概係對事物
過度執著,求好心切或先天性人格偏差導致的後遺症,到最後
"精神日離"已是相當嚴重的程度。其導因從陶望齡〈徐文長
傳〉所言"間或藉氣勢以酬所不快,人亦畏而怨焉"也透露了些
許訊息;在他自己的〈亡妻潘墓誌銘〉中也說"與渭正言,必擇
而後發,恐渭猜,蹈所諱"45。在在都足以顯示徐渭確實存在著
某些人格方面的問題,再漸次引發成精神疾病。否則,徐渭自嚴
女死後,從小序及詩中流露出無限的愧咎與悔痛之意,但凡事都
已太晚,早知如此,又何必當初呢?這難道不是他過度敏感的性
格造成的終生遺憾嗎?

　　另外一次最致命的猜忌事件,是發生在四十六歲,也就是嘉
靖四十五年(一五六六)的殺妻案。徐渭在四十歲時娶了張氏,
到了第六年,卻不幸發生這起兇殺案,其真實原因不甚清楚,從
徐渭詩文中也找不出他對此事件有何辯解,但陶望齡〈徐文長
傳〉則說"渭為人猜而妒,妻死後有所娶,輒以嫌棄。至是又擊
殺其後婦,遂坐法繫獄中"46。直接說明徐渭"為人猜而妒",
應該是有根據的。他從潘氏死後到入贅杭州王家,十三年間,除
了嚴翁長女外,以他的才名,理當有機會再遇到其他合適對象,
但在相關文獻中,卻沒有記載他這段期間的感情生活,尤其以嚴
女為例,根本是出於他的多疑猜忌,通俗地講,就是「挑剔」,
所以要讓他能認同接納的女人,必得通過嚴格的「品管」,這種
近乎完美主義的個性,有誰能和他相處得來?無怪乎卅九歲入贅
杭州王家,不數月旋又離異。而殺妻事件儘管後來有很多種傳

45　徐渭〈亡妻潘墓誌銘〉《徐渭集》,P1339。
46　陶望齡〈徐文長傳〉《徐渭集》,P1340。

說，原委難明，但卻註定了他後半生悲苦命運的重要關鍵。

　　這裡要附帶一提的是，徐渭四十六歲在〈畸譜〉記載"殺張
下獄。隆慶元年丁卯"，顯與事實有所出入，果若入獄時真為隆
慶元年，則徐渭應已四十七歲，此與其他所有顯示資料均不相
符，故自以四十六歲為正確，而是年年號乃嘉靖四十五年。準此
推算，徐渭繫獄六年多，所以其出獄時間為五十二歲多，當為一
五七二年，即隆慶六年，而徐渭亦誤載為"萬曆元年"，可能是
〈畸譜〉成於徐渭逝世那年，因事隔已久，且記憶衰退，才將入
獄及出獄繫年誤植。為免讀者造成時空混亂，特予敘明。

二、獄中生活及晚年情況

　　徐渭入獄時大兒子徐枚已廿一歲，但小兒子徐積則只有四
歲，身邊尚有生母。那時他也已離開胡幕四年，生活狀況並不寬
裕，遭逢殺妻官司，鋃鐺入獄，幸得同學丁模之助，幫忙照料家
小，而自己在獄中也是艱苦異常，〈雪二首－其二〉這樣說著：

> 屋腐隙西橡，密雪夜如織，朝窺床簟頭，白糝高一尺，側
> 身不敢搖，寒籠戰僵翼，伴侶同苦計，何從乞漿食。47

這首詩道盡在獄中的苦況。其在〈畸譜〉裡自四十七歲到五十二
歲，都以一個"獄"字一筆帶過，其餘未作任何交代，不過在其
他資料中，仍然可以發現他確實難以忍受那樣的生活，於是向外
求援，在〈送沈君叔成序〉中，訴說了他的心境：

> 來別余於理，見余抱梏就攣，與鼠爭殘炙，蟻蝨瑟瑟然，

47　徐渭〈雪二首－其二〉《徐渭》，P712。

宮吾顛，館吾破絮。48

原本身心狀況不佳的他，亟思脫離人間煉獄，是很正常的事。然而終日在環堵蕭然的方寸之地，寫字讀書便成爲他唯一的消遣，因此"徐渭在獄中數年，書法大爲進展，獲於大成。《紹興府志》載：文長素工書，既在縲絏，益以此遣"49，傳世有一件〈春雨剪雨宵成堂〉草書詩卷即成於此。七年的牢獄生涯，委實讓他嚐盡苦頭，但窮寂無聊下的精神寄託—書法，反爲他的歷史地位立下不可抹滅的功績。如從這個角度來看，或將衍生幸與不幸之辨了。

　　徐渭出獄後，健康狀況並未好轉，病魔仍然糾纏著他，見其〈畸譜〉五十七歲，五十八歲都掛病號；五十九歲"稍瘳"；六十一歲"復病易"。其實他的病情在決定放棄科考時，就已不甚理想，王家誠分析說"事實上，徐文長體康惡化，數年前已有跡象。心疾一旦發作，夜中驚悸，自言自語，心口隱隱作痛。此外，四肢灼熱，氣常太息，隨之而至的是健忘，志慮荒塞，毛髮日益凋落"50。而之後胡幕被拆，胡宗憲遇害，以及李春芳的"聲怖我復入"，以及殺妻牢獄之災，對早已身心俱疲的徐渭而言，不啻是雪上加霜。因此他出獄後對人生似乎多了一層體會，覺得生命無常，人生苦短，便恣情山水，並大量創作書畫，足跡遍及北京、江南各地，流傳下來不少的文學和藝術作品，就都是這時期的產物。這樣的生活直到六十七歲（一五八七），實在已

48　徐渭〈送沈君叔成序〉《徐渭集》，P560。
49　李德仁《徐渭》，P88。
50　王家誠〈徐渭傳〉《故宮文物月刊》第十三卷第十期，總第一四二期，（台北：故宮博物院，一九九五年一月）P137。

經年老力衰，不堪旅途勞頓，就此不再遠遊。

　　徐渭晚年的生活依靠，照理應由二個兒子負起責任，但長子徐枚不務正業，遊手好閒，與徐渭又格格不入，還好次子徐積比較孝順，成了徐渭暮年唯一的依靠。張孝裕說他“晚年尚稱寫意，除書畫、作詩、作文外，暇時常興起家翁對飲……”[51]。偶爾也有“半縮楡莢求書客”[52]，過得是安定閒適，差強人意的生活。萬曆二十一年（一五九三），徐渭走完坎坷這一生，享年七十有三。

三、徐渭與青藤書屋的滄桑

　　徐渭的出生地「青藤書屋」，位於浙江紹興城南，筆者年前赴大陸蒐尋資料，原擬兼程訪謁，惟因行程出了意外，未能遂願，只得退而求其次從書面文獻進行「神遊」，然因相關資料對青藤書屋記載亦相當有限，故僅能就手邊片斷且零碎資訊稍作整理。然而既是資料不甚齊全，又爲何勉強爲之？主要原因是徐渭生於斯、長於斯，也歸於斯，這個陪伴他歷盡七十餘星霜的地方，應該留有屋主的若干線索或蛛絲馬跡，相信對徐渭的心理性格及精神思想層面的考察，將有正面的助益。

　　這間書屋園景不大，但幽雅不俗，裡面有兩個最具代表性的景物，就是「青藤」和「天池」。青藤是他在十一歲（一五三一）時親手栽植，這棵青藤長大後，勢若虯松，其別號“青藤道士”、“青藤山人”、“青藤老人”都是由此而來。後來“青藤書屋”更取代了榴花書屋[53]。青藤之下有一“天池”，額曰“天

51　張孝裕《徐渭研究》，P22。

52　徐渭〈春興之二〉《徐渭集》，P261。

53　李德仁《徐渭》，P9。

漢分源"，池北搭建一座小平橋，下方放著一根方柱，上面由徐
渭自題"砥柱中流"。另徐渭將園中設計爲八個景觀，曾作〈青
藤書屋八景圖記〉，陳慧星認爲"終究是措大之舉，器局也小得
可以"[54]。譬如「天池」、「天漢分源」、「自在岩」等，他覺
得都是名不副實，根本是建立在跨大、假想的基礎上，所以陳慧
星以此評斷徐渭具有妄執心理的病態，他認爲徐渭"才大而器
小，心高而性窄，心志上的不協和，精神上的不健全，罣誤了他
的事業與前程，決定了徐渭終不免以才人、狂士潦倒至死"。這
樣的結論，雖然有些聳動，但細察徐渭的個性則不無暗合之處。

　　青藤書屋的主人雖然辭世已逾四百年，但書屋在後人的維修
下，風貌或有小易，然故址猶存，且自徐渭謝世，由崇禎時的金
蘭、陳洪綬一直到清代的諸姓，已數易其主。而有關該書屋的文
誌詩篇，除徐渭本人所作的〈青藤書屋八景圖記〉及〈題青藤道
士七十小像〉[55]外，尚有明陸韜〈青藤書屋賦〉、董瑒〈青藤書
屋記〉、《康熙山陰縣志・榴花書屋》、《嘉慶山陰縣志・青藤
書屋》、黃宗羲〈青藤書屋詩〉、陳捷〈青藤書屋詩〉以及錢泳
《屨園叢話卷二十・青藤書屋》等。[56]

　　前面提到徐渭的別號，他原字子清，後改字文長，號天池，
又號青藤，但在詩文書畫中所使用的別號，則多達二十餘個，分
別爲田水月、天池生、天池山人、天池道人、天池漁隱、天池漱
生、青藤山人、青藤道士、青藤老人、僧悔、海笠、大環、犢

54　陳慧星〈明代奇人─徐渭與青藤書屋〉《歷史月刊》第六十四期，
　　一九九三年五月，P69。
55　徐渭〈青藤書屋八景圖記〉、〈題青藤道士七十小像〉《徐渭
　　集》，P1295~1296。
56　梁一成《徐渭的文學與藝術》，P168~172。

孩、漱仙、漱老、漱老人、金壘、佛壽、孺子、長孺、墨昧、柿葉翁、全回山人、山陰布衣、鵬飛處人、白鷳山人、黃鵝道士、鵝鼻山儂等。而居處堂號除榴花書屋、青藤書屋外，也有櫻桃館、酬字堂等。還眞叫人眼花撩亂、目不暇及。

第四章　明代書風概述

　　一般談到明代書風，大都習慣從年代上作界分。當然，大體上明代書法的發展和時間先後次序確實存在著某種程度的聯繫，但任何一種書風的形式和沒落，也絕不是如抽刀斷水般的明確俐落，所以此種分法常會遇到某一風格興起，同時又是某一風格沒落的消長情況，而二者間卻又未必有必然的關係，因此在論述時較容易雜生枝節，是以本文將從明代三個最具風格典型的角度進行析述，以期對明代書法演進發展與風格流變，有一脈胳式的交代。

第一節　古典主義的延續

　　明朝建國以後，雖然取得了政權，但勢必無法將書法風格徹底地從元代切割開來，所以明初書法，主要還是延續元代的復古風尚，尤其由元入明的書家，如楊維楨（一二九六－一三七〇）、俞和（一三〇七－一三八二）、周伯琦（一二九八－一三六九）、危素（一三〇三－一三七二）等人，都屬二王系統並受趙孟頫（一二五四－一三二二）或康里巎巎（一二九五－一三四五）影響頗深的書家，他們的書風對明代初期的書壇自然也起了不小的作用。此一時期的名家主要有三宋（宋克、宋璲、宋廣）、二沈（沈度、沈粲）、一解（解縉）（圖一）。三宋之中，又以宋克（一三二七－一三八七）的影響力最大。

　　宋克，字仲溫，一字克溫，長州（今蘇州）人，《明史文苑

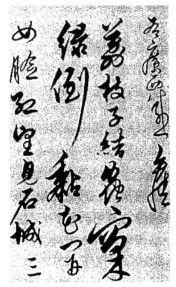

（圖一）解縉〈自書詩卷〉
　　　　（局部）
　　　　34.5×470.8cm 故宮博
　　　　物院藏引自黃惇《中
　　　　國書法史・元明卷》

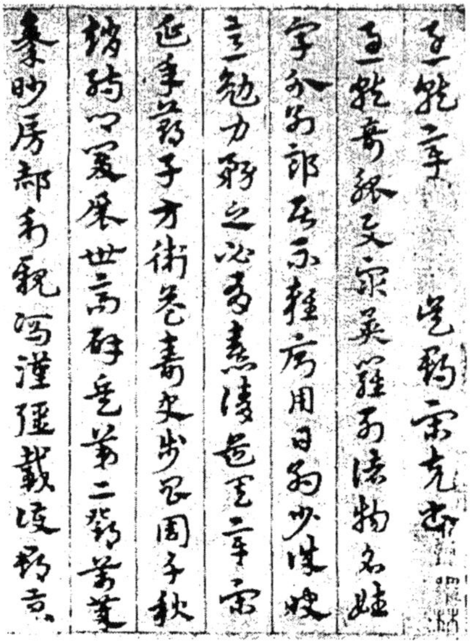

（圖二）宋克〈急就章〉（局部）北京
　　　　文物出版社《歷代碑帖法書
　　　　選》

傳》曰"杜門染翰，日費十紙，遂以善書名天下"[1]，他自幼博
覽群書，喜歡廣結好朋，家藏歷代名跡法帖豐富，使他比一般人
更有機會廣泛涉獵，其楷書以小字居多，由趙孟頫上追魏晉，頗
得鍾繇、王羲之風規；行草書則熔楷、行、章草於一爐，新意迭
出，活潑自然。他的書法中，最值得一提的是章草，如果說趙孟
頫是元明時代章草的提倡者，那麼宋克就是發揚光大者，堪稱有
明代章草第一把交椅，一生寫過〈急就章〉多本，其中"以六十

1　馬宗霍《書林藻鑑》，（台北：台灣商務印書館，一九八二年五
　　月）P289。

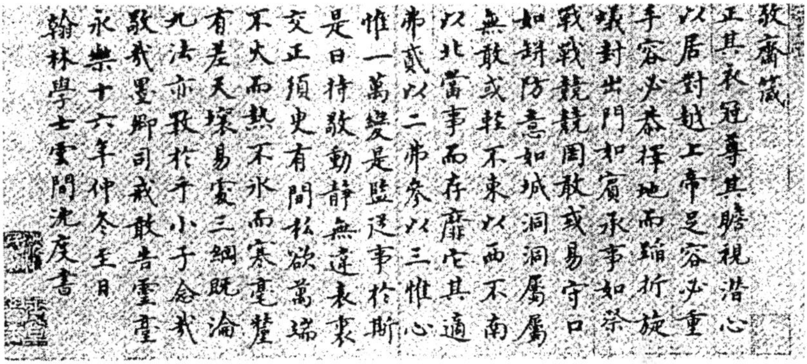

（圖三）沈度〈敬齋箴〉23.8×49.4cm
北京故宮博物院藏，引自黃惇《中國書法史‧元明卷》

歲所作〈急就章〉最為突出"2（圖二）。他所寫的章草打破每字獨立的傳統規範，筆勢疾徐互見，運筆有輕重提按、結體方圓並濟，字裡行間富有強烈的節奏感，由於他的大力提倡，引發明代學習章草的風氣，三宋另外的宋廣（生卒年不詳）、宋璲（一三四四——三八〇）亦均善章草，其後的祝允明、文徵明等人對章草都下過功夫。徐渭也有多件章草作品傳世，相信與明代多位名家書寫章草的風氣有關。

　　雖然宋克在章草方面的成就頗高，但他對當時書風的影響，則不限於一體，例如稍後的沈度（一三五七——一四三四）（圖三）、沈粲（一三七九——一四五三）（圖四），楷、行各體面貌與宋克都很接近。此外明初另一位大家陳璧（一二四七——一五〇九）（圖五），也屬宋克一路書風，據顧清《松江志》記載"宋克游松江，陳文東（陳璧）嘗從授筆法"3，然經審視陳璧書

2　黃惇《中國書法史‧元明》，（江蘇教育出版社，二〇〇一年十月一刷）P200。

3　轉引自黃惇《中國書法史‧元明》，P205。

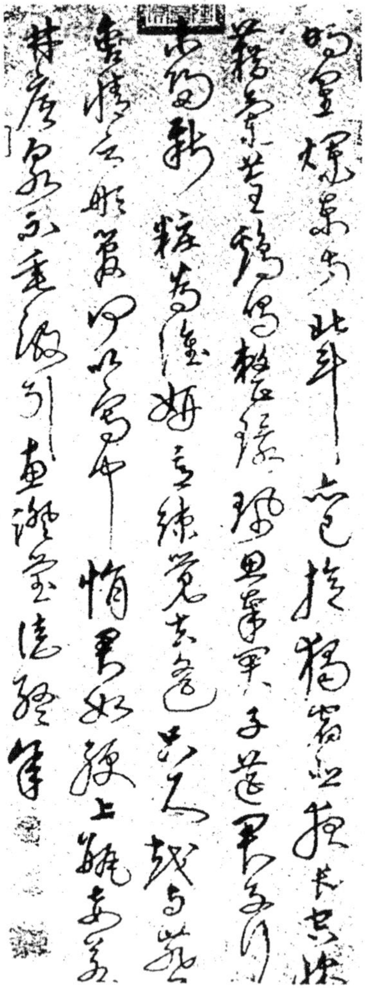

（圖四）沈粲〈草書古律詩軸〉
　　　83.4×33.8cm 台北故宮博
　　　物院藏引自黃惇《中國書
　　　法史・元明卷》

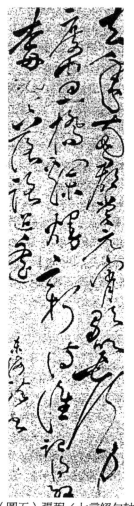

（圖五）張弼〈七言絕句軸〉
　　　122×30.8cm
　　　南京故宮博物院藏
　　　引自黃惇《中國書法
　　　史・元明卷》

法，受宋克影響最大的還是草書，而沈度又學陳壁，所以沈度對
宋克書風具有雙重繼承的意義。沈度雖亦能行草，但主要以楷書
名世，其小楷精工穩當，潔淨勻稱，且姿態婉麗，間有虞世南、
趙孟頫氣味，惟因工整有餘，而情趣不足，故評者以為稍具俗
格。至於沈粲書法在明代初期與其兄長沈度二人聯袂帶領風騷，
馬宗霍《書林藻鑑》載"《明史・文苑傳》云：書以遒逸勝。
《葉盛云》簡庵草聖擅一時，眞行皆佳，與其兄自樂同在翰林，
遭際列聖，榮遇罕比"4。很顯然沈氏兄弟同擅勝場，相得益
彰，但沈粲名世的書體與其兄不同，他是以草書見長，是在沈度
之外，開創出自己獨特的發展空間。另與二沈同時的解縉（一三
六九－一四一五），《書林藻鑑》說其"書小楷精絕，行草皆
佳，縉學書得法於危素、周伯琦，其書傲讓相綴，神氣自倍5。
可見解縉書法也是來自元人餘緒，屬於古典主義之繼承者，然而
可喜的是，解縉同時也釋出對尚意書風的借鏡，企圖平衡呆滯沈
悶的館閣氣息。

　　明代開國之初，帝王對書法的愛好與鼓勵，已在第二章中作
過說明，當時在宮中最有影響力的書家首推二沈，馬宗霍說：

> 二沈宸眷最隆，聲施最盛，度楷粲草，兄弟爭能，然遞相
> 模仿，習氣亦最甚，靡靡之格，遂成館閣專門。6

又說：

> 太宗徵善書者試而官之，最喜雲間二沈學士，尤重度書，

4　馬宗霍《書林藻鑑》，P297。
5　馬宗霍《書林藻鑑》，P296。
6　馬宗霍《書林藻鑑》，P285。

> 每稱曰我朝王羲之，《王文治論書絕句》沈家兄弟直詞
> 垣，簪筆俱承不次恩，端雅正宜書制誥，至今館閣有專
> 門。7

據此以論，度、粲兄弟因受皇帝欣賞、褒勉，許多人遂以他二人
為標竿，兢相仿習，最後鑄成館閣體的誕生。

　　事實上，館閣體的興起和沈氏兄弟固然有關，但其部份原因
實來自於「中書舍人」及科舉進仕的推波助瀾，士子們為了爭取
考試時的書法分數，一心一意在書法技巧上求工，而明代前期這
些傑出書法家正好提供他們取法途徑，形成一種「朝野一體」的
輝煌局面。不過，館閣體雖然大部份是以楷書為主流，但當時宮
廷中的書家，為適應不同需求，舉凡篆隸各體亦稍有涉獵，因此
所謂的「台閣體」，從廣義上講，其所代表的是一種風格面貌，
而不是僅指楷書一體而已。

　　身為古典書派下的「台閣體」，盛行時間約橫跨了明初書壇
達一世紀之久，迄至弘治末年始接近尾聲。萬曆年間的孫鑛說：

> 二沈氏弘治以前天下慕之，弘治末年，語曰“杜詩顏字金
> 華酒，海味圍棋《左傳》文。蓋是時始變顏也。余童時尚
> 聞人說沈，今云或有不識”。8

根據黃惇的整理統計，從洪武到成化（一三六八─一四八七）主
要台閣書家有九十七人之多9，這些人等於就是宮廷裡的職業書

7　馬宗霍《書林藻鑑》，P297。
8　孫鑛〈書畫跋跋〉收於《歷代書法論文選續編》，（上海書畫出版
　　社，一九九三年八月一刷）P261。
9　黃惇《中國書法史·元明》，P217~P231。

家，平日的工作爲詔
令、誥敕、册寶、玉
牒、城坊、匾額的繕
寫，由於他們當初進
入宮廷工作時，就都
是以書寫能力作爲取
捨標準，所以原本即
已具備相當程度的書
法水平，而在工作上
更有機會接觸台閣名
家，彼此互相砥礪、
黽勉相攜，更使書法
走向工巧精勻之路，
漸次形成規格化的地
步。台閣體在風行了
一百餘年之後，頓時

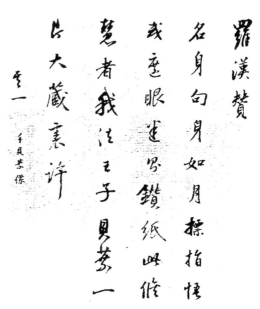

（圖六）董其昌〈行草書卷－羅漢贊〉（局部）
31×479.5cm引自台北藝術圖書公司《書
道藝術第八卷》

幾乎消聲匿跡，間或偶有嗜於此道者，然因時代環境已不以台閣
爲風尙，故難有傑出台閣書家出現，直到明代晚期，董其昌（一
五五五－一六三六）以異軍突起之勢，標舉著古典主義的旗幟，
成爲「雲間派」10的核心人物，爲沈寂已久的復古書風點燃了一
盞明燈，也創造了明中葉以來傳統派書法的歷史高峰。

　　董其昌的出現（圖六），明顯地和晚明變形書風產生一種對
峙和拉距。他對古代各家的掌握，頗爲深入，從魏晉、唐宋，乃
至元人，無不博涉約取，其在《畫禪室隨筆》中說“余十七歲時

10　「雲間派」是以松江地區書家爲主之書法流派，其早期代表人物爲
　　陳璧、沈度、沈粲等人。

學書，初學顏魯公《多寶塔》，稍去而之鍾王，得其皮耳。更二十年，學宋人，乃得其解處"11。另在〈論用筆〉則云"筆畫中須直，不得輕易偏軟"、"書道只在巧妙二字，拙則直率而無化境矣"，又云"用墨須使有潤，不可使其枯燥，尤忌穠肥，肥則大惡道矣"12。董其昌自己的文字記載，不僅說明了他一直都是在傳統的範疇裡尋求書法創作靈感，同時在創作觀念上也趨於保守，未有大開大闔的創新勇氣，然而難得的是，在整個大時代正掀起彰揚本體意識，強調個人情性抒發的環境中，他仍然堅持古典主義路線，並獨力負起發揚復古精神的神聖使命，為晚明書風開闢另一個醒目的視角畛域，無疑替中國古典書派的傳承與延續，作了一個有力的註腳。

第二節　浪漫主義的勃興

正當書壇籠罩在貧脊蒼白的台閣氛圍之時，吳中地區開始出現一批高舉暢神適意，反對摹擬復古的聲浪，最早由徐有貞（一四〇七─一四七二）率先發難，緊接著沈周（一四二七─一五〇九）（圖七）、李慧禎（一四三一─一四九三）、吳寬（一四三五─一五〇四）（圖八）以及王鏊（一四五〇─一五二四）等人先後響應。他們對台閣八股的千篇一律感到不滿，蓄意擺脫此一時尚，揭開了明代浪漫書風的序幕。徐有貞乃祝允明之外祖父，曾任兵部尚書兼華蓋殿大學士，具有崇高的政治地位，書宗張旭、懷素、米芾等諸家，冶於一爐，鑄成自家面貌，王世貞說他

---

11 董其昌《畫禪室隨筆》，（上海：遠東出版社，一九九九年一月一刷）P19。
12 董其昌《畫禪室隨筆》，P9~P17。

的字有"俠氣"[13]。也許正因爲他的
"俠氣"加上政治上的優勢，才有能
力站在較高的地位上大聲疾呼。黃惇
說"他突破明初書風，向唐宋人取
法，書風中開始出現天眞率意的審美
取向，這種書法觀在以後的吳門書壇
產生了深遠的影響。[14]

（圖七）沈周〈化疏卷〉
　　　　（局部）
　　　28.4×464cm
　　　台北故宮博物院藏，
　　　引自黃惇《中國書
　　　法史·元明卷》

　　吳中書家中也有不屑元人而逕行
跳接宋代者，如沈周、吳寬都刻意摒
棄元書以及明初以來的流風，直接專
師黃山谷及蘇東坡，服膺蕭散、簡遠
的途徑，重新建立崇尙意趣的文人書
法。吳中另一位先導書家李應禎，更
是一位特別的人物，他身爲中書舍

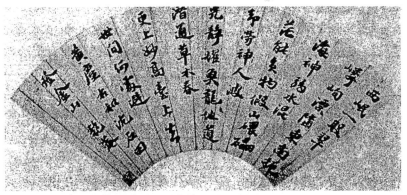

（圖八）吳寬〈七律詩扇面〉酒金箋　17.3×44.5cm
　　　故宮博物院藏，引自黃惇《中國書法史·元明卷》

13　馬宗霍《書林藻鑑》，P302。
14　黃惇《中國書法史·元明》，P258。

人，早期雖爲台閣體之實踐者，但慢慢在書法創作上產生自覺，最終反成台閣體的叛軍，反映出吳中書家對當時書風的不滿，更爲終日翹企高官厚祿而安於台閣習尙的書家，作出了不凡的典範。至於王鏊，與沈周、吳寬素有交誼，祝允明曾拜於門下追求學問，雖然書藝水平稍遜，但對吳門書派仍有某些程度貢獻。

　　與沈周同期尙有一位外地書家陳獻章（一四二八－一五〇〇），在陸王心學的思想主導下，以一枝獨秀的姿態，躍出於廣東地區，強調書法陶冶性情的功能，十足地從哲學家的角度來關照書法藝術，《書林藻鑑》載"陳徵士（獻章）書法得之於心，隨筆點畫，自成一家"15。他善長草書，出入數家，不拘一格，其書學主張與蘇東坡（一〇三七－一一〇一）"我書意造本無法"16相近，曾束茅爲筆，所作書法筆意勁健蒼老，奇崛古拙，一方面是因他居處嶺南，隱而不仕，較不易受到宮廷習尙的支配；一方面是對書寫工具的創新，並經過長期的實踐，開發出特殊的藝術效果。陳永正《嶺南書法史》說：

　　　　白沙（陳獻章）就是用他的書法表現自己的精神世界的，他擺脫世俗的成規，唾棄功利，追求藝術的眞趣。17

所論誠然，陳獻章正是以這樣卓爾不群的書法風貌和吳中書家作精神上的呼應，爲明代浪漫主義的興起，奠立更穩固的基礎。

　　此外，繼承解縉書學理念的張弼（一四二五－一四八七），

15　馬宗霍《書林藻鑑》，P304。
16　蘇軾《蘇東坡全集‧前集卷二‧石蒼書醉墨堂》，（台北：世界書局，一九九五年）P54。
17　陳永正《嶺南書法史》，（廣東：人民出版社，一九九四年八月一刷）P19。

具有對明初諸家的延續，也有變革思想的雙重特質，其傳世作品
幾乎清一色是草書，且明顯拉開了和宋克、二沈的距離，雖還不
足以「情性」來解釋他的藝術性質，但對明代草書的潮流走向，
則具有重要意義。徐渭就曾稱讚他的書法"皆臻神妙"。18

　　此期書家在吳中以外地區，除了前述二人較具代表性之外，
其餘各家仍集中於吳中之地。而該地由於佔盡各項優勢，復以多
位先驅的帶領，於是名家輩出，各領風騷。最先嶄露頭角的是爲
祝允明（一四六〇－一五二六）（圖九），自幼沾染文史，不僅
爲徐有貞之外孫，又娶李應禎之女爲妻，可謂系出名門。青年時
期與沈周、吳寬等人時有往來，且和唐寅、文徵明等吳門才子頗
有交誼，同徐禎卿、唐寅、文徵明被譽爲「吳中四才子」。然因
他仕途不暢、懷才不遇，至縱情酒色、自我放逐。所作書法，跌
宕縱橫，氣勢豪邁，且面貌豐富，巨細糜精，王世貞〈藝苑巵
言〉曰：

　　京兆楷法自元常二王永師秘監率更河南吳興，行草則大令
　　永師河南狂書顛旭北海眉山豫章襄陽，靡不臨寫工絕，晚
　　節變化出入，不可端倪，風骨爛熳，天眞縱逸。19

　　其書狂放瀟灑、逸趣超卓，自不待言，主要是他富於大膽的
開創精神，不單求點畫結構各別之美，而以全幅之共同美感爲依
歸，今人郭芳忠說"其書法藝術之狂，是傑出書家放意自足之
狂。因此他的狂是理性的，講究法度規矩，深涵著張旭、懷素的

18　徐渭〈跋張東海草書千文卷後〉《徐渭集》，P1091。
19　王世貞〈藝苑巵言〉收於《明清書法論文選》，（上海書店出版
　　社，一九九五年四月一刷）P180。

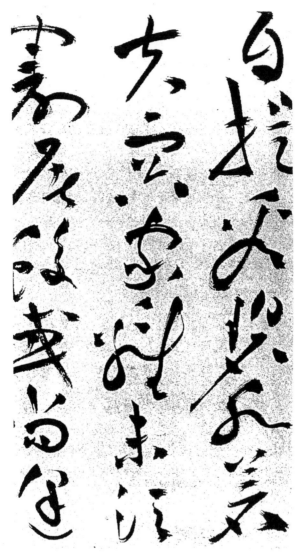

（圖九）祝允明〈自作詩詞卷〉（局部）31.3×447.3cm

南京博物院藏，引自榮寶齋《中國書法全集第 49 卷》

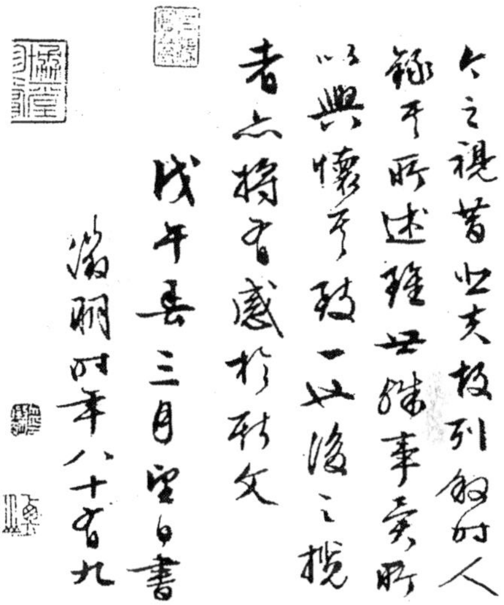

精髓，具有卓越的駕馭，擒縱線條韻律、節奏的造詣"20。 其對明代中後期書風影響至深且鉅。徐渭曾評其書爲"今時第一"21。可見他在明代書壇地位之崇高。

文徵明（一四七〇一一五五九）（圖十）在吳門書家中，地位堪與祝允明相抗衡。他自廿六歲到五十三歲共參加十次鄉試，均不中第，命運較之徐渭實有過之，後經人舉荐擔任過翰林院待詔，四年後辭官返鄉，蟄居蘇州，成爲吳寬、王鏊

（圖十）文徵明〈意臨蘭亭序卷〉（局部）29.1×120.5cm，台北故宮博物院藏，引自榮寶齋《中國書法全集第 50 卷》

之後的文苑領導人物。由於文名頗盛，故當時名流文士均樂與之遊，而其治學嚴謹，特重品德，益發強化時人對其書法之認同。他曾說：

> 人品不高，用墨無法，乃知點墨落紙大非細事，必須胸中廓然無物，然後煙雲秀色與天地生生之氣，自然湊泊筆下，幻出奇詭。若是營營世念，澡雪未盡，即日對邱壑，日摹妙蹟，到頭只與髹采圬墁之工爭巧拙於毫釐也。22

20　郭芳忠《明代書法風格研究》，（高雄：汶采有限公司，二〇〇〇年五月）P64。

21　徐渭〈跋停雲館〉《徐渭集》，P976。

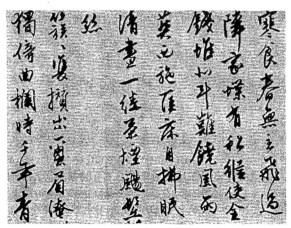

（圖十一）唐寅〈和沈周落花詩卷〉（局部）
23.5×445.3cm　遼寧省博物館藏
引自黃惇《中國書法史・元明卷》

所以他的書法觀是從人品著眼，具有「以人取書」的傾向。其傳世書法中，以小楷最爲精彩，尤其是晚期的作品，他自己甚至認爲六十歲以前的小楷略有"滯弱"，直到八十歲才稍知用筆。明人周之士《游鶴堂墨藪》云"國朝書家自京兆后，當推征仲（文徵明字），擅代楷法出之右軍，圓勁古淡，雅不落宋、齊蹊徑，法韻兩勝也"[23]。所謂"法韻兩勝"即已超越台閣體的審美範疇，注視到書法本質的內在要素。其於行草創作較多，流傳亦夥，風格古健遒麗，清勁開張，用筆蕭疏暢達，氣勢恢宏，改變了以往行書秀媚柔婉之風，對後世書壇多有啓迪。

　　另一位吳中才子唐寅（一四七○－一五二三）（圖十一），與文徵明同年，才氣橫溢，自命高潔，詩文書畫俱佳，曾刻一印，以「江南第一才子」自居。他的書法自二王以下，歐、顏、米、趙皆其師法對象，以行書最擅長，流傳亦最廣，因其書風與吳中地區各家淵源不深，所以一般不將他列入吳門書派。然而，

22　李日華《紫桃軒雜綴・卷一・姜白石論書》收入《叢書集成續編》第二一三冊，P624。
23　周之士〈游鶴堂墨藪〉收於《明清書法論文選》，P384。

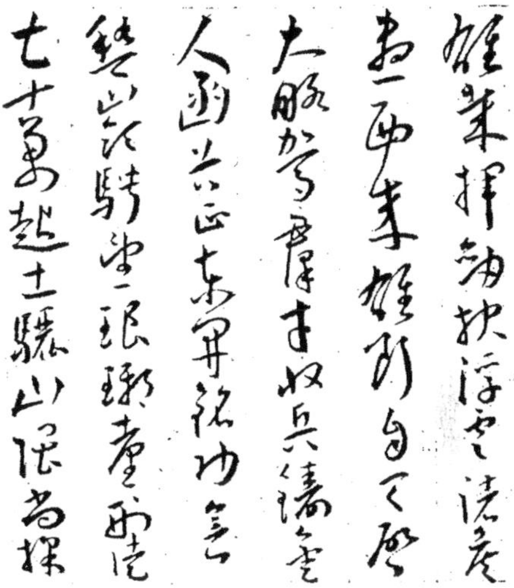

他一生靠賣字畫過活，不受公門禮制約束，養成逍遙自在的個性，故其書風能不為時尚所羈，寓情性於規矩之中，以淡雅飄逸的特色，獨步吳中書壇，允為明代浪漫書派之另一支流。

而在吳中書家中，還有一位重要角色－王寵（一四九四－一五三三）（圖十二），也屬科門失意客，曾八次應考，累試不第，遂寄情山水，沈迷湖光山色。

（圖十二）王寵〈書李白詩〉（局部）
北京故宮博物院藏
引自《中華五千年文物集刊・法書篇・十二卷》

他的書法雖受明人影響不小，但最終經營出個人風格，具有開創性意義。王世貞〈藝苑巵言〉云：

> 寵正書始摹虞永興、智永、行書法王大令。晚節稍出己意，以拙取巧，合而成雅，婉麗遒逸，奕奕動人。[24]

王世貞點出了"以拙取巧"正是王寵書法的最大關鍵。今人黃惇說：

> 他之所以能於吳門書派中超然出塵，重要的原因是學師而不囿於師，在面貌上與文、祝拉開了距離。他清新、曠達的風格既表現了吳門書派特有的「士氣」，又不染俗法，

---

24 王世貞〈藝苑巵言〉收於《明清書法論文選》，P180。

混同於一般，故其書法在吳門書派中具有特殊的價值。25

綜合而言，王寵在當時對書壇造成的影響或許不如祝允明、文徵明，但以反動性思維進行書藝創作，且在打破館閣習氣上的作為，則超乎祝、文二人，可惜他只活了四十歲，可謂英雄氣短，壯志未酬。

明代在這群浪漫主義書家的前朴後繼之下，儼然成為時代書風主流，台閣體也在此一風尚的壓抑中瀕臨絕跡。但浪漫派書家到王寵時達於高潮，此後各家之子弟門人，除陳淳外，僅衍其餘緒，成就不高，代之而起的，則是由陳淳所引爆的表現主義風潮。

第三節　表現主義的崛起

在中國書法史上，任何一個書風的衍嬗遞變，都和另一個對峙性的書風有著互為消長的作用，也就是新書風的形成，往往是對舊書風的反思與覺醒，例如宋代書法即是對唐代"尚法"書風的反省，改以注重筆墨意趣及自我人格觀照，開創以"抒發性情，陶寫胸臆的尚意書風"26。而前述明代浪漫書風的抬頭，和元明長期被館閣體籠斷的現象，亦不無關聯，這種對前代或當代書風習尚的改造，於萌芽初期，通常是由新思維的涓涓細流對抗舊觀念的濤濤大河，等到新思維普遍被認同後，則舊觀念便開始走下坡，終至日落江河，苟延殘喘，這時新思維遂後來居上取而

25　黃惇《中國書法史‧元明》，P286。

26　莊子菌《宋代書法及其文學涵泳之研究》，（國立中興大學中國文學研究所碩士論文，二○○一年三月）P55。

代之。這樣的規律，事實上也是許多文藝發展的共同模式。然而，明代中晚期的表現主義書潮，則是以浪漫主義爲基礎，擺脫美學形式的框架，強調精神自覺的藝術表現。它的崛起不僅不是對浪漫主義的抵制，反而是浪漫主義的昇華。浪漫主義雖主張書家個性化的顯揚，但在書法美學上，仍屬「有爲」的成份居多，筆墨線條成爲他們構築藝術天地的材料與工具，情感個性固然豐富，終究只能達於「唯情」27一派，但表現主義則不計工拙，無關形式，是一種"動物性衝動"28。英國學者埃德加‧卡里特《走向表現主義的美學》說：

> 它（藝術行爲）是帶有痛苦與快樂的成分的實踐活動的無限等級中的一種。它是我們自己的激情狀態，是一個被我們所欲望厭惡或二者兼而有之的世界。29

所以在表現主義指導下的藝術行爲，僅僅是作爲精神活動的一種產物，好的藝術品是在「無爲」的表現中，尋找作者的精神寄託，並獲得了自己的眞正存在。因此表現主義應該比較接近"自然派"的書法表現風格。

　　表現主義是西方現代新興美學名詞，當這一名詞傳入中國後，書法界開始試著以表現主義意涵來檢視中國書法。大陸學者鄭曉華將表現主義書風簡稱爲"表現派"，並爲其下了定義，他說：

27　熊秉明《中國書法理論體系》將書法分爲"唯情派"、"倫理派"、"自然派"三類，（台北：台灣商務印書館，一九八四年十二月初版）。

28　埃德加‧卡里特著，蘇曉離等譯《走向表現主義的美學》，（北京光明日報出版社，一九九〇年九月一刷）P153。

29　埃德加‧卡里特著，蘇曉離等譯《走向表現主義的美學》，P153。

"表現派"代表了中國知識份子的中下層，他們在政治上往往懷才不遇或屢遭顛簸，生活磨難較多，甚或歷盡人生坎坷，所以對於正統社會的道德和倫理首先就抱有抵觸情緒。這種情緒反映到藝術上，就是對正統社會所提倡的審美趣味、法則的蔑視，及對藝術中的"自我"個性的不懈追求。……因而他們的藝術往往以具有一定反叛性的面目而出現，風格上或狂或怪……。30

明代由於學術思潮及文藝風尚的重大轉折，爲表現派書法營造了肥沃的土壤，陳淳（一四八三——五四四）（圖十三），就在佔盡各項優勢的條件中，較之浪漫主義書風又向前推進一步，指引出表現派書法的發展藍圖。

陳淳爲文徵明學生，但生性放蕩不羈，嗜狎妓狂飲，與性格嚴謹的文徵明扞格不入，因此後來與文甚少交往。由於個性不拘小節，不理會傳統道德規範，所以一切來自主流社會所給予的價值判斷，他一概

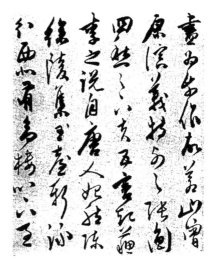

（圖十三）陳淳〈古詩十九首〉（局部）30.1×708.5cm，北京故宮博物院藏，引自《中華五千年文物集刊・法書篇・十二卷》

---

30 鄭曉華《古典書學淺探》，（北京：社會科學文獻出版社，一九九九年五月一刷）P296。

予以推翻，所作書法氣勢飛揚，"點如擊鼓，線如繩索飛線，節奏強烈，充滿激情，決非文徵明所可比擬"31。《中國書法藝術》中說：

> 陳道復的書法十分重視表現個性，……。不僅行書和草書善於誇張變形，就是真書也時而加以誇張。……其孤介的個性，正從蒼勁、稚茁的筆意中宛宛露出。32

陳淳書法的個性表現和誇張變形，正是晚明變形書風的先師先導，他除早年直接得力於文徵明的啟蒙外，更上追唐宋，晚年則好李懷琳、楊凝式，由於他叛逆的性格，敢於追求師門以外的路徑，終於使他成為明代表現派書風的始祖，亦即王世貞所評"南路之濫觴也"。33

陳淳之後，真正稱得上是個性派豐碑的徐渭，對陳淳傾倒不已，從他對陳淳評語"道復花卉豪一世，草書飛動似之"34，即不言可喻，兩者在書法、繪畫創作上有著深層的聯繫，世人習慣將他二人並稱為"青藤白陽"。徐渭主張藝術貴獨創，書法要講自我、講個性，其理論和實踐，促進了明代晚期書壇的解放浪潮，使"文人書法"發展出更狂野、激情的形式，徐利明說：

> 徐青藤書法的個性風格，是集古今眾多大家之長於一體的再創造。35

31　徐利明《中國書法風格史》，（河南美術出版社，一九九七年一月一刷）P409。
32　谷谿編著《中國書法藝術‧先秦》，（北京：文物出版社，一九九三年十月一刷）P33。
33　王世貞〈藝苑①言〉收於《明清書法論文選》，P180~P181。
34　徐渭〈跋陳白陽卷〉《徐渭集》，P977。
35　徐利明《中國書法風格史》，P420。

這種尚個性，重情感加上對古人的理解消化，融會成一種強烈的人格力量與震憾，似目無古法、散亂狂野、起伏跌宕、任意縱橫的視覺，蘊藏著更多的命運交盪的激昂，陳宇、鄒成說是"情緒的飛揚與暴風驟雨的揮灑，強烈的墨色衝擊與漲墨、枯墨的對比運用，在厚重的墨色之中，晚明書法風格構築起尚骨力，重氣勢、雄強偉岸的美"[36]。徐渭發揚了陳淳的"自我"精神，以生命的底蘊濡墨蘸筆，渾然忘卻法的拘束，將書法客體與書家主體作高度的融合，爲中國書法立下輝煌的功勛。葉鵬飛說"他似乎忘記了漢字該如何書寫，間架完全被打散，點畫狼籍一片，局部的技巧在他的草書中喪失了獨立存在的意義，一切取決於表現和抒情。……成爲書史上第一個企圖使書法衝破文字、技巧束縛的書家"[37]。葉氏所言極是，徐渭書法之所以能夠站在明代書壇的制高點，屹立於中國書法史，憑藉的正是"表現和抒情"兩大因素，而且是將這兩大因素發揮到極致的第一人。陳振濂說：

> 徐渭毫無顧忌地把反理性的色彩推向無以復加的高峰，成爲明代開表現主義先河的一代大師。[38]

這幾句話說得簡短有力，爲徐渭的歷史定位作了最佳詮釋。

　　徐渭而後的張瑞圖（一五七〇－一六四四）（圖十四），可以說是"表現主義"書風的延續。他曾登進士科，仕途通達，原本是個有個性的士子，可是後來在官場上卻攝於魏忠賢的淫威，

---

36 陳宇、鄒成〈晚明書法風格論〉《書法研究》二〇〇一年第二期，總第一〇〇期，（上海書畫出版社）P83。

37 葉鵬飛〈晚明社會與浪漫書風〉收於《常州書學論集》，（北京：中國文聯出版社，一九九九年十月一刷）P156。

38 陳振濂《書法學》，（台北：建宏出版社，一九九六年五月二刷）P364。

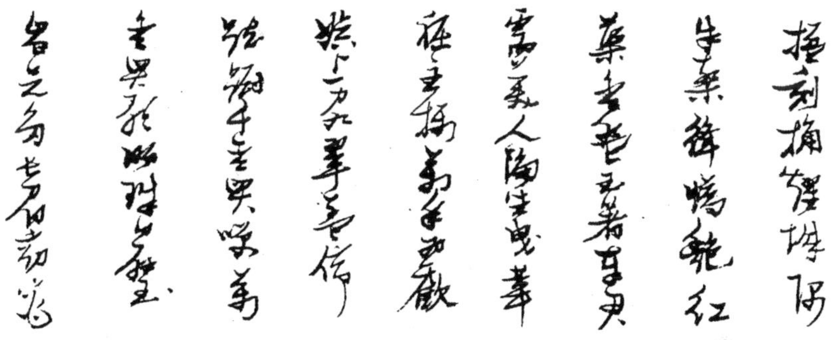

（圖十四）張瑞圖〈草書白嫽歌詩卷〉（局部）25.5×350.5cm
湖北省博物館藏，引自榮寶齋《中國書法全集・55 卷》

表現得相當懦弱卑劣，一味地迎合魏閹，在解官為民後，遂遭到
人們唾罵非議，對他多所責難，使他心靈產生嚴重的矛盾情結，
於是遁入法門，尋求心靈的平靜與解脫，同時也藉著文藝創作渲
洩內心的苦悶。陳宇、鄒成〈晚明書法風格論〉說：

> （張瑞圖）不光彩的仕途生涯，在朝時便讓他寢食難安，
> 苟且偷生，苟延殘喘，痛苦扭曲了他的心靈，使他的心理
> 無法得到平衡，長期處於一種極度的矛盾狀態，這都無法
> 讓他的藝術表現出平和、恬淡與優美的藝術境界。39

影響所及，其書法展現了奇宕凌厲、橫肆詭謫的生命感。在用筆
上凸顯方折、偏側的峻峭筆勢，而以急速爽利的揮運，橫撐豎
挫，予人痛快擊節之感；在結構上多取橫勢，中宮縮緊，四肢開
展，雖常作草書，但多以行書結構連筆牽帶，透過線條交錯，組
構成獨特的草體新形式；在章法上，他採取了疏密強烈的軸線對
比，並將字距拉近壓縮，使在一行中產生時而收縮、時而膨脹的

---

39 陳宇、鄒成〈晚明書法風格論〉《書法研究》二〇〇一年第二期，
　　總第一〇〇期，P80。

美學效果，增強韻律性與節奏感。李秀
華說：

> 他在多方汲取與轉益多師中，以
> 善於醞釀及蛻化出自家面貌的奇
> 逸風姿；一變古法，脫離書道的
> 本流，豎立了他奇詭雄肆、氣勢
> 逼人的獨特風格，對於晚明其他
> 諸家，不無啟迪。他提供了一個
> 新的審美視野，以富於探索的標
> 新立異精神，繼徐渭之後，成為
> 晚明變形書風的主要引導者。40

張瑞圖由心理上的不平衡，反映到書法
創作的偏激，如以傳統眼光來看，顯得
有些大逆不道，其實他的過人之處和對
書史的最大貢獻也正在於此。

　　表現主義到了明末除了張瑞圖外，
仍然有幾位大家繼承衣鉢，延續著這股
浪潮的推進，較著名的有黃道周、倪元
璐、王鐸等人，他們更確切地把握住了
書法本體的發展方向，以其不同的風格
特徵，完成了表現派書法的歷史任務。

　　黃道周（一五八五一一六四六）
（圖十五）個性剛正耿介，不諧流俗，

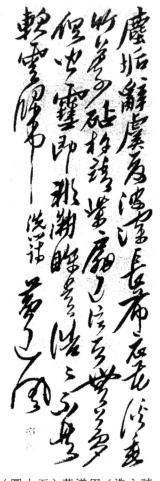

（圖十五）黃道周〈洗心詩
軸〉日本藏，引自
榮寶齋《中國書法
全集・56卷》

---

40 李秀華《晚明變形書風之研究》，（香港中文大學研究院藝術學部
　　哲學博士論文，一九九八年十月）P136。

清兵入關時因守節不屈而被戮殺，他一生抑鬱不得志，和其他表
現派書家存在著同樣的心理矛盾與苦境，劉正成說他"在歷史舞
台上，演出了一場悲劇，和一場喜劇"41。悲劇是他不向清廷屈
服的硬頸作風，那種不畏生死、視死如歸的精神，令人肅然莫
名；喜劇是他把官場上的不得志，轉移到研究學問及文藝創作
上，這一點一滴都是生命的結晶，因此綜括他的一生可以用"悲
欣交集"來形容。他的書法主張是要臨古而不泥古，而且特重學
問品德，他認為寫書法不必用太多心思去鑽研，書名過高反而有
損其他聲名，但是由於他嚴冷方剛的骨氣，加上具有殺身成仁的
忠烈思想，終究還是在有為又若無為中，擔起表現派書法重要傳
遞者的角色，陳振濂說：

> 黃道周一生抑鬱不得志，而其獨特的心靈世界渲洩到尺幅
> 之上，便是用筆遒勁老辣，筆畫緊迫，結體奇偉古拗，章
> 法變幻詭奇。書風如戈戟森森，峭厲鬱勃，有一種沈重的
> 壓抑感、渾深感，具有"推倒一世之豪生，開拓萬古之心
> 胸"的氣概。42

在他作品中凸顯的依舊是作為人的主體意識，著意與人性本體的
反映。如果說張瑞圖道德修維與品格的矛盾處最耐人尋味，那麼
黃道周道德文章與人格的統一則最令人激賞，因著他對精神生命
品質的熱烈追求，導致現實生命的殘缺不幸。所以他的書法雖然
不若徐渭那般狂野縱橫，但在骨子裡卻承繼了自我中心的創作態
度，把中國書法引向一個新的審美新境界。

---

41 劉正成〈黃道周書法評傳〉《中國書法全集 56・黃道周》，（北
　　京：榮寶齋，一九九四年十一月一刷）P1。
42 陳振濂《書法學》，P369。

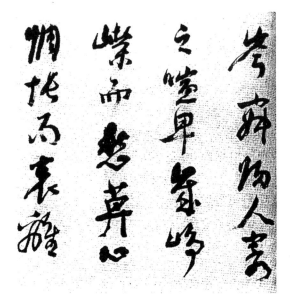

（圖十六）倪元璐〈舞鶴賦卷〉（局部）
30.4×909.9cm　北京故宮博物院藏
引自榮寶齋《中國書法全集・57卷》

倪元璐（一五九三——一六四四）（圖十六）與黃道周、王鐸爲同年進士，三人經常聚會論書，他和黃道周一樣是位忠義之士，李自成進京，他便自縊而死。其在政治場上，也是經歷過大風大浪，載浮載沈，命運和黃道周相近，書風亦互爲影響，不落古人俗套，自立面目，尤其他的"大膽造險與用筆，與元明以來野逸一派的書風，有著密切的關聯"43，李秀華如是說。關於他的書法特徵，徐利明也有一段精闢的述說：

倪元璐的點、線具有強烈的粗細對比，往往連續數筆肥厚而相集，而另一些筆畫，尤其是轉折筆畫又常常表現爲輕捷細瘦的形態。……倪元璐的體勢所表現的節奏如緊鑼密鼓，寬綽的行間空白更襯托出這種氣氛，高亢激昂，渾厚而充滿力感，具有強烈的振奮人心的藝術感染力。44

43　李秀華《晚明變形書風之研究》，P14。
44　徐利明《中國書法風格史》，P426。

倪元璐書法以深沈的道德力量和情緒壓抑，擦撞出眞摯苦澀的生命火花，讓他感受到生命存在的沈重負荷，落筆作書，顯得那般蒼老厚重，但細加品味，則一股勃然之氣洋溢筆墨之間。康有爲說"明人無不能行書，倪鴻寶新理異態尤多"45。倪元璐的書法，雖然字與字之間連筆不多，但氣勢貫串，爽達內斂，陳振濂主編的《中國書法發展史》中說：

> 作爲明末表現主義思潮下的一代大家，倪元璐和黃道周的出現與其獨特的社會背景和文化思潮，無疑是有著密切的關聯。46

倪、黃二人的命運遭遇雷同，除了他們個人的性格使然之外，主要是由於明末閹宦弄權，君王無能，使倪元璐、黃道周選擇了殉道之路，而攪和著血淚的筆墨，顯得滿紙辛酸，無限怨懟，在怪崛、險奇的背後帶著幾分揮之不去的憂悶與慷慨赴義的勇氣，爲表現主義書風作了更具體的實踐。

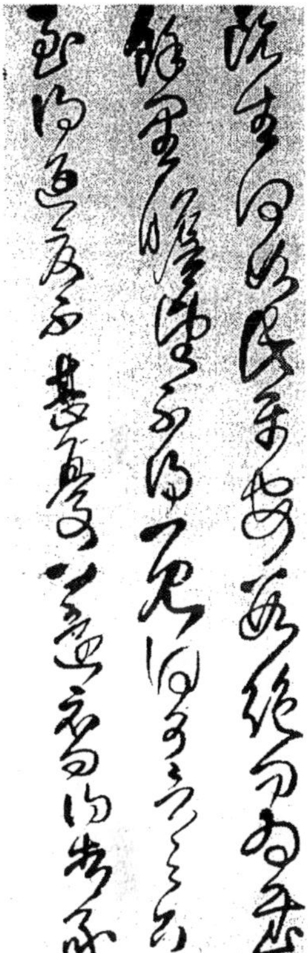

（圖十七）王鐸〈草書臨帖〉（局部）
45.8×277.5cm
南京博物館藏
引自河南美術出版社《王鐸書法全集》

45　康有爲《廣藝舟雙楫》，（台北：華正書局，一九八五年二月初版）P233。

46　陳振濂主編《中國書法發展史》，（天津：古籍出版社，一九九九年一月一刷）P358。

　　至於王鐸（圖十七）與倪、黃二人雖為至交，但在政治洪流中，他拋棄了友誼，入清為官，為世人所不齒，然其書法成就並未因此而全然斷送。不過他的書風廣泛，取法紛雜，未能以一家一派定之，而歷來對其書風歸向亦眾說紛紜，甚至有人將之列為古典主義書家[47]，且其變化多姿的體貌，又像是對表現派書風的整理與修正，他的心思多少流露在繁複的筆墨技巧之中，因此他的書法已然偏離表現主義的軌道，回到浪漫書風著重美學形式的思維世界，只不過王鐸是利用了表現派書法豐富的美感經驗，提煉出更精萃的藝術層次，是綜合古典主義、浪漫主義和表現主義的集大成者。因其美學內涵以“有為”性質居多，故不予列入表現主義書家。

　　中國書法史上所稱的“明尚態”，其代表的是表現派書家打造出來的書法王國，他們對書法的認知常常帶有一種非理性的因素，以現在的語言來說，就是“不為藝術而藝術”，書法不過是他們發洩情緒的工具，陳宇、鄒成〈晚明書法風格論〉明確表示“真正能夠代表明代書法風格的，不是董其昌所倡導的古典主義書風，而是以徐渭等人為代表的表現主義書法風格”[48]。他們大多不計技巧精粗、字形美醜，本諸自我個性的顯揚，獨抒性靈、興酣落筆，而以挾風帶雨之勢，取下了明代書法的代表權，更創造了中國書法耀眼的歷史高潮。

47　徐利明《中國書法風格史》，P427。
48　陳宇、鄒成〈晚明書法風格論〉《書法研究》，二〇〇一年第二期，總第一〇〇期，P73。

第五章　徐渭藝術成就及書學淵源

　　任何一件偉大的藝術作品，當其展現於觀賞者面前時，只是一個類似「成果發表」的性質，但他在創作過程中所蘊蓄於胸中的思想情感、或所欲表達的意念，乃至成長學習歷程的萃煉與考驗，都是影響個人藝術成就的重要因素。而其風格的建立，則是透過中心思想的建構，匯聚成創作理念，再形諸於外。所以欲了解一位藝術家的作品內涵，必得先從他的思想層面著手，方能作較全面性的關照。徐渭是一個具有多方面創作長才的文人藝術家，如果說「風格」背後最大依據是「思想」，則我們相信，徐渭在其他藝文方面的基本理念與書法應該是吻合的，至少也是大同小異，因此他不論在繪畫藝術、文學理論或戲劇表現與書法之間，多少具有互融互通、交相輝映或彼此互補的關係。而在書法專門的議題上，其書學淵源、師承和取法路徑，均將是影響書家個人審美趣尚以及風格導向的至大關鍵。

第一節　才氣橫溢藝事精湛

　　徐渭在科場及對生命的經營上也許不算及格，但論及他的藝術卻是傲視群倫的高手，他除了書法，在繪畫、詩文、戲曲等方面亦都有極大的成就。袁宏道說"文長吾老友，病奇於人，人奇於詩，詩奇於字，字奇於文，文奇其畫"。1

1　袁宏道〈徐文長傳〉收於《徐渭集》，（北京：中華書局，一九九九年二月二刷）P1344。

一、繪畫藝術

徐渭何時學畫，從現有著錄上尚難考查，但一般認為他是在五十三歲出獄後才開始大量作畫，但如果要追溯他與繪畫的淵源，則是從小就已接觸，他年青時因興趣廣泛，多才多藝，與當地文士常有往來，尤其他的老師陳鶴兼擅書法、繪畫，徐渭耳濡目染，多少有些影響，他在〈書陳山人九皋氏三卉後〉說：

> 予見山人卉多矣，曩在日遺予者，不下十數紙，皆不及此三品之佳……。2

所以徐渭自幼跟隨陳鶴，而陳鶴也送他不少畫作。除陳鶴外，嚴格講起來，他的師承還有陳淳及謝時臣。他對陳淳的繪畫極為讚佩，其在〈跋陳白陽卷〉中說"陳道復花卉豪一世"3；他也欣賞謝時臣的山水謂"吳中畫多惜墨，謝老用墨頗侈，其鄉訝之，觀場而矮者相附和，十幾八九，不知畫病不病，不在墨重與輕，在生動與不生動耳"4。從這些評語中，已流露出徐渭對水墨寫意畫法的嚮往，他由此更進一步上追寫意路線的前代諸家，如宋代的蘇東坡，夏圭；元代的吳鎮、黃公望、倪瓚、王蒙；明代的沈周、唐寅、王乾、林良等，從中汲取養份。是以他的繪畫淵源並不限於一代一家，而是兼採眾長，因此才能在既取浙派潑辣縱放筆墨的同時，又避免過於簡率狂燥，且在保留吳派氣韻神采的情況下，亦免於過度平淡柔弱。今人單國強說：

> 其花卉畫可謂集前代水墨、寫意畫法之大成，並提升到一

2　徐渭〈書陳山人九皋氏三卉後〉《徐渭集》，P573。
3　徐渭〈跋陳白陽卷〉《徐渭集》，P977。
4　徐渭〈書謝叟時臣淵明卷為葛公旦〉《徐渭集》，P574。

個新的高度，開創了個性化極強的文人寫意花卉畫新格。5

　　其繪畫的藝術特色，主要集中在文人特質及大寫意畫法兩方面。文人畫所表現的是作品本身的主體性和個性化。徐渭一生顛沛落魄，有志難伸，繪畫正是他用以發洩情緒的工具之一，在其水墨作品中，往往有所寄情或寓意，有時甚至是對社會時局的不滿與控訴。例如畫牡丹，不用色彩，只用潑墨爲之，題曰"牡丹爲富貴花，主光彩奪目，故昔人多以鉤染烘托見長。今以潑墨爲之，雖有生意，終不是此花眞面目。蓋余本寠人，性與梅竹宜，至榮華富麗風若馬牛弗相似也"6。他藉此來安慰自己，排解心中的苦悶。徐渭另有一首〈墨葡萄〉"半生落魄已成翁，獨立書齋嘯晚風，筆底明珠無處賣，閒抛閒擲野藤中"7（圖十八）。把自己

（圖十八）徐渭〈墨葡萄〉引自
浙江人民美術出版社
《徐渭畫集》

5　單國強〈徐渭生平和藝術〉《徐渭精品畫集》序文，（天津：人民美術出版社，二〇〇〇年一月一刷）P3。

6　徐渭〈墨牡丹〉《徐渭集》，P1310。

7　《徐渭・石濤－花鳥畫風畫集》，（重慶出版社，一九九五年九月一刷）P1。

比成無處賣的"明珠"，卻落得半生落魄，徒嘆何奈，而人生已過大半，歲月消磨，也只能拋擲在野藤之中，注定乏人問津的命運。他的心境藉由稜利的筆觸，傳達出那股"不可磨滅之氣"的蒼涼和無奈。當他目睹官場的爾虞我詐、虛應故事；就畫了一幅木偶圖並題曰"想到天為羅帳處，何人不是戲場人"[8]，加以諷刺。而生性放浪不羈，不為勢屈的個性則表現在畫竹作品上，題詩云"我亦狂塗竹，翻飛水墨稍，不能將石綠，細寫鸚鵡毛"[9]。意指不原像鸚鵡一樣人云亦云，去向權貴進諂獻媚，充份表現他那不屈不撓的骨氣和情操。以上所舉，足夠說明徐渭繪畫所蘊含的思想性極強，是一種個性化的具體表現。

　　其次，徐渭繪畫在詩書畫合一的作為上，也有突出的成就。詩與畫的結合在宋代已很盛行，傳到明代更臻成熟。徐渭則將此一傳統發揮得淋漓盡致，使詩中有畫、畫中有詩，有時在"逸筆草草"的畫面上，題上詩句，更具畫龍點睛的效果，不僅強化構圖的整體性，也為畫面憑添幾分趣味，更重要的是，對於大寫意潑墨作品，在題上幾個字之後，更能清楚而完整地呈現作者的情感思想。而在繪畫技巧上，他亦巧妙地將書法線條，運用於水墨作品中。張岱說"青藤之書，書中有畫，青藤之畫，畫中有書"[10]。這種書與畫的結合，用筆端的提按變化，處理出線條的粗細、輕重，以及墨色的乾濕濃淡，混合著淋漓暢快，煙嵐滿紙的渲染暈漲，使他的大寫意畫達到出神入化的境界。他說"我昔畫

8　蘇東天《徐渭書畫藝術》，（天津：人民美術出版社，一九九一年七月一刷）P26。

9　徐渭〈竹染綠色〉《徐渭集》，P331。

10　張岱《瑯環文集・卷五》轉引自梁一成《徐渭的文學與藝術》，（台北：藝文印書館，一九七七年元月）P93。

尺鱗，人問此何魚？我亦不能答，張顚狂草書"[11]。顯然"援書入畫"是他刻意嚐試的畫法，他感覺到書法中的線條，運用到繪畫裡，可以豐富作品內涵，也可增強作品的可看性，較之前代畫家更爲向前跨進一步。

另外他繪畫的布局也獨出心裁、卓具特色。例如畫寫意作品時，不論花鳥、人物、山水、樹石，其布局都是視題材和畫幅形式，構圖巧妙、生動靈活，他又有不留天地的習慣，取截景法、景取一角，花取半朶，以藏顯露、執簡馭繁，並多作橫平豎直或對角取勢，特別是作長卷時，喜歡將松、竹、梅、葡萄、石榴、芭蕉等畫在一件作品上，雖然所畫物象各有不同，但在長幅橫卷上令其個別存在、自然昭展，卻又能夠注意到彼此的呼應關係以及視覺動線的流暢性，顯示他高妙的藝術技巧和獨到的繪畫才華。

二、詩文長才

徐渭文學作品體類甚爲多元，體材廣泛，數量亦豐，所以過去一般稱他"文士"，而不稱他書家或畫家。他的作品大體上可分爲二類，一爲詩詞，一爲古文。茲分別淺述如下：

（一）詩詞

以徐渭傳世詩詞作品而言，詩的數量遠勝於詞，據梁一成統計達一九三六首，

其中樂府十三首、四言古詩二首，五言古詩一五三首、六言古詩二首、七言古詩一七四首、五言律詩三三一首、七言律詩五

11　徐渭〈舊偶畫魚作此〉《徐渭集》，P158。

四五首、五言排律三十三首、七言排律九首、五言絕句一一九首、六言絕句十五首、七言絕句五四〇首[12]。各類詩體中，以七律和七絕數量最多，幾佔總數二分之一，可能是由於篇幅適中，合於題畫送行之故。樂府、四言詩、六言詩則爲數甚少，三類加起來，不過三十二首。五律及五絕用途和七律、七絕相近，也有部份爲題贈，故其使用亦較廣，數量居中。

在題材上可謂宏敷廣羅，舉凡"記戰爭、說道理、頌功德、談社會問題、寫風土景物、記個人生活感觸、記親朋悲歡離合，無所不有"[13]。他在〈答龍谿師書〉中說"詩書李杜昌黎子瞻而變始盡，乃無意不可廢，無物不可詠"[14]，這當是他拳拳服膺的爲詩準則。雖然他一生落魄困窘，常替人代筆謀生，所以有部分文章是應酬之作，但詩則絕少此類作品，所以較富眞實情感。仔細看來，他的詩內容包含了詠物、記事、抒情、寫景、遊、懷古、贈答、題畫、哀輓及描寫社會風俗、人情掌故，具有強烈的思想性和突出的藝術性。主要是因爲他生活的閱歷比其他人來得豐富，特別是在胡幕服務期間和出獄後，能夠到齊魯燕趙之地，一睹奇異風光及感受人世蒼桑，表現在詩裡就更加顯得曲折動人了。袁宏道在〈徐文長傳〉裡說：

> 文長既已不得志於有司，遂乃放浪麴蘗，恣情山水，走齊魯燕趙之地，窮覽朔漠，其所見山奔海立，沙起雷行，風鳴樹偃，幽谷大都，人物魚鳥，一切可驚可愕之狀，一一

---

12 梁一成《徐渭的文學與藝術》，（台北：藝文印書館，一九七七年一月）P33~P34。

13 梁一成《徐渭的文學與藝術》，P34。

14 徐渭〈答龍谿師書〉《徐渭集》，P485。

皆達之於詩。其胸中又有一股不可磨滅之氣，英雄失路，
托足無門之悲。故其詩，如嗔如笑，如水鳴峽，如種出
土，如寡婦之夜哭，羈人之寒起。當其放意，平疇千里，
偶爾幽峭，鬼語秋墳。15

　　這番評述眞是鞭闢入裡，剴切精到。徐渭詩的創作泉源正是
來自豐饒的生命閱歷，是一種發自內心的吶喊，但是他從小受儒
家薰陶很深，雖然屢遭挫折和打擊，在他詩中卻甚少刻薄的詛咒
或絕望的呻吟，所表現出來的，常是一種自我懺悔和求生的熱
情，是詩人蘊藉的溫柔敦厚，哀而不傷，對於國家社會或人情世
態，亦未責備譴伐、絕望灰心，而是寄予委婉的諷刺與期待。

　　在所有徐渭詩作中，以詠物詩最拿手，其精熟程度可謂信手
拈來，脫口成誦，譬如他有一首〈白鷳〉16，以詩來喻託自己的
心境，並表達對胡宗憲知遇之情。另外如〈壞翅鶴〉、〈詠石
榴〉、〈詠葡萄〉、〈詠竹〉等都是詠物詩中的佳篇，膾炙人
口。

　　徐渭在詞方面的作品不多，目前所見僅有二十八首，多爲模
擬應制的詠物詞及少數遊戲之作，其中有兩首是賀張元汴中狀元
的賀詞，堪屬人情應酬式的作品。徐渭在《南詞敘錄》裡，對詞
提出一些意見，他說：

晚唐五代，塡詞最高，何也？詞須淺近，晚唐詩文最淺，
鄰於詞調，故臻上品；宋人開口便學杜詩，格高氣粗，出
語便自生硬，終是不及格，其間若崔海、耆卿、叔原輩，

15　袁宏道〈徐文長傳〉收於《徐渭集》，P1343。
16　徐渭〈白鷳〉《徐渭集》，P179。

一二語入唐者有之，通篇則無有。17

這是認爲杜詩不能入詞，因杜詩過於典雅莊重，詞則須趨於淺近，透露出他反對一味模擬的文學主張。

（二）古文

後人對徐渭文章的分類，有以「散駢」作界分，也有以「古文」來含蓋，更有以「文」統其一稱，然其內容則無二致，本文則採取「古文」之詞，作爲其詩詞、戲曲以外的文章總稱。

明代應科舉之士子大多不習古文，因古文體類龐多，不易學習，而科舉考試又以八股爲主，即使精於古文，作用並不大，徐渭就是這一歷史背景下的悲劇人物。其所謂古文，就是古代通行的各種文體，日常生活，人事酬酢，經常需要用到，以徐渭流傳的作品爲例，詩詞外，有賦、表、疏、啓、書、策、論、序、跋、銘、贊、碑、記、傳、墓表、墓誌銘、行狀、祭文、壽文、榜聯、雜記、雜著等，這些文體，具有很強的實用性，徐渭創作各類文章也大都是出於實用，所以大抵屬於應用文的性質。

徐渭在文章方面最喜歡賈誼和莊子。賈誼是個經世的政論家，熱忱積極，徐渭在他文章中學到國士的風度及以天下爲己任的使命感。莊子更是個偉大的思想家，清淨恬淡，文筆空靈生動，富思想色彩，這對徐渭接受道家哲學應有關係，或許對他的生命逆境亦有消解作用，如據清代劉熙載的看法"東坡文亦賈長沙亦莊子"18，則徐渭的文章和蘇東坡就氣味相投了，難怪他對

---

17 徐渭《南詞敘錄》轉引自張孝裕《徐渭研究》，（台北：學海出版社，一九七八年）P160。

18 劉熙載〈藝概・文概〉，（台北：漢京文化事業公司，一九八五年九月）P29。

朱熹批評蘇東坡文頗不以爲然，〈評朱子論東坡文〉論道：

> 此不解東坡深。次毛求疵，苛刻之吏，無過中求有過，暗
> 昧之吏。極有佈置而了無佈置痕跡者，東坡千古一人而
> 已。朱老議論乃是盲者摸索，拗者品評，酷者苛斷。19

此所謂"極有佈置而了無佈痕跡"亦是他戮力追求的創作層次，因爲莊子、賈誼的文章也是"不傍門戶，了無痕跡"。

不過在當時徐渭最被看重的，並不是他的散文，而是四六駢文，明代的駢文已衰頹沒落，幾乎不見名家，而官場上往往須要駢體寫作，這種文字技巧，遂成爲他謀生的工具，但代筆只能換取生活費用，並不能眞正滿足創作慾望，又迫於生活壓力，他不由得感概的說：

> 古人爲文章，鮮有代筆者，蓋能文者非顯則隱，顯者貴，
> 求之不得，況令其代，隱者高，得之無由，亦安能使之
> 代。渭於文不幸若馬耕耳，而處於不顯不隱之間，故人得
> 而代之，在渭亦不能避其代。20

即使在胡宗憲、李春芳幕府替長官代筆，也非他所願。他有一篇〈幕抄小序〉寫到：

> 古幕府記室，典文之士可指而名者多矣……。予從牙保胡
> 公典文章，凡五載，文可百篇，今存者半耳。其他非病於
> 大諛，則必大不二者也。21

19　徐渭〈評朱子論東坡文〉《徐渭集》，P1096。
20　徐渭〈抄代集小序〉《徐渭集》，P536。
21　徐渭〈幕抄小序〉《徐渭集》，P536。

他直截了當說明幕府代筆的文章，若不是太過奉承阿諛，就是寫得不好，一方面他不喜歡，一方面價值性也不高，所以在篩選的時候就把它淘汰掉了，而能流傳下來的作品，都具有一定水準。如〈代初進白牝鹿表〉、〈代再進白鹿表〉即是代筆中的佳作。

撇開代筆議題不談，今人吳承學覺得徐渭寫得最好的作品，應該是題跋和尺牘，他認為徐渭的〈題目書杜拾遺詩後〉是"一篇很值得重視"22的題跋，文中舉李白、杜甫、王實甫之人的際遇和自己作比較，他感到杜甫命運最悲慘，而李、王二人到最後還是顯揚於時，因此杜甫和他是同病相憐、異代同軌。這種"每於風雨晦暝時，輒呼杜甫"23的悽愴悲痛，是真實生命的精神交流，也是心靈深處的感慨，真摯動人。

綜觀徐渭各類文學作品，大約能了解到他的寫作主張是發自作者內心，投入真實感情，並以現實生活及親身遭際為體材，作到"極有佈置又了無佈置痕跡"，方屬上乘之作。此一理論和其繪畫思想理路，實異曲而同工，也就是他在〈西廂序〉24裡所提出的「本色論」，一言蔽之，乃直慮血性，率寫胸臆之意也。

三、戲劇成就

明代江南地區因經濟繁榮、文化發達，娛樂業興盛；中國戲劇就在這一肥沃土壤的孕育下，迅速成長茁壯，徐渭在此環境中也無可免俗地沾染戲劇的創作，而且成就不凡。著有《南詞敘錄》、《四聲猿》並評點《琵琶記》，刪改《崑崙奴》，另《歌

---

22 吳承學《晚明小品研究》，（江蘇：古籍出版社，一九九八年七月一刷）P41。
23 徐渭〈題自書杜拾遺詩後〉《徐渭集》，P1098。
24 徐渭〈西廂序〉《徐渭集》，P1088。

代嘯》亦傳係其作品。著力甚深，貢獻至鉅。他的學生如王澹、史槃、陳汝元、王驥德等人，都精於戲曲，也有戲曲創作傳世。

　　《南詞敘錄》是在嘉靖三十八年（一五五九），徐渭三十九歲時編寫完成。內容大致可分爲"敘"和"錄"兩大部分。"敘"的內容包括有南戲的源流及其早期的發展、南戲的聲腔格律、風格特色和作家作品的評論，以及南戲的專門術語與曲詞方言的考釋。"錄"是徐渭當時所見宋元時期的南戲曲目和部分由南戲演變而來的傳奇篇目，由於成書年代較早，所以就顯得特別珍貴。比如關於南戲形成的時間、地點和來源，南聲腔調格律的運用及明初四大聲腔的產生和流布情況，南戲"生旦淨末丑"角色行當的解釋等等，都是戲曲家們研究南方戲曲的重要基本材料。熊澄宇說：

> 特別是書中著錄的六十五個宋元南戲名目，更是我們研究南戲的思想內容、故事源流、創作傾向等不可多得的珍貴資料。這其中的大多數劇目都是早已失傳，獨此僅有的。25

　　《南詞敘錄》不只是對戲劇史的貢獻大，其在戲劇創作理論上，亦有卓越的成就，他強調了戲劇語言要力求"本色"，同時也不排斥文人對戲劇語言進行加工和提煉，也就是"戲曲語言既要能如實表現生活，又要能體現藝術的美"26，只有二者的結合，方能創造出絕佳的舞台效果。

　　《四聲猿》是徐渭戲曲理念的具體實踐，劇名乃取猿鳴啼聲

25　熊澄宇〈徐渭與《南詞敘錄》〉《地方戲藝術》，（鄭州：出版社不詳，一九八五年四月）P40。

26　孫崇濤〈徐渭的戲劇見解—評《南詞敘錄》〉《文藝研究》，（大陸：出版地及出版社不詳，一九八〇年第五期）P31。

悲淒以自喻創作本劇之意旨，所以劇中故事多有作者情感或思想
寄託。這齣戲兼採北曲和南曲之長，是我國戲曲史上從北曲走向
南曲最有名的經典之作，其所使用的藝術形式，雖仍以北曲雜劇
為主，但已大量吸收長處，其中更以演員對唱及合唱等形式，打
破北曲主角獨唱的窠臼，在對白方面亦注重通俗自然，"甚至吸
收俚語詞句，體現著生動真切活潑的‘本色語’特徵"。27

《四聲猿》的結構分為四個部分，相當於四個單元劇，劇目
分別為（一）狂鼓史漁陽三弄（二）玉禪師翠鄉一夢（三）雌木
蘭替父從軍（四）女狀元辭凰得鳳。各齣雖各有寄寓，但總在發
抒徐渭內心的激憤和對社會現實的不滿。另其宮調運用亦為一大
特色，他在《南詞敘錄》中說：

> 南曲固無宮調，然曲之次第，須用聲相鄰以為一套，其間
> 亦自有類輩，不可亂也。如黃鶯兒則繼之以簇御林，畫眉
> 序則繼之以滴子之類，自有一定之序，作者觀於舊曲而遵
> 之可也。28

徐渭認為曲調的運用不須完全按照既有模式，例如〈狂鼓史〉為
「仙呂宮」的全套北曲，套中都用一個「葫蘆草混」的犯調；
〈雌木蘭〉第一齣用「仙呂宮」北曲，第二齣開頭就連用七支
「清江引」，接著則以「耍孩兒四煞」帶尾聲作結。顯見作者的
用意與創新。所以《四聲猿》能獲得戲曲界如此高度的重視與認
同，主要是因為它能深刻地反映作者內心的"本色"，透過細膩
的手法鋪陳故事情節、刻劃劇中人物形象，達成揄諷時局的目

---

27 李德仁《徐渭》，（吉林美術出版社，一九九七年九月二刷）
　　P265。
28 轉引自張孝裕《徐渭研究》，P174。

的，且在藝術技巧上，使用新穎大膽的方式，打破前人風規，為中國戲劇立下一個新的里程碑。

校注《西廂記》是根據碧筠齋本進行疏解，齋本未備者，才由作者加以補釋。他說世傳崔張劇（即西廂記）為王實甫撰，而把它纂輯整理的則是董解元，碧筠齋本就是董解元的原稿，但董解元又有一本《西廂記》，是屬彈唱詞，非打本，然元代陶宗儀誤以為彈唱就是打本，其實這是不正確的，否則董解元為何要作二個版本，這個部分他認為需要作個註記。另外齋本對於典故大多不加註解，徐渭則針對此方言俚語評點附註，裨益來者。梁一成引徐渭學生王驥德話說"其微詞隱義不敢揣摩，必雜諸劇，以當左契。大抵取碧筠齋古注十之二，取徐師新釋亦十之二"29。所以徐渭校註《西廂記》對該劇的傳承與發揚，也有若干幫助。他有一篇《西廂序》，文字雖然不多，卻是徐渭文藝理論的菁華所在，序曰：

> 世事莫不有本色，有相色。本色猶俗言正身也，相色，替身也。替身者，即書評中婢作夫人終覺羞澀之謂也。婢作夫人者，欲塗抹成主母而多插帶，反掩其素之謂也。啓余於此本中賤相色，貴本色，眾人嘖嘖者我呴呴也，豈惟劇者，凡作者莫不如此。嗟哉，吾誰與語！眾人所忽，余獨詳，眾人所旨，余獨唾。嗟哉，吾誰與語！30

一般談到徐渭的本色論，即是由此而出，它幾乎貫串了徐渭所有的文學藝術思想，是其一切創作根源，更是他的核心精義所在。

29　梁一成《徐渭的文學與藝術》，P70。
30　徐渭〈西廂序〉《徐渭集》，P1089。

　　評點《琵琶記》，在徐渭相關文獻中資料較爲缺乏，只知徐渭對該劇甚爲推崇，因爲《琵琶記》所用語言通俗，眞摯感人，符合他與觀群怨的文學觀，他對該劇的看法是：

> 或言琵琶記高處，在慶壽、成婚、彈琴、賞月諸大套，此猶有規模可尋；惟食糠、嘗藥、築墳、寫眞諸作，從人心流出，嚴滄浪言水中之月，空中之影，最不可到。如十八答、句句是常言俗語，扭作曲子，點鐵成金，信是妙手。31

《琵琶記》是出自民間，未經文人點飾，因而保有質樸之風，這也是徐渭欣賞的緣故。

　　《歌代嘯》雖傳係徐渭所作，但也有人提出不同意見，例如徐渭研究學者梁一成，就說不少人認爲該劇本來歷不明，他並舉出許多例證，說明《歌代嘯》並非出自徐渭之手32。不過在戲劇創作意義上仍具一定的價值。至於徐渭刪改《崑崙奴》則不如其他作品凸出，故不予盡述。

第二節　書學淵源

　　從上節徐渭文藝思想中，可以清楚看出他對文學藝術都具有一種開創精神。其視野廣闊，且在創作上各種體類均達相當水準，此一思想基調也反映在書法創作方面，儘管他的書學思想表達出的是一種反對模擬，崇尚天成的企圖，但無可否認地，他的書法仍築基於對古人及當代書家的學習吸收，進而加以發揚反

31　轉引自張孝裕《徐渭研究》，P171。
32　梁一成《徐渭的文學與藝術》，P82~P92。

豺，在紮實的基本功夫中，提煉出個人書法的獨特風貌。總括而言，他對古代書法的繼承還算徹底，從籀篆開始，一直到明代，他無不效法涉獵，但因他無篆隸作品流傳下來，未能檢驗其風格來源，所以本節對徐渭書學淵源之探討，是自魏晉以下迄至其生存年代爲止。

一、師友的濡沐

徐渭在書法方面的師承自己多未述及，即連〈畸譜〉中對學問、琴藝、劍術、文學所受點化的師長都一一記入，獨不見書畫紀師，以此推論，徐渭書法也有可能未正式拜過老師。不過徐渭生於文風鼎盛之越中地區，受當時文士書家啓迪濡沐，也是很自然的事，況以古代動輒使用毛筆的實用性考量下，從小習作八股，自須一併練習書法，否則將如何讀書寫字，追求學問？因此曾與徐渭有過交往且具書畫背景之師友，對徐渭書法多少有些影響，其中較重要的有陳鶴、楊珂、朱南雍、錢伯陞、豐坊等人。

陳鶴書法未見傳世，然據《紹興府志》載"鶴眞書得晉人位置，法頗有韻第，太肥乏鋒穎，自云出鍾太傅，其徑四五寸以上者，勁秀絕倫，草效狂素，亦枯硬，結構未密"[33]，豐坊云"陳鶴之跡，正如藍縷乞兒，麻風遮體，久墮溷廁，薄伏通衢，臃腫蹣跚，無復入狀"[34]。另王世貞〈藝苑巵言〉亦謂"陳鳴野鶴，初習眞書，略取鍾法，僅成蒸餅，後作狂草，縱橫如亂當"[35]。

---

33 馬宗霍《書林藻鑑》，（台北：台灣商務印書館，一九八二年五月二版）P325。
34 豐坊〈書訣〉收於《歷代書法論文集》，（台北：華正書局，一九九七年四月）P470。
35 王世貞〈藝苑巵言〉收於《明清書法論文集》，（上海書店，一九九五年四月一刷）P179。

陳鶴的書法是取法鍾繇、懷素，但可能不甚得法，所以書史上對他的評價不高，然而其程度或許難以和歷代名家相比，可是既能列名"越中十子"，至少也算地區性名家，在地方上不無其影響力。

　　陳鶴（生年不詳，卒於一五六〇），字鳴野，一字九皋，山陰人，嘉靖舉人，未曾出仕，與徐渭往來甚密，徐在〈陳山人墓表〉中有二人過往的記載，本文第三章第二節已引錄，不再重覆。徐渭與他的關係是"雅相抱筆伸紙以朝夕"36，經就《徐渭集》進行統計，陳鶴至少送徐渭十餘幅書畫作品，徐渭亦曾賦有〈詠海樵山人新構〉二首、〈水仙花〉、〈陳山人畫贊〉、〈書陳山人九皋氏三卉後〉等詩跋，兩人介於師友之間，既然陳鶴兼擅書畫，徐渭追隨從遊，自無僅學繪畫不學書法之理，所以徐渭對鍾繇、懷素的喜愛，和陳鶴應脫離不了關係。

　　楊珂（生卒年不詳，與徐渭同時），字汝鳴，餘姚人，諸生，從王守仁學，隱居秘圖山，書法和陳鶴一樣未見傳世，關於他的書法，據《餘姚縣志》所載"楊珂幼摹人逼真，後稍別成一家。多作狂書，或從左，或從下，或從偏旁之半而隨益之。吳峻一惟海岳每論書法輒云：故人楊秘圖珂者，今之右軍也。會稽陳山人自負能書，亦云：筆法自中鋒者最難，惟秘圖為然"37。《紹興府志》亦載"珂書得晉人筆法"38。王世貞說楊珂書法"初亦習二王，後益放逸，柔筆疏行，了無風骨，所謂南路體

36　徐渭〈陳山人墓表〉《徐渭集》，（北京：中華書局，一九九九年二月二刷）P640。

37　《餘姚縣志》轉引自李德仁《徐渭》，（吉林美術出版社，一九九七年九月二刷）P32。

38　《紹興府志》卷四十六〈人物志〉十二，P3130。

也"39。豐坊則云"楊珂書如肵篋偷兒，探頭側面"40。項穆更說"如楊秘圖……之流，且自美其名曰梅花體。正如瞽目丐人，爛手折足；繩穿老幼，惡狀醜；齋唱俚詞，遊行村市也。夫梅花有盛開、有半開、有未開，故爾參差不等。若開放已足，豈復有大小混雜者乎？且花之向上、倒下、朝東、面西，猶書有仰伏、俯壓、左顧、右盼也。如其一枝過大，一枝過小，多而六瓣，少而四瓣，又焉得謂之梅花耶？形之相列也，不雜不揉；瓣之五出也，不少不多。由梅觀之，可以知書矣。彼有不察而漫學者"41。上述評語對楊珂書法各有褒貶，但總可知道他是從二王入門，之後大概比較強調個人風格，不爲法拘，以致被衛道之士誤解批評。在徐渭資料中提到楊珂的事極少，所以一般不敢論斷該二人有過交往，只以半信半疑的態度一筆帶過，事實上，徐、楊二人熟識，且有一定交情是不容置疑的，因爲楊珂在徐渭入獄時，曾參與營救乃不爭之事實，徐渭曾作〈寄答秘圖山人二首〉即可爲例證，詩曰：

> 山中鷺鶴人，海上魯連子。解紛謝千金，飛書橫一矢。自傷抱梧徒，上書累遭褫。形僇豈所規，所悲在人紀。翹首歌式微，哀音落蓬矣。我車非不束，伯仲豈充耳？水深援手難，棘深拒投距，咎己不厭多，怨物徒召悔。42

詩中對楊珂的救援行動表達得很清楚，兩人怎可能素不相識呢？

楊珂書法也許和正統書風有些扞格，因而被歸入"南路

39　王世貞〈藝苑巵言〉《明清書法論文選》P179。
40　馬宗霍《書林藻鑑》，P317。
41　項穆〈書法雅言〉收於《歷代書法論文選》，P845。
42　徐渭〈寄答秘圖山人二首〉《徐渭集》，P75~P76。

體”，其實“南路體”是陳淳所創，王世貞〈藝苑巵言〉說：

> 三君子下，有陳淳道復，以字行，正書初從文氏，欲取風
> 韻，遂成媚側。行書出楊凝式。林藻老筆縱橫可賞，而結
> 構多疏，亦「南路」之濫觴也。

所以“南路體”應是屬於表現主義思潮下變形書風的濫觴，且亦
著重側鋒的運用，理念和徐渭不謀而合，是以徐、楊二人書友往
返，其書法風格可謂是對陳淳的“同祖風騷”。

　　朱南雍，生卒年不詳，約當與徐渭同時，書法、繪畫俱佳，
徐渭與他，大多以書畫論交，朱曾持〈十七帖〉請徐渭爲其題
跋。徐渭在書法上和朱南雍的交疊，主要是同時對倪瓚的欣賞與
學習。所以徐渭書風受倪瓚影響頗深，和朱南雍應該不無關係。
至於二者交情，在本文第三章徐渭交遊狀況中，已作說明，茲不
再贅述。

　　徐渭晚年密友錢伯陞，是個書法家，給徐渭的印象是：

> 肥不穩骨，瘠不隱肉，奇聳在顴，秀含在目。彈琴鑄鼎，
> 服沙餐玉。43

在徐渭印象中的錢伯陞是位“秀含在目”的文人雅士，前於第三
章亦曾引證徐渭對他的書法頗表讚賞。陶望齡說：

> 伯陞雅士，精醫，工草隸，少年好聚古器，種稚竹木盆盎
> 中，望若喬夫…。44

43　徐渭〈錢伯陞贊〉《徐渭集》，P982。
44　陶望齡《歇菴集》卷二〈題錢慕蘭卷〉，轉引自張孝裕《徐渭研
　　究》，（台北：學海出版社，出版年月不詳）P

關於錢伯陞的書法，不論圖版或文獻均不見著錄，陶望齡這段文字算是唯一可查的線索了。當時旣與徐渭交深，以書相酬，惺惺相惜，進而互相影響書法創作，自是難免。

（圖十九）豐坊〈各體書訣册〉台北故宮博物院藏，引自黃惇《中國書法史·元明卷》

在徐渭書法師友中，豐坊（一四九四一一五六五）（圖十九）可謂最有歷史成就的一位，他兼善各體，曾有多件行草作品傳世，王世懋說：豐人翁實有筆，人望不副，天下惡其人，並廢其書，非也。今觀諸帖，雖多老年頹筆，然時出二王，兼存米顛風致。45

其書法作品或許不很出色，槪因人品不佳而遭掩蓋，但他的二篇書法論著〈童學書程〉及〈書訣〉卻被廣爲流傳。他在〈童學書程〉中，他強調"雙鉤懸腕，虛掌實指"46，與徐渭主張如出一轍。於論墨跡時對趙孟頫書法讚譽有加，他說"學王書者，唯趙子昂甚得其法"47，此和徐渭論趙書"趙子昂爲最上乘，直接二王宗派"，評價一致。他在書法用筆上，也不反對使

45　王世懋《王奉常集·跋豐坊書卷》轉引自黃惇《中國書法史·元明》，（二〇〇一年十月一刷）P317。

46　豐坊〈童學書程〉《明清書法論文選》，P97。

47　豐坊〈童學書程〉《明清書法論文選》，P99。

用側鋒，〈書訣〉中說"必以正鋒爲主，間用側鋒取妍"48。同時他也重視六書，某些想法與徐渭確實有頗多吻合。

二、元明的薰染

徐渭的年代正是歷史潮流震動最激烈的時期，衝撞著傳統思維的高牆以及置身其中的每一個份子，在波瀾壯闊的變局中，大多無可倖免地像汪洋中的小船，接受了大環境的安排和塑造。這種時代給予的文化情境，有時是無法抵擋甚至無可選擇，徐渭就在這樣的環境中，接受了元明二代的書風洗禮，因如趙孟頫、倪瓚、祝允明、張弼、陳淳等，都曾對徐渭書法產生影響。關於徐渭對趙孟頫書法的推崇，前文及下文均有多處論及，不在此處多述，以下僅就其他各家與徐渭書法之關係，略申其義。

（一）倪瓚（一三〇六－一三七四）

倪瓚是名畫家，亦工書法。王世貞評他的書法說：

> 倪元鎮雖微有韻，而未成長，人或許以得大令法，何也？元鎮以稚筆作畫，尚能於筆外取意，以稚筆作書，不能於筆中求骨，詎宜以泛愛推之也。49

項穆說他的書法：

> 下筆之際，苦澀寒酸，縱加以老彭之年，終無佳境也。50

王、項二氏對倪瓚書法似乎不太苟同，但後人對其書法大多還是

48　豐坊〈書訣〉《歷代書法論文選》，P472。
49　王世貞〈藝苑卮言〉《明清書法論文選》，P162。
50　馬宗霍《書林藻鑑》，P278。

肯定居多，如文徵明說：

> 倪先生人品高軼，其翰札奕奕，有晉宋人風氣。51

明人何良俊評其書曰：

> 雲林書師大令，無一點俗塵。52

清代書論家笪重光也說：

> 雲林書法得筆於分隸，而所書內景黃庭經卷，宛然楊許遺意，可想見六朝風度，非宋元諸公所能彷彿，元鎮真翰墨第一流人，不食煙火而登仙者矣。53

清代梁同書亦評云：

> 迂翁不獨畫入逸品，即書法亦天然古澹，神韻獨絕，由其品高，故能如此，若詩家之有陶潛，不徒於翰墨遇之也。54

李瑞清更說：

> 倪迂書冷逸荒率，不失晉人巨軿，有林下風，如詩中之有淵明，然非肉食人所解也。55

可見後人對倪瓚書法還是有頗高的評價。由於他是畫家出身，自以題畫最爲擅長，所以小字優於大字，不足爲怪。根據劉九庵編《宋元明清書畫家傳世作品年表》記載倪瓚三十七件書畫作品，

51　馬宗霍《書林藻鑑》，P278。
52　馬宗霍《書林藻鑑》，P278。
53　馬宗霍《書林藻鑑》，P278。
54　馬宗霍《書林藻鑑》，P279。
55　馬宗霍《書林藻鑑》，P279。

這些作品自然都是經過書法題款，除了一般性繪畫題款之外，年表中也有直接說明倪瓚的書法行爲，如〈行書題水竹居卷〉、〈爲張德機書七絕二詩帖〉、〈跋李成茂林遠岫圖卷於吳城盧氏樓〉、〈題衛九鼎洛神圖〉、〈楷書靜寄軒詩〉、〈重題漁莊秋霽圖〉、〈題趙伯驌萬松金闕圖卷〉等 56。這說明了他對題跋的熱衷與愛好，正因爲他長期題寫小字，所以大字就沒有小字的水準，張丑說：

> 雲林早年書法精美，其在至正初元者，妙有大令遺風，第五指頂已上大字，便不能工，是亦尺有所短。57

王獻之傳世作品多爲小字，所謂"大令遺風"，即是指小字而言。

而徐渭對倪瓚書法的認知則爲：

> 倪瓚書從隸入，輒在鍾元常薦季直表中奪捨投胎。古而密，密而散，未可以近而忽之也。58

在衆家評語中，徐渭最爲精到入裡，倪瓚書法確實帶有隸書筆意（圖二十），其風格超卓，不落時尚，亦不以字形美醜工拙爲計。楊永雯說"倪瓚字體淳古的形貌中有秀媚之氣，緊密結構中因用筆粗細變化甚大，折鋒起筆纖細，裹鋒收筆頓挫，形成聚散分明的空間效果 59。總體而言，倪瓚書法結體寬扁，重心

56　劉九庵編著《宋元明清書畫家傳世作品年表》，（上海書畫出版社，一九九七年一月一刷）P87~P121。

57　馬宗霍《書林藻鑑》，P278。

58　徐渭〈評字〉《徐渭集》，P1054。

59　楊永雯〈徐渭的書學淵源與行書「女芙館十詠」之風格〉收於《二〇〇〇年書法論文選集》，（蕙風堂筆墨公司，二〇〇〇年八月）P248。

由左上向右下傾斜，變化多姿，線條
細瘦，橫畫左細右粗，收筆以蹲駐爲
主，有帶以行意，豎畫則重起轉切向
下，右折採提按並用，如遇橫折處，
輒於向右轉後再輕按下行筆，這些特
點在徐渭作品中時而可見。例如現藏
於北京故宮博物院的〈行書詩稿〉、
〈行書蘇軾黠鼠賦〉、〈晝錦堂
記〉，皆可發現倪書遺風。

（二）祝允明（一四六〇－一五二六）

　　在徐渭眼裡，明代衆家之中，他
最佩服祝允明，其在〈跋停雲館〉中
說：

> 祝京兆書，乃今時第一。60

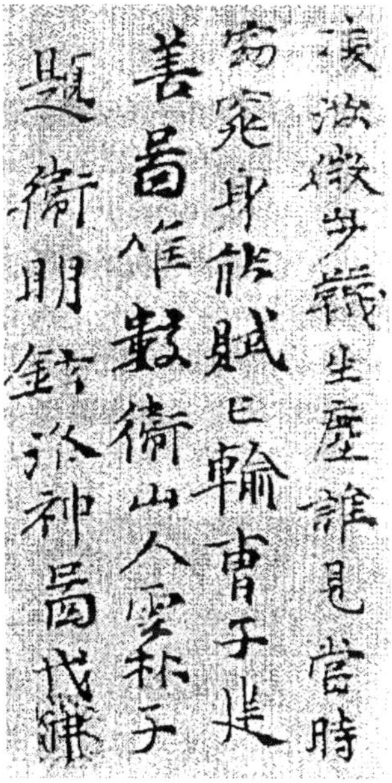

他將祝允明書法看成是當代第一人。

（圖二十）倪瓚〈題衛九鼎
洛神圖軸〉，台
北故宮博物院藏
引自黃惇《中國
書法史·元明
卷》

祝允明的草書飛揚奔放，極具特色，其成就自是不可小覷，但徐
渭不僅推崇他的草書，對他的楷書亦讚佩有加，並反駁豐坊批評
祝允明楷不如行的說法，其在〈跋梁武帝豐考功評書〉云：

> 京兆眞楷如獅搏虎，金翅鳥啗龍，幾於元常。而考功以爲
> 楷不如行，殆未之見邪？其他盲瞶，頗亦不少。然謂之盡

60　徐渭〈跋停雲館帖〉《徐渭集》，P976。

知書亦不可，謂盡不能書固不可，謂盡能書亦不可也。61

徐渭對祝允明書法欣賞之餘，亦費心蒐覓，〈徐文長逸草‧致某書〉說：

敢求祝枝山兩卷，仰乞惠賜，卒業謹即護內。62

渴望求得祝允明墨寶之情，洋溢字裡行間。由於他對祝氏的高度傾仰與拜佩，因而書風受其薰染，自屬天經地義。李德仁認為：

徐渭〈草書春雨詩卷〉，字形運筆尚可明顯看出有祝允明的影響。徐渭草書章法有一種密集的形式，如〈草書杜甫詩軸〉、〈應制詠劍詞軸〉等，亦是自祝允明草書蛻變而來。祝允明的草書寫得較密，幾乎沒有行距，字密集鋪挑在一起，各行之字互相迎讓穿插，如〈草書杜甫詩軸〉書"混明池水漢時功"七律一首，即是發徐渭密集章法之先河。63

這段評論堪屬允當，李德仁就徐、祝二家書風作比較，點到了關鍵所在。徐渭書法經常煙嵐滿紙、點畫狼籍，利用行軸空間的聚散疏密、迎讓穿插，以筆墨線條的張力，撐起整個畫面，在他的筆下，結構、點畫均可發揮一定程度的拉扯或擠壓，試圖衝擊既有的美學概念，並藉此達到章法上的極致表現，他在《筆玄要旨》中說"結構點畫有失趣者，則以別點畫旁救之"64，在他看

61　徐渭〈跋梁武帝豐考功評書〉《徐渭集》，P1098。

62　徐渭〈致某書〉《徐渭集》，P1126。

63　李德仁《徐渭》，P242。

64　徐渭《筆玄要旨》收於《中國歷代書法論著匯編》第七冊，（天津古籍出版社，一九九九年二月一刷）P267。

（圖廿一）祝允明〈六體詩賦卷－長門賦〉（局部）
31.1×642cm，北京故宮博物院藏，引自榮寶
齋《中國書法全集・49卷》

這種誇張大膽的藝術行爲，應自祝允明處擷取不少概念與養份。

　　此外祝允明也寫章草（圖二十一），徐渭亦有數件章草傳世，兩者亦或不無關聯。

（三）張弼（一四二五－一四八七）

　　張弼書法在歷史上雖然不若祝允明突出，但以他所處年代，在保守勢力的包圍下，能夠掙開“館閣體”的層層籠罩，也是值得歌頌的事，黃惇說“這種既有延續性，又有變革性的草書，在明代中期之前，是一種新的潮流的走向，對明代草書的發展具有重要的意義”[65]。《書林紀事》云：

　　　　張弼草書名一世，自號東海。張東海之名流播外裔，爲

65　黃惇《中國書法史・元明》，P233。

詩信手縱筆，多不屬稿，
即有所屬，以書故輒爲人
持去，嘗自言五平生書不
如詩，詩不如文。李東陽
戲之曰"英雄欺人每如
此，不足信也"。守南安
時，各郡收兵議賞，武夫
悍卒，乃惟願得弼墨妙。
而過客亦往往以是罷誅求
焉，歲以筆劄佐郡費類
此。66

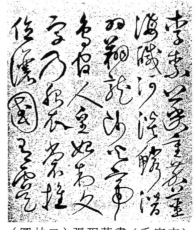

（圖廿二）張弼草書〈千字文〉
（局部），北京故宮博
物院藏，引自《中華五
千年文物・法書篇・九
卷》

由此觀之，張弼在當時是極具影
響力的，而他最精彩的書體是草
書，特別是狂草（圖二十
二），董其昌說"世多推重其狂草"67，王鏊也評曰：

其草書尤多自得，酒酣興發，頃刻數十紙，疾如風雨，矯
如龍蛇，欹如墮石，瘦如枯藤，狂書醉墨，流落人間，雖
海外之國，皆購求其蹟，世以爲顛張復出也。68

王鏊的評價和《書林紀事》所載，都說張弼書法聲噪一時，甚至
名播海外。

66　馬宗霍《書林紀事》，（台北：世界書局，一九八四年十月）P68。
67　董其昌〈跋張東海慶雲堂帖〉收於《容台別集》明崇禎乙亥重刻本
　　卷二。
68　王鏊〈中議大夫江西知南安府張公墓表〉收於《震澤集》卷二十
　　六，轉引自黃惇《中國書法史・元明》P233。

　　徐渭對張弼書法甚為熟悉，曾為其〈草書千字文〉作跋，他說：

> 往往謂張東海及是俗筆，厭家雞，逐野雞，豈直野雞哉！蓋蝸蚓之死者耳！噫，可笑也！可痛也！以余所謂東海翁善學而天成者，世謂其似懷素，特舉一節耳，豈真知翁者哉！余往年過南安，南安其出守地也，有束山流觴處草鐵漢樓碑，皆翁遺墨，而書金蓮寺中者十餘壁，具數種法，皆臻神妙，近世名書所未嘗有也，乃今復得睹是草于門人陸子所。余有感于詭者之敝之妄議，因憶往時所見之奇之有似于此書也，而為敘之如此。69

徐渭認為張弼書法著重"天成"，因近世書者缺乏對筆性的理解，誤認張弼書法沒有來歷"獨出乎己"，殊不知"其於點畫不省為何物，求其儌蹟古先以幾所謂由乎人者己絕不得，況望其天成者哉"70。徐渭一方面肯定他的開創性本色，一方面為他打抱不平。如就王鏊及董其昌所言，張弼是以狂草名世，且"酒酣興發、狂書醉墨"的作風，必令徐渭大為激賞，因為徐渭也是經常酒後縱筆，其所作書法亦以草書居多，二人實有個性上、觀念上契合之處。

（四）陳淳（一四八三－一五四四）

　　陳淳出身吳門四家，在明代前期以奇縱浪漫的筆調，刷新了中國書法史頁，開創出表現主義書風之路，對徐渭書法風格有重

69　徐渭〈跋張東海草書千文卷後〉《徐渭集》，P1091。
70　徐渭〈跋張東海草書千文卷後〉《徐渭集》，P1091。

大影響，徐渭在〈跋陳白陽卷〉中說：

> 陳道復花卉豪一世，草書飛動似之。獨此帖既純完，又多
> 而不敗。蓋余嘗見閩楚壯士裹馬劍戟，則凜然若羆，及解
> 而當繡刺之　，亦頹然若女婦，可近也。此非道重之書與
> 染耶？71

徐渭讚賞他的草書說乍看“劍戟凜然”，等到進入狀況後，才發
現其實也有柔和親切的一面，所以“可近也”，意思是說他的草
書不僅有令人望之儼然的大將之風，同時也具有溫柔可人的秀雅
之氣，一裡一外，調和無間，富有一種感染力與吸引力，使人看
了就會想要親近。大凡藝術作品若欲對別人造成影響，除須樹立
自己獨特風格之外，作品本身所散發的藝術魅力也是不可或缺。
正好陳淳的表現方式，與徐渭氣味相通，合其胃口，深深吸引了
徐渭的目光。如前引王世貞〈藝苑卮言〉說到，陳淳書法“欲取
風韻，遂成媚側”72。此所謂側鋒取媚豈不正是徐渭的一貫主張
嗎？

　　明人對徐渭的影響，除上述諸家之外，他如王寵、文徵明、
唐寅、王守仁等人的墨蹟，都曾讓徐渭見識過，如他稱讚祝允明
書法為“今時第一”時，亦不虧待王寵將其列為第二；而文徵明
人品高尚，素受徐渭敬仰，稱說“荊公書不必收，文山公書尤不
必收，重其人耶？噫，文山公豈待書而重耶？”73與徐渭“重其
人，宜無所不重，況書乎？重其書，宜無所不重也”74，並無二

71　徐渭〈跋陳白陽卷〉《徐渭集》，P977。
72　王世貞〈藝苑卮言〉《明清書法論文集》，P180。
73　徐渭〈跋停雲館帖〉《徐渭集》，P976。
74　徐渭〈跋新建公少年董子命題其後〉《徐渭集》，P570。

致；而王守仁為明代心學宗師，徐
渭二位老師季本、王畿皆出自其門
下，所以徐渭算是王守仁再傳弟
子。王氏曾於嘉靖年間被停止世襲
爵位，過了近三十年，徐渭乃代疏
請命，懇求恢復封爵，為其洗刷冤
抑 75。然而這些人對徐渭書風影
響較不如前列諸家深刻，謹予略
過。

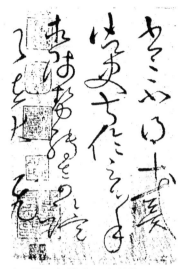

（圖廿三）懷素〈自敘帖〉（局
部）28.3×755cm
台北故宮博物院藏
引自日本二玄社《中
國法書選》

三、學步於唐宋

　　徐渭在《筆玄要旨》中論及
的唐宋名家數以百計，對其較有影
響的包括唐代的張旭、懷素、孫過
庭、歐陽詢、李邕；宋代蘇東坡、
黃山谷、米芾、蔡襄等人。其中更
以張旭、懷素、蘇東坡、黃山谷、米芾對其書風影響較大。

　　張旭（六七五－七五九）、懷素（七三七－七八五）是唐代
草書雙璧（圖二十三）、（圖二十四），中國書法在他們二人開
創下，繳出了傲人的成績單，這一傑出的成果自此獨出於傳統
書派之外，而與其他各支流互別瞄頭，鼎足而立，直到明代仍歷
久彌新，閃耀著熠熠光芒。明代寫草書而卓具成就者，莫不師法
二人，前此具己多處徵引，足可為證。徐渭對旭、素之書法亦佩
服不已，其在《筆玄要旨》中說：

75　徐渭〈為請復新建伯封爵疏〉《徐渭集》，P440。

（圖廿四）張旭〈草書古詩四帖〉北
京故宮博物院藏，引自
《中華五千年文物·法書
篇·一卷》

張旭立性顛逸，超絕古
今。懷素援毫掣電，垂
手萬變。76

說張旭、懷素書法"超絕古
今"，洵爲眞知灼見。旭、
素二人以筆走龍蛇之姿、驟雨
狂風之勢，深獲徐渭推重。
《書林紀事》載：

張旭嗜酒，每大醉，呼
叫狂走，乃下筆，或以
頭濡墨而書，既醒自視
以爲神，不可復得也。77

《宣和書譜》云：

懷素精於翰墨，當時名流如李白、載叔倫、竇泉、錢起之
徒，舉皆有詩美之。狀其勢以爲若驚蛇走虺，驟雨狂風。
人不以爲過論，又評者，謂張長史爲顛。懷素爲狂，以狂
繼顛。孰爲不可，及其晚年益進，則復評其與張芝逐鹿，
茲亦有加無已，故其譽之者亦若是耶。78

評者以爲，張旭以顛、懷素以狂，二者皆有超逸入妙之勢，是一

76　馬宗霍《書林紀事》，P43。
77　徐渭《筆玄要旨》《中國歷代書法論著匯編》，P271。
78　《宣和書譜》卷十九，（湖南美術出版社，一九九九年十二月一
　　版），P342。

種情感質素濃厚的藝術表現。大陸學者曾德宏說：

> 旭、素草書完全擺脫了楷書、行書以及隸書對固有法則的
> 羈絆，具有強烈的破壞性，作品中明顯體現出一種震憾人
> 心的人格力量。一面是對陳法的破壞，不拘泥於點畫的精
> 到、結構的勻稱、章法布局的整齊劃一，而是縱情揮灑、
> 開合有致、極意渲染，以渲洩情感，張揚個性為旨歸；一
> 面又為新法的建構提供感性基礎……為世草書樹立千秋典
> 範。79

旭、素書法能有今天的地位，就是得力於對藝術表現的破立功
夫，並標舉著個性顯揚與情感淌洩的人性化主張，創造了中國書
法的歷史高峰。

徐渭深識張旭草書，他後來援書入畫，就自稱是運用張旭的
筆法，他的那首〈舊偶畫魚作此〉略謂：

> 我昔畫尺鱗，人問此何魚，我亦不能答，張顛狂草書。80

徐渭另有一首〈張旭觀公孫大娘舞劍器〉，將張旭草書形容
得神靈活現，躍然紙上。吟曰：

> 大娘只知舞劍器，安識舞中藏草字，老顛瞥眼拾將歸，腕
> 中便覺蹲三昧。大娘舞猛懶亦飛，禿尾錦蛇多兩腓，老顛
> 蛇黑墨所為，兩蛇猝怒鬬不歸。紅毯粉壁爭神奇，黑蛇比
> 錦誰印低，野雞啄參翟與翬，一姓兩名無雄雌。老顛蘸墨

---

79 曾德宏〈中國草書的氣質〉《書法藝術》，（無錫：書法藝術月刊
　社，一九九八年第三期）P6。
80 徐渭〈舊偶畫魚作此〉《徐渭集》，P159。

捲頭髮，大娘幞頭舞亦脫，留與詩人謔題跋，常熟翁來索
判頻，常熟長官錯怪人。[81]

徐渭認爲，懷素甚得張旭筆法，"而清勁精麗應規合矩"
[82]。他們二人的書風符合了徐渭"英雄失路，托足無門"那種悲
歌式的生命情境，滿懷的無奈和無限的悲憤，藉著旭、素二人的
靈魂牽引，墜入渾然忘我的情感境域，終而成爲他療傷止痛和精
神慰藉的仙藥良方。因此，張旭和懷素對徐渭的影響實不可謂不
大。

徐渭對唐人的學習，除前列二家外，餘如歐陽詢（五五七－
六四一）、孫過庭（六四八－七〇三）、李邕（六七八－七四
七），也都是徐渭所曾留意的名家。徐渭對歐陽詢書法頗表肯
定，《筆玄要旨》說"率更化度帖最宜學之，惜磨滅幾半。皇甫
君碑骨氣勁峭，法度森整，得晉人之規矩爲佳"[83]。而對李邕書
法亦多讚許。他說"李北海以雲麾將軍碑爲第一"[84]，又〈書李
北海帖〉云"李北海此帖，遇難有處，字字侵讓，互用位置之
法，獨高於人"[85]。至於他對孫過庭的評價是"丹崖絕壑，筆勢
堅勁"[86]。重要的是，徐渭《筆玄要旨》中引用許多孫過庭《書
譜》句子，如"篆婉而通，隸精而密，草流而暢，章檢而便"
[87]，"草不兼眞，殆於專謹；眞不通草，殊非翰札"[88]，"初學

---

81 徐渭〈張旭觀公孫大娘舞劍器〉《徐渭集》，P159。
82 徐渭《筆玄要旨》《中國歷代書法論著匯編》，P265。
83 徐渭《筆玄要旨》《中國歷代書法論著匯編》，P265。
84 徐渭《筆玄要旨》《中國歷代書法論者匯編》，P265。
85 徐渭〈書李北海帖〉《徐渭集》，P573。
86 徐渭《筆玄要旨》《中國歷代書法論著匯編》，P269。
87 徐渭《筆玄要旨》《中國歷代書法論者匯編》，P249。
88 徐渭《筆玄要旨》《中國歷代書法論者匯編》，P251。

分布須求平正，平正了便求險絕，險絕了又求平正"89。徐渭引孫過庭文字，有時雖稍有出入，但終不離其意，顯見其對《書譜》（圖二十五）鑽研之深。

　　宋人對徐渭書風的影響亦頗有可觀，份量稍輕的如蔡襄（一〇一二—一〇六七），徐渭說他"體態妖嬌，鉛華猶在。如十八拍，雖清氣善於頓挫，而潤態時見，東坡曰：天資既高，積學深至，心手相應，變態無窮。以行書為勝，楷次之、草又次之"90。徐渭難得以這麼長的文字來評一家書法，相信對他必有別於他人的好感。

　　而宋代文壇巨擘蘇東坡（一〇三六—一一〇一），詩、文、書、畫俱臻上乘，徐渭對他深表傾慕（圖二十六），可惜徐渭見過他的墨蹟不多，令徐渭不免感到有些遺憾，他說：

　　　予夙慕太蘇公書，然閱覽止從金石本耳，鮮得其蹟。91

他平時只能透過碑拓了解蘇東坡書法，而今能一睹真蹟，"幸始一見"，頗感快意。另在〈跋大蘇所書金剛石刻〉則說：

　　　論書則云，多似其人。蘇文忠人逸也，而書則莊。文忠書
　　　法顏，至比杜少陵之詩、昌黎之文、吳道子之畫，蓋顏之
　　　書，即莊亦未嘗不逸也。金剛楞伽二經，並達磨（摩）首
　　　舉以付學人者，而文忠並兩書之，金剛比帖是也，楞伽以
　　　付金山參寥。余過金山，問文忠玉帶所傳鎮山門者，亦為
　　　頑僧質錢充口腹矣，況經乎？儻得如此帖，摹勒傳人間，

89　徐渭《筆玄要旨》《中國歷代書法論者匯編》，P251。
90　徐渭《筆玄要旨》《中國歷代書法論者匯編》，P271。
91　徐渭〈書蘇長公維摩贊墨蹟〉《徐渭集》，P572。

（圖廿五）孫過庭〈書譜〉（局部）
台北故宮博物院藏
引自日本二玄社《中國法
書選》

（圖廿六）蘇東坡〈人來得書帖〉
29.5×45.1cm，北京故宮
博物院藏，引自北京文
物出版社《歷代碑帖法
書選》

亦幸也，惜過時失聞。[92]

徐渭一向佩服蘇東坡的才華，曾謂"蘇子瞻以才贍"[93]，然而他認爲蘇東坡的書法是"專以老樸勝"[94]。蘇書老樸蘊藉、"豐腴悅澤"[95]的風格，對徐渭確有發生某種程度的作用。

　　徐渭對宋代另一位大文豪黃庭堅（一〇四五－－一〇五）（圖二十七）的態度，則顯得有些曖昧，在其詩文、書論中提到黃山谷的次數不多，尤其具有評斷書藝的文字，在《筆玄要旨》裡僅有"黃庭堅妙麗清圓"[96]一句，餘則闕如。另外就是收在逸稿中的〈評字〉，但他是同時兼論數家，語曰：

（圖廿七）黃山谷〈苦笋賦〉31.7×51.2cm
台北故宮博物院藏，引自榮寶齋
《中國書法全集·35 卷》

---

92 徐渭〈跋大蘇所書金剛經石刻〉《徐渭集》，P575~576。
93 徐渭《筆玄要旨》《中國歷代書法論者匯編》，P271。
94 徐渭〈評字〉《徐渭集》，P1054。
95 徐渭《筆玄要旨》《中國歷代書法論者匯編》，P266。
96 徐渭《筆玄要旨》《中國歷代書法論者匯編》，P266。

> 黃山谷書如劍戟，搆密是其所長，瀟散是其所短。蘇長公
> 書專以老樸勝，不似其人之瀟灑，何耶？米南宮書一種出
> 塵，人所難及。但有生熟，差不及黃之勻耳。97

徐渭對黃山谷書法的評論是妙麗清圓、嚴密勻稱，但不夠瀟灑，似乎還有些不滿意，但反觀他自己的書法作品，則有不少和山谷相似之處，如現藏於上海博物館的〈女芙館十詠〉、〈行草詩詞卷〉及虛白齋的〈行草詩卷－天瓦庵〉等，其用筆、結構，乃至布局與黃山谷多有類似的地方，例如筆畫採用徐暢並濟，形成線條的起伏變化，以及豎筆斜進、撇畫挺抖的特徵；又如結體奇正不一，格局開張等等。正所謂"書如劍戟"，這原本是徐渭對山谷的評語，反而恰恰可以用來形容自己書法，煞是有趣。

　　宋四家之一，素有米顛之稱的米芾（一○五一－一一○七）（圖二十八），和徐渭書法也是關係密切，不論書學思想或實際創作都受其薰陶頗深。陶望齡說：

> 渭論書主於運筆，大概昉諸米氏。98

今人張啓亞亦說：

> 徐渭長於行書和草書，究其淵源是出於米芾。99

陶望齡的評語後來被摘入《筆玄要旨》《四庫全書總目提要存目》。他的意思是說徐渭論書主要是強調運筆，和米芾理念相

97　徐渭〈評字〉《徐渭集》，P1054。
98　陶望齡〈徐文長傳〉《徐渭集》，P1341
99　張啓亞《中國書法藝術概論》收於《中國書法藝術－先秦》，（上海：文物出版社，一九九三年一版）P33。

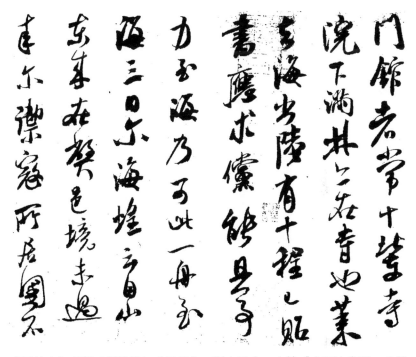

（圖廿八）米芾〈德枕帖〉（局部），引自日本二玄社《中國法書選・米芾集》

同，如進一步引伸，則徐渭《筆玄要旨》的寫作，當亦曾參考米芾的《海岳名言》。至於張氏所論，以徐渭行草書源自米芾之說，雖爲可信，但亦不盡然如此。徐渭書法受米芾影響本固無庸置疑，但若說其書師祖米芾，則言之過大矣。因徐渭書法淵源非承自一家一派，已如前述，不待議駁，然而徐渭文獻中對米芾推崇備至，亦屬不可否認，譬如〈評字〉他說：

　　米南宮書一種出塵，人所難及。100

---

100 徐渭〈評字〉《徐渭集》，P1054。

於〈書米南宮墨蹟〉中又說：

> 閱南宮書多矣，瀟散爽逸，無過此帖，辟之朔漠萬馬，驊
> 騮獨先。101

他在《筆玄要旨》裡也數度提到米芾，而且都是正面的評價。諸如：

> 米芾奇逸超邁。
>
> 蘇子瞻以才贍，米元章以清拔。
>
> 米南宮書如天馬脫御，追風逐電，雖不必範我馳驅，要自
> 不妨痛快。102

以徐渭對米芾的熟稔，取法於他，應不意外。徐渭墨蹟不少峻峭顛逸的風格，都隱隱約約泛露出米芾的痕跡。米芾《海岳名言》總括出自己的書法特色，乃在一個"刷"字，今人劉啟林解釋說"刷可解釋爲放縱任情，率不經意，唯有技巧極純熟才可達到的藝術境地，亦即是游刃有餘、運斤成風的境地"103。劉氏所持的見解，確屬獨到。因此米芾說自己"刷字"實是有點客套又帶自我解嘲的意味，他把毛筆比成了粉刷牆壁器物的刷子，亦即擺脫一切技法的約束，著重內在精神情感的抒發，自由自在地揮灑，隨心所欲，無爲而爲，亦與徐渭創作理念相合不已。

---

101 徐渭〈書米南宮墨蹟〉《徐渭集》，P572。
102 徐渭《筆玄要旨》《中國歷代書法論著匯編》，P272。
103 劉啟林《古今書法要論》，（吉林美術出版社，一九九八年四月一
　　刷）P151。

四、取法於魏晉

　　徐渭書學淵源，在魏晉的部
份，論者往往只談鍾繇、王羲之、
索靖三家，其實他對張芝的書法也
頗有印象，書論中曾數度提起，而
小王獻之也是他關注的對象，不容
忽視。

　　鍾繇（一五一─二三〇）是
目前所知影響徐渭書法朝代最早的
一位書家，他的楷書最受徐渭稱頌
（圖二十九），《筆玄要旨》
說：

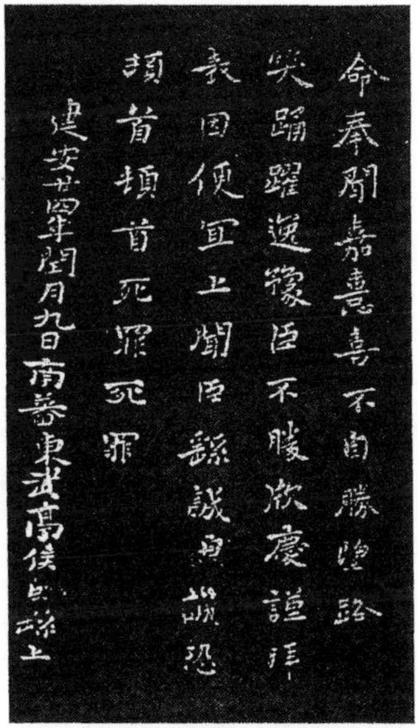

（圖廿九）鍾繇〈賀捷表〉（局
部）引自日本二玄
社《中國法書選・
魏晉唐小楷集》

> 元常眞書妙矣，行則羲獻之
> 亞，草亦衛索之下，鍾書意
> 外巧妙，絕倫多奇。……鍾

書三種，一曰銘石（大書），二曰章程（楷），三曰行
押。……元常古肥，子敬今瘦。……元常專二隸書……逸
少學元常，差得其法。……鍾繇之下稱張芝，晉乃稱二
王。……鍾繇眞書，張芝草法，羲之行押……。張芝驚
奇，鍾繇特絕……。104

徐渭一再強調鍾繇楷書，依他的觀念，魏晉時期楷法無人能出其
右。他在另一段評書為鍾繇下了一個總結式的評語，說是：

---

104 徐渭《筆玄要旨》《中國歷代書法論著匯編》，P263。

> 鍾繇霧舒雲捲，但古而不今，長而踰制。意外巧妙雲鵠遊
> 天。105

初唐大家虞世南評說"鍾太傅師資德昇，馳騖曹、蔡仿學而致一
體，眞楷獨得精研"106。《宣和書譜》亦說"所謂楷法者，今
之正書也。……降及立國鍾繇者，乃有〈賀克捷表〉，備盡法
度，爲正書之祖"107。可見徐渭對鍾繇書法的確有足夠的認知，
甚且觀察到倪瓚書法"輒在鍾元常薦季直表中奪捨投胎"108。
若非對鍾深有所知，又曷克臻此。

徐渭一方面推崇鍾繇楷書，一方面也稱讚張芝（？－約一九
二）草書，張懷瓘〈書斷〉說"案草書者，後漢徵土張伯英之所
造也"109。《書林藻鑑》云"芝學杜度，轉精其巧，可謂草聖，
超前絕後，獨步無雙"110。歷代對張芝的評論極多，主要還是
集中肯定他的草書成就，與徐渭對張芝的評述如出一轍。徐渭說
他"憑虛欲仙"111，此和徐渭濃厚的道家思想恐有暗合，且徐
渭喜寫草書，對這樣一位草書大家，總有仰企追摹之情。

依徐渭的論點，張芝而後乃稱二王（圖三十）、（圖三十一
A）。羲獻父子堪稱中國書法史上的天王巨星，徐渭在學書歷程
中，受其影響甚大，對王氏父子的書法評價也極高，他在評鍾繇
時說其行書還在羲獻之後，尤其徐渭認爲蘭亭確爲行書之冠，並

---

105 徐渭《筆玄要旨》《中國歷代書法論著匯編》，P268。
106 虞世南〈書旨述〉收於《歷代書法論文選》，P104。
107 《宣和書譜·卷三·正書敘論》，P46。
108 徐渭〈評字〉《徐渭集》，P1054。
109 張懷瓘〈書斷〉收於《歷代書法論文選》，P151。
110 馬宗霍《書林藻鑑》，P251。
111 徐渭《筆玄要旨》收於《中國歷代書法論著匯編》，P268。

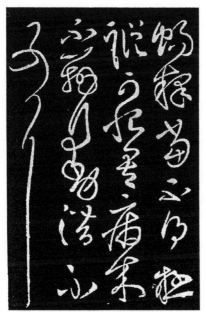

（圖三十）傳張芝〈冠軍帖〉（局部）
　　　　引自天津古籍出版社
　　　　《淳化閣帖》

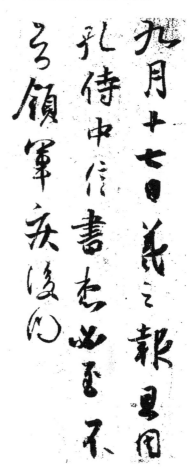

（圖卅一Ａ）王羲之〈孔侍中帖〉
　　　　　（局部）引自日本二玄
　　　　　社《中國法書選・王
　　　　　羲之尺牘集》

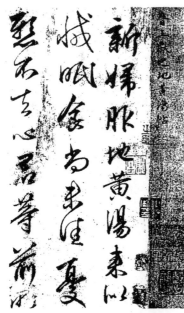

（圖卅一 B）王獻之〈地黃湯帖〉
　　　（局部）引自日本二玄
　　　社《中國法書選‧王獻
　　　之尺牘集》

評曰“羲之功定禮樂，獻之妙擬神仙”。又曰“逸少雄強，獻之冠世”[112]。在二家之中，徐渭覺得羲之（三〇三－三六一）書法莊重雄健；獻之（三四四－三八六）（圖三十一 B）飄逸絕倫。但不管他對該二人書法如何分類，他經常還是習慣二王並稱。例如〈竹秘閣銘〉云：

> 閣臂以書，停毫摹想，是故刻王氏父子於上。[113]

又〈錢伯升秋葉池硯〉亦云：

> 葉塘製古石有芒，主人工者書與方。箋百草，模二王。[114]

在〈木筆圖鞶贅〉裡也同樣說：

> 天作箋兮雲爲墨，木筆書空兮，儼羲之獻之之鉤勒。[115]

看來徐渭對二王還眞情有獨鍾。因此，即便他極力推銷“本色

112 徐渭《筆玄要旨》收於《中國歷代書法論著匯編》，P263。
113 徐渭〈竹秘閣銘〉《徐渭集》，P990。
114 徐渭〈錢伯升秋葉池硯〉《徐渭集》，P992。
115 徐渭〈木筆圖鞶贅〉《徐渭集》，P1100。

說"的同時，仍不能忘情於蘭
亭的臨摹。徐渭倡言"凡臨摹
直寄興耳，銖而較寸而合，豈
眞我面目哉？臨摹蘭亭本者多
矣，然時時露己筆意者，始稱
高手 116。相信遇到二王這類
超級明星，也不得不虛心就教
而"日課臨數紙"117，等到
"書法旣熟，須要變通，再自
成一家"。118

　　徐渭取法魏晉諸家尙有一
位重要人物─索靖（二三九─
三○三），爲晉代章草名家
（圖三十二）。《書林藻鑑》
說"索靖草書絕世，學者宗
之，時論云：精熟至極，索不
及張，妙有餘姿，張不及索"
119。張芝與索靖書法造詣各
有千秋，兩者皆爲徐渭所重，

（圖卅二）索靖〈月儀帖〉（局部）
引自北京出版社《中國章
草名帖青華》

徐渭說索靖的《急就章》"數行清絕"120。從歷代文獻考查，
索靖應該是寫過《急就章》，《東觀餘論‧跋章草急就補亡後》

116《徐渭集》，P577。
117 徐渭《筆玄要旨》收於《中國歷代書法論著匯編》，P251。
118 徐渭《筆玄要旨》收於《中國歷代書法論著匯編》，P252。
119 馬宗霍《書林藻鑑》，P47。
120 徐渭《筆玄要旨》收於《中國歷代書法論著匯編》，P264。

云"靖所書乃有三之二，其闕者，自母緯而下，才七百五十字，此本是已，蓋唐人摹而弗填者。神韻筆勢，古風宛然"[121]。又同卷〈跋索靖章草後〉亦云"索將軍章草下筆妙古今，〈七月二十六日帖〉、〈月儀〉、〈急就篇〉此著名書也"[122]。類此證詞，見諸各書學論著，茲不一一列舉。徐渭《筆玄要旨》則將索靖、張芝、韋誕等人列為"並得時名"[123]。並在〈評字〉中表明他學過索靖，他說：

> 吾學索靖書，雖梗概亦不得。然人並以章草視之，不知章稍逸而近分，索則超而倣篆。[124]

徐渭當時所可能接觸到的元明書家中，善章草者大有人在，而他能夠獨出心裁，別樹一格，和其直接取法索靖之書，當有關連。洪光耀說"徐渭現存的作品沒有純粹的章草書法"[125]，恐有未週。上海人民美術出版社所出版之《徐渭墨蹟大觀》所錄〈淮陰侯祠〉、〈行草詩卷－天瓦庵〉及《中國古代書畫圖目》所輯之〈王翰等人詩卷〉均有章草穿雜其中，識者察之。

---

121 宋‧黃伯思《東觀餘論》，（台北：漢華文化事業公司，一九七四年八月初版）。
122 同前註。
123 徐渭《筆玄要旨》收於《中國歷代書法論著匯編》，P268。
124 徐渭〈評字〉《徐渭集》，P1054。
125 洪光耀《徐渭書法研究》，（國立台灣師大美術研究所碩士論文，二〇〇一年六月）P85。

第六章　徐渭書學理論闡要

　　徐渭在文藝方面屬於創作型的作家，他於文藝理論雖亦有著述，但大多不是刻意為之，譬如前文提到文學戲劇理論，除《南詞敍錄》較有系統整理外，其餘評點、校註、序文都非嚴謹之論著，即使是最能代表他文藝思想核心的“本色論”，也不過是藉由一篇序文來呈現。然而在書法方面則理論著述及實務創作並重，所以他的書論是經過計畫性蒐集整理，且有系統地研究纂寫而成，計有《筆玄要旨》、《玄抄類摘》及散見各書跋題序中之書學見解，著力甚深，用功至勤，難怪他會說“吾書第一”，實是其來有自。

　　《玄抄類摘》共有六卷，此書作於萬曆元年，乃徐渭纂輯《書法鉤玄》、《字學新書》分類節錄摘抄而成，傳世版本有萬曆年間陳汝元刻本、清代鳴鶴山房抄本、日本寶曆甲戌翻印萬曆本以及清抄本等，目前藏於國家圖書館者為日本寶曆翻印陳汝元刻本。內容分執筆、運筆、書法例、書法、書功、書致、書思、書候、書丹法、書原、書評等十一類，因係輯抄古人書論，故一般不視為徐渭個人創見，多不予著錄，但《玄抄類摘》前面有兩篇序言，則係徐渭自撰，於書法見解多所闡發，有其獨到之處。序一曰：

　　　書法亡久矣，所傳《書法鉤玄》及《字學新書摘抄》猶足以系之也。然文多拙缺散亂，字多訛，讀之茫然，欲假以系猶亡也，余故為分其類，去其不要者，而稍註其拙、正其訛，苦無考解者，則闕之矣。1

　　《筆玄要旨》爲徐渭書法專著，內容雖亦有參雜古人論書意見，但大多經過理解消化，能成一家之言，也頗能代表徐渭本身在書法方面的理念思維，是其書法理論最重要的著作。其主要內涵評者多謂專講運筆，輒取米芾書史，其實縱觀全文，則可發現在用筆、書勢、源流、神采、評書等項目均有著墨，非僅運筆一項而已。流傳版本有明萬曆淵雅堂刻本、清人楊兆英抄本等。《佩文齋書譜》引錄其中三則，第一則〈論隸書〉置於卷二，第二、三則〈論執管法〉、〈七字書訣〉置於卷四。

　　徐渭書論除前述二部著作外，尚有多篇書跋題序，以多面向的方式，爲書法史論進行詮解。經綜合其各項論述著作，約可歸納出下列數點結論，或可一窺徐渭書學理論之要旨。

第一節　書史論

　　徐渭書法理論中涉及的層面甚廣，在書史部分，包括書史源流及文字學相關問題，都是他的關照範圍，以下茲分二點論述，以明其旨。

一、論源流

　　徐渭對古代書法源流知之甚詳，當時因甲骨文尚未出土，所以他從籀篆開始講起，他說"篆籀各隨字形大小，如百物獻狀動

1　徐渭《玄抄類摘》序，收於《明清書法論文選》，（上海書店，一九九五年四月一刷）P129。

圓滿種種具足"[2]，顯然對籀篆持肯定態度，就連李斯見到周穆王的書法都要"七日興嘆自恐無骨"[3]。他認為篆書由李斯傳到漢代蔡邕，之後出現大的轉變，各體競出，爭奇鬥妍，雖然書有古今之分，但理則卻是一致的，且看：

> 按籀古蔡邕鍾王時雖古，今其理則一而已，鍾王時見新奇不遠籀古，若庾謝蕭阮則為守法而法存，歐虞諸薛則為竊法而法分，黃米放蕩尚有法外之遺意[4]。

意思是古人之法一脈相承，但後人對"法"之認知逐漸淡薄，於是產生各種不同的"新法"。他認為篆書是中國書法的開端，是萬法之源，世傳程邈創隸法，但他不過是"善大篆增減篆體名之曰隸"[5]罷了。由於徐渭對篆書的重視，因而他將李斯的書法位置擺得極高，評曰：

> 李斯骨氣豐勻方圓絕妙，如世胄冠蓋。[6]

他同時提到王羲之雖以行草名世，但亦能篆書，也因此他對二王書法頗為認同，他說"元常真書妙矣，行則羲獻之亞，草亦衛索之下，鍾書意外巧妙絕倫多奇"[7]。鍾書既已"巧妙絕倫"，其行書仍為羲獻之亞，可見他對二王書法之推崇。他又說"鍾繇真書、張芝草法、羲之行押、獻之破體，又曰張芝驚奇、鍾繇特

2　徐渭《筆玄要旨》收於《中國歷代書法論著匯編》第七冊，（天津古籍出版社，一九九九年二月一刷）P263。
3　徐渭《筆玄要旨》，P263。
4　徐渭《筆玄要旨》，P263。
5　徐渭《筆玄要旨》，P268。
6　徐渭《筆玄要旨》，P268。
7　徐渭《筆玄要旨》，P263。

絕、逸少雄強、獻之冠世"8。還是強調二王的特色，而其最具
體的評論則是"行書以蘭亭記右軍諸帖為冠"9，更直接明瞭。
當然，二王行草或有超越前人之處，不過卻也是承自古人之法，
並非完全自創，"羲之功定禮樂，獻之妙擬神仙"10。在傳承
上，徐渭有一段詳盡的述說：

> 今書之派皆自蔡邕而始，一支傳張芝，芝傳衛顗及顗之子
> 衛　，一支傳崔寔而絕，一支傳韋誕，誕傳鍾繇、繇傳子
> 會及甥宋翼，一支傳其女琰，琰傳衛夫人，夫人傳其中表
> 王曠，曠傳其子羲之，羲之一支傳同宗王脩而絕，一支傳
> 其子獻之，獻之傳其甥羊欣……。11

如此一脈相承，再歷經王僧虔、智永、虞世南、歐陽詢、褚遂
良、陸柬之、張旭、李陽冰、顏眞卿、懷素、柳公權、徐浩，一
直來到趙孟頫、祝允明、文徵明，在他看來，中國書法是有道統
可循的。

　　此外，徐渭對章草也極爲重視，《筆玄要旨》中多處提到章
草，諸如：

> 張芝書狀二十許行，索靖急就章數行清絕而瘦勁。
> 蕭子雲出師頌頗佳。
> 管寧銀鉤、劉曜章草。
> 索征西筆短意長與今人自是不同月儀帖。

8　徐渭《筆玄要旨》，P236。
9　徐渭《筆玄要旨》，P263。
10　徐渭《筆玄要旨》，P263。
11　徐渭《筆玄要旨》，P273。

> 先引八分章草入隸字中，至於草書亦須象篆勢，八分章草
> 古隸等體要得相合雜發意思。
>
> 蕭誠之書出章草。
>
> 郗惜章草亞於右軍。12

徐渭曾有數件章草作品傳世，相信他對古代章草應有相當程度的
了解與認識，甚至如果我們大膽地假設說他見過不少古人章草作
品，也是極其可能的事。

二、重六書

　　徐渭書法作品雖未見篆隸書跡流傳下來，可是他對古文字學
卻相當重視，因為書法是建立在文字基礎上，而文字形體又隨著
時代變遷而產生一些變化，後人如不明文字構造原理，則常會以
訛傳訛或濫用誤用，因此他特別強調：

> 學書須精六書之義，趙文敏書名天下，以其深究六書也，
> 此義不得，則昧彼文字之情制，作之故何書之有，故象形
> 指事文也，會意諧聲轉注字也，假借又文字中之所具也。13

在鼓勵書家須通六書的同時，他也對六書作出了說明：

> 形不可象，則屬諸事，事不可指，則屬諸意，意不可會，
> 則屬諸聲，於聲諧之又不足而假借生焉，至於省文則有關
> 於義者，有義關於聲者，許氏說文亦守象形諧聲二者。而
> 又牽於會意，擾於假借，故假借明則六書如指諸掌。14

12　所引各條具見徐渭《筆玄要旨》，P264、P250、P269。
13　徐渭《筆玄要旨》，P272。
14　徐渭《筆玄要旨》，P272。

這段話的重點是說只要明假借則六書就通了。然而六書是造字的原理，還要懂得靈活運用，因爲文字在隸變中，有些結構出現變體，和原來造形不同，須加辨別，他說：

> 字有隸變古者，如首龜爲巋，又以巡代龜皆是，他如陋作
> 迺，匣作迺，匹作远、匜作迺、亦從此類，若確守六書不
> 知變化，便如鸚奇語且帶毹裘氣矣。15

但他還是肯定六書的功能，他另舉二個例子說，"弌從一數也弋聲也，弍弎皆從弋，則非聲矣，以弌、弋同聲爲建類，遂轉二、三而注也16。而"鳳"、"凰"、"鴛鴦"、"廟廊"都屬轉注字，亦均自六書中來。可見徐渭對六書確有深入的研究。

第二節　用筆論

在徐渭書法理論中所佔篇幅最廣、著墨最多的，就屬"用筆論"，這個部分主要涵蓋執筆和運筆二個層面：

一、運筆

趙孟頫〈蘭亭十三跋〉云"書法以用筆爲上，而結字亦須工；蓋結字因時相傳，用筆千古不易"17。李之儀也說"學書主於行筆，苟不如此，老死不免背馳。雖規摹前人點畫，不離法度，要亦氣韻各有所在，略不繫其工拙也"18。其"用筆"、

15　徐渭《筆玄要旨》，P275。
16　徐渭《筆玄要旨》，P275。
17　趙孟頫〈蘭亭十三跋〉收於《中國書論輯要》，（江蘇美術出版社，二〇〇〇年十二月一刷）P214。
18　李之儀〈姑溪居士論書〉收於《中國書論輯要》，P211。

"行筆"都是指運筆而言。古人認為運筆是書法的重心，幾乎歷代所有的書家都注重此道，徐渭自亦不例外，他在《玄抄類摘》序中說：

> 大約書始執筆，執則運，故次運筆，運則書，書有法也。……手之運筆是形，書之點畫是影。19

《筆玄要旨》亦說：

> 用筆專求於力，恐筆死。故不在於力用於力。此用筆之方也。20

又說：

> 筆法弗精，雖善猶惡，字形不妙，雖熟猶生。21

若欲探究用筆一詞的出現，最早可追溯到東晉的衛鑠（二七二－三四九），就是世稱的衛夫人，師自鍾繇，妙傳其法，著有〈筆陣圖〉一篇，一開頭就謂"夫三端之妙，莫先乎用筆；六藝之奧，莫重乎銀鉤"22，到了黃庭堅仍謂"凡學書，欲先學用筆"23，可以想見，用筆之法乃書家們最為重視的一環，然而用筆乃千古不易之事，書家不僅應加重視，更須用心鑽研，方能洞悉三昧。徐渭在運筆這方面碰觸了不少議題。首先，他強調寫字

---

19 徐渭《玄抄類摘》序，收於《明清書法論文選》，（上海書店，一九九五年四月一刷）P129。
20 徐渭《筆玄要旨》，P254。
21 徐渭《筆玄要旨》，P248。
22 衛鑠〈筆陣圖〉收於《歷代書法論文選》，（台北：華正書局，一九九七年四月）P19。
23 徐渭《筆玄要旨》，P259。

應意在筆先，他說：

> 書須預想字形布置令其平穩。24
> 大凡捉筆在手，便須運意，不可妄下一筆，若此筆夗落便
> 須想第二筆合如何下。25

其次他談到了輕重與提按：

> 是點畫處引帶皆重，非點畫處偶相引帶，其絲皆輕。予觀
> 古之名書，無不點畫振動，如見其揮運之時。26

徐渭主張使轉運筆在實筆處用“按”，加重筆意，而筆畫與筆畫
間，則採游絲虛筆處理，以顯其輕重，旨在闡明提按的道理。
　　再次則論及運筆疾澀的問題，他說用筆慢則取妍，用筆快則
取勁，但太快會傷骨，太慢又損筋，因此必須快慢合度，方屬上
乘，他說：

> 要遲必先爲之速，然後能爲之遲，若素不能速專務於遲，
> 必無神氣，若專一以速爲主又多失勢，故未悟淹留，偏追
> 勁疾，不能迅速翻劤遲滯，二者皆非也，故善書者，有緩
> 以倣古，有急以出奇。27

　　再次則提到用鋒問題，他說要用長鋒筆，因鋒長含墨量足，
便於使轉運行，方能“勁則有力，圓則妍美”28。至於筆鋒的藏

24　黃庭堅〈論書〉收於《中國書論輯要》，P186。
25　徐渭《筆玄要旨》，P259。
26　徐渭《筆玄要旨》，P247。
27　徐渭《筆玄要旨》，P245。
28　徐渭《筆玄要旨》，P246。

露之辨，他則主張藏鋒，請看：

> 須存筋藏鋒隱端滅跡，宜如落鋒渾成，無使毫露浮怯。29
> 力藏在點畫內，而外不露圭角，名綿裏鐵。30

藏露這一問題也是書法界長久以來的論戰，早在東漢時蔡邕就說"藏頭護尾，力在字中"、"藏鋒，點畫出入之跡"31。一般的說法以為鋒芒太露會使筆畫顯得浮燥、不耐看，而藏鋒則相對內歛，勁在其中，允為古來用鋒之正宗。

徐渭對基本筆法也多所闡述，在筆順方面他認為"作字須知下筆先後"32，而基本點畫，除永字八法外，從懸針、垂露、浮鵝、斜鉤乃至各偏旁，均解說甚詳。

二、執筆

《筆玄要旨》開卷即論執筆，包括握筆位置、鬆緊、指法等等皆有明確的交代，《玄抄類摘》序也說"大約書始執筆"（如前引）。誠然，執筆是一切書寫活動的基本工作，欲學書法必先從學習執筆開始。徐渭云：

> 世俗多以單指苞之，單鉤則臂著紙，力不足而無神氣，便有拘局，而不放浪的意態，必以雙指苞管，蓋撮中指而斂，食指以助之者也。33

29　徐渭《筆玄要旨》，P249。
30　徐渭《筆玄要旨》，P259。
31　蔡邕〈九勢〉收於《中國書論輯要》，P248。
32　徐渭《筆玄要旨》，P275。
33　徐渭《筆玄要旨》，P244。

他認同雙鉤而不讚成單鉤的執筆法。所謂雙鉤，他進一步解釋說，即是以"名指拒前三指所執之管,更以小指拒前名指"34，這就是"五指齊力"。而"拳指塞掌便能絕其力勢，拳須虛則運用便易，轉側圓順，此正所謂虛拳者也 35，此乃"指實掌虛"之意。

對於當時有人以左手墊在右手肘寫字的作法，他覺得小字猶可，但大字就必須懸腕書寫，如果想要上追古人，則大小字均需懸腕，因為枕腕寫字"終無氣力，輕重便當失準，雖便揮運，終欠圓健"36。而腕提起來之後，寫字就不單只是用指運筆，而是用腕運筆。至於執筆的輕重，他則提出頗為新穎的見解，他說：

> 執之雖堅，又不可令其太緊，使我轉運得以自由。大凡執緊必滯，今既居大指節前，微而側向於前矣，又須執之使寬急得宜，不可一味緊執，蓋執之愈緊，則愈滯於用，故耳又云，善書不在執筆大牢，浩浩然聽筆之所之而不失法度，乃為善矣。37

古人對於執筆力道的輕重意見較為分歧，有謂執筆需緊者如南宋姜夔（一一六三——二〇三）《讀書譜》說"執管欲緊，運之欲活"38，清代康有為（一八五八——九二七）說"學者欲執筆……。名雖曰執，實則緊夾其管"39。另一種說法則認為執筆要輕，如米芾（一〇五一——一一〇七）〈自述學書帖〉云：

---

34 徐渭《筆玄要旨》，P244。
35 徐渭《筆玄要旨》，P244。
36 徐渭《筆玄要旨》，P244。
37 徐渭《筆玄要旨》，P245。
38 姜夔《讀書譜》收於《中國書論輯要》，P213。
39 康有為《廣藝舟雙楫》收於《歷代書法論文選》，P698。

　　學書貴弄翰，謂把筆輕，自然手心虛，振迅天眞，出於意
外。40

與米芾持同樣看法的還有蘇東坡，他說：

　　獻之少時學書，逸少從後取其筆不可，知其長大必能名
世，僕以爲知書不在於筆牢，浩然聽筆之所之，而不失法
度，乃爲得之。41

顯然徐渭是採取了宋人的見解。執筆輕，頗符合尙意書風的審美
趣尙，不若唐人那般端坐凝神和莊重規矩，更能表現出蕭疏無爲
的情趣，徐渭該段文字最後幾句，其實就是東坡的語氣。

第三節　技法論

　　此一部分原與"用筆論"相關，但因前項所需負載的問題極
多，爲減輕"用筆論"內容負擔，故將其餘有關技法部分集中在
這一節次中探討，茲分體勢、結構、謀篇、臨摹等四個子題進行
析論。

一、辨體勢

　　徐渭在體勢方面有綜合性論述及分體解析兩類。綜合性的體
勢辨析，可說是他個人的創作觀或於書法的品評標準，例如他說
"書要認勢，次用裹束，次要上稀，次要中勻，次要下密"42。

40　米芾〈自述學書帖〉收於《中國書論輯要》，P186。
41　蘇軾《東坡集》收於《中國書論輯要》，P185。
42　徐渭《筆玄要旨》，P251。

他特別指出 " 書要認勢 " 。又說 " 書道切須勿遏其勢，俾令筋骨相連 " 43，所以 " 勢 " 的連貫至為重要。此一論點東漢蔡邕亦曾提到 " 勢不可止，勢出不可遏 " 44，都是在強調 " 勢 " 的不可或缺。唐張懷瓘說 " 字之體勢，一筆而成，偶有不連，而血脈不斷，及其連者，氣候通其隔行 " 。45

其次徐渭對各體書法的體勢也進行條析縷述。他著墨最多的是草書和楷書，蓋楷書在傳統觀念裡是學習書法的基礎書體，晉唐以後幾乎大多數的書法家都有經過楷書的過程，徐渭雖說自己楷書不精，但他初學書法階段必然不可逃避楷書的洗禮。近人毛啓俊在《中國書藝六論》中說 " 善狂草者必兼善眞草行草 " 46。徐渭最善長的是狂草，自無不懂楷書之理。而草書是各書體中最能表現書家性情的書體，今人曾德宏〈中國草書的氣質〉說：

> （草書）結構上的大小懸殊，章法布局上的疏密配合，線條的詭譎變化，用筆的方圓斜正，作品中的對比呼應，騰挪揖讓，屈伸融合，奔突衝決，表現了一種震撼人心的開拓、進取、創造的精神。47

徐渭所寫的草書的確頗能反映曾氏對草書藝術的理解，所以徐渭在草書方面的體會必然極其深刻。

43　徐渭《筆玄要旨》，P252。
44　蔡邕〈九勢〉收於《中國書論輯要》，P248。
45　張懷瓘《書斷》收於《書論輯要》，（北京：教育科學出版社，一九八八年九月一刷）P200。
46　毛啓俊《中國書藝六論》，（江蘇：古吳軒出版社，一九八五年八月一刷）P59。
47　曾德宏〈中國草書的氣質〉《書法藝術》第三期，（無錫：書法藝術月刊，一九九八年）P6。

　　在此我們得先回到前面楷書的部分，看看徐渭如何來論楷書，他說：

> 正書端雅莊重，結密得體，若大臣寇劍，儼立廊廟。48
> 楷書須手正恬澹、分間布白行筆停勻，亦要有瀟灑縱橫處，或云眞要持重，中有飄逸，謹嚴中有蕭散處。49

寫楷書宜莊重典雅，平穩均衡，但又不可過度嚴謹，才不會失之刻板僵化，而應在矩度中摻雜蕭散飄逸之氣。此一見解是將行草書的觀念融入其中，與宋人書藝美學稍近，有獨到之處。此外他說"眞貴方而通之以圓"50。方圓並濟，巧妙運用，亦爲徐渭的一貫理念。

　　他對草書的解析亦深，譬如：

> 草書騰蛟起鳳，振迅筆力，穎脫豪舉，終不失眞，草書有圓無方，有直無橫。51
> 草書須簡易流速，又或華艷飄蕩，斯爲得之，又云草書以風骨爲體，以變化爲用，必煙妝霧合，電激星流，如山谷高深峻險，如龍虎飛動威嚴，挺然秀出，務於簡便則情馳神縱，超逸優游矣。…草貴圓而參之以力。52
> 草書不兼眞，殆於專謹，眞不通草，殊非翰札，草書尤難於拙。53

48　徐渭《筆玄要旨》，P248。
49　徐渭《筆玄要旨》，P249。
50　徐渭《筆玄要旨》，P250。
51　徐渭《筆玄要旨》，P248。
52　徐渭《筆玄要旨》，P250。
53　徐渭《筆玄要旨》，P251。

> 草書要虛滲瀟灑，亦須法度端嚴中，有此乃勝。⋯。行書
> 寬縱，草書流速。54

他對草書體勢的看法，認為草書應儘量用圓筆，而橫畫也要儘量
減少，速度宜快，且取孫過庭觀點以為草書不可和楷書混合書寫
55，並力求拙勁，不過他也提醒說，草書不是漫無法度的恣意揮
灑，真正好的作品，仍要顧及規矩，方能超越他人。

　　徐渭在篆隸方面論述較少，但也都能說到重點，例如論篆書
說：

> 篆籀都無節角，蓋欲方中有圓，若如人之露出肌骨則病
> 矣，故不當見稜角，亦不得多脂肉。56

他說的篆勢正是作篆最基本的要領，轉折不得出現稜角，而要圓
轉通暢，線條亦不可太粗，否則豐腴肥腫，皆不符合篆書體勢要
求。他為了便於說明篆書主圓筆，因而拿隸書的方筆來作對稱，
他說"篆貴圓、隸貴方"，又取孫過庭（六四八－七〇三）〈書
譜〉裡的話說"篆婉而通，隸精而密"，大抵不出古人的說法。

二、明結構

　　孫過庭〈書譜〉說"一點成一字之規，一字乃終篇之準"
57。結構就是由各種不同形式和意態的點畫，按照一定的規則組
織成字，必須把它們安排在適當的位置，使他們各自定向，並取

54　徐渭《筆玄要旨》，P250。
55　徐渭《筆玄要旨》，P248。
56　孫過庭〈書譜〉云"草不兼真，殆於專謹；真不通草，殊非翰
　　禮"，見《歷代書法論文選》，P114。
57　孫過庭〈書譜〉收於《歷史書法論文選》，P118。

得相互間的統一協調，所以實際上是指構成文字的造型和空間美感的基本法則。美學家宗白華說"字的結構，又稱布白，因字由點畫連貫穿插而成，點畫的空白處也是字的組成部分，虛實相生，才完成一個藝術品"58。徐渭對書法的結構也有精闢的看法，尤其在俯仰向背問題上關注較多。例如：

> 向背者如人之顧盼，指畫須要，得相揖相背之理。
>
> 向背覆仰、垂縮互迴，勿少失。
>
> 字有相向者，有相背者，各有體執，不可差錯。
>
> 竝字隔二，畾字隔三，皆斟酌二三字仰覆用之，須上畫爲覆，下畫爲仰。59

"俯仰"講的是橫畫，"向背"是指豎畫而言。在一個字中，豎畫及橫畫所佔份量最重，使用頻率最高，如果不講究變化，則容易流於板滯，在古人作品中，俯仰向背較典型的如顏眞卿結構屬迴抱型，所以是向多於背，俯多於仰；而歐陽詢、褚遂良屬幅射型，中宮縮緊，內密外疏，故背多於向，仰多於俯，倘能加以調和，當更理想。

此外，如雙拼字、三拼字更應注意字內的呼應關係，他說：

> 如龍、詩、轉，必一畫對一畫，相應亦相副也。60
>
> 字之凡有偏旁者，皆欲相顧兩文成字者爲多，如鄒、謝、鋤、儲與三體成字者，尤欲相朝揖入訣所謂遞相顧揖是

---

58 宗白華〈中國書法裡的美學思想〉收於《現代書法論文選》，（台北：華正書局，一九七九年十二月）P129。

59 徐渭《筆玄要旨》，P260。

60 徐渭《筆玄要旨》，P262。

也。61

這種雙合結構或三聯結構，因其結構單位筆畫多寡與排列形狀相近，書寫時宜注意筆畫左右高度位置，同中求異，使之既對稱又有變化。

其他還述及以小附大的結構，凡有文、欠、支等部首皆屬之。而大小字的處理也各異其趣。"小字大字各自有形勢……，大字促令小，小字放令大，自然寬猛得宜，如日字之難與國字同大，如一字一字之疏，亦欲字畫與密者相間"62，都應該作適宜的安排。對於左右重心不均等的字，他也告訴我們"左右大小欲其相停，人之結字易於左小而右大或左高而右低，是爲單肩，又有左短右長者，故此三者皆字之病也"63。他對偏旁部首的結構也甚重視，他舉出鄉從邑部，卿從卩部，不可誤用，有些人甚至將已誤爲巳；東誤爲柬；一誤爲八；十誤爲小，不可不慎。由於徐渭多寫草書，因此比較會留意到快速書寫所可能造成的混淆。

三、重臨摹

中國幾千年來，產生了爲數衆多的書法家，他們對古人都有一定程度的學習與繼承，所謂"善書者筆跡皆有本源"64。因此"臨摹"可以視爲學習書法的基本功夫，從臨摹中練習技巧，掌握它的規律，當然學習繼承的目的是爲創造，但創造勢不可能憑空發明，總得吸取古人的長處和經驗，再去創新，以期攀越藝術

61　徐渭《筆玄要旨》，P262。
62　徐渭《筆玄要旨》，P262。
63　徐渭《筆玄要旨》，P262。
64　張紳《法書通釋》收於《中國書論輯要》，P403。

高峰。米芾就曾說 "壯歲未能立家，人謂吾書爲集古字，蓋取諸長處，總而成之" [65]。趙孟頫（一二五四——三二二）也說 "懷素所以妙者，雖率意顚逸、千變萬化，終不離魏、晉法度故也。後人作草，皆隨俗交繞，不合古法，不識者以爲奇，不滿識者一笑" [66]。趙孟頫是二王的重要傳人，他認爲懷素的草書雖然高明，但終究是脫胎於魏晉之法，後人寫草書卻不明究理，以爲龍飛鳳舞，任意塗鴉就是新奇的表現，其實眞讓內行人看到，不免被取笑一番。徐渭對趙孟頫的評價極高，說他是 "千古間出"，因此徐渭自然也繼承了這一思想脈胳，而且身體力行，篤實踐履，他說 "一日不思便覺思澀，古人未嘗廢書，須將名書日課臨數紙，方入書道" [67]。如遇難寫的字，要從碑帖中去找，不可隨意帶過，他說：

> 如偶寫一字不成，須於衆碑中尋之，碑字偶無乃出意自造，不可輕易率然而成。[68]

因爲自創的字往往外表美觀，實則粗俗不堪，古人的字雖然乍看不太搶眼，但終究比較典雅耐看，於是又說：

> 字美觀則不古，凡古字，初見不甚愛，再見則得其到古人處，三見則偏旁點畫歷歷在眼。[69]

65　米芾《海岳名言》收於水采譯注《宋代書論》，（湖南美術出版社，一九九九年十二月一刷）P174。
66　趙孟頫〈跋懷素論書帖〉收於《中華五千年文物集刊・法書篇一》墨跡，（台北：故宮博物院，一九八四年十月）P192。
67　徐渭《筆玄要旨》，P251。
68　徐渭《筆玄要旨》，P252。
69　徐渭《筆玄要旨》，P252。

　　同時他也針對臨摹的方法作了若干探討，他覺得臨和摹是有差別的，其次序是先摹後臨，他說：

> 臨書易失古人位置，而多得其筆意，摹書易得古人位置，而多失其筆意，臨書易進，摹書易忘，經意與不經意也。

接著又說：

> 夫臨摹之法必須先摹後臨，蓋髮毫失眞則精神頓異，所貴詳謹，精意摹榻，凡肥瘠工拙要妙，俱一一窮之，不失古人位置之美，蓋初學者得不摹，亦以節度其手，易於成就也。70

先摹後臨的用意是，先行掌握下筆位置，專注於字形線條，等到稍有基礎後再把字帖移開，改以臨帖的方式來揣摩帖中的精神，但他提示了一個重點，就是：

> 須以古名人筆或上好帖置之几席或懸之壁間，朝夕細看，令其入神，若悟得用筆義理，下筆時便能使隨人意，乃到妙處。71

不僅臨帖，更要臨好帖，而且經常讀帖，朝夕觀看，久了自能心領神會，悟得妙理。

70　徐渭《筆玄要旨》，P246。
71　徐渭《筆玄要旨》，P246~P247。

第四節 風格論

　　徐渭在風格這方面，所論係以神采及品評歷代各家書風為主。每個時代的環境背景及審美意趣都有所差異，無形中形成了主導及控制人們藝術活動的巨大約束力，所以書家在個人風格的追求過程中，都受到這種特定時空因素的制約。徐渭雖未對歷代名家書風背景多作闡述，但卻對每位書家的風格特色進行評介。在整體上，他則強調了書法的神采，作為他對書法風格的審美準則。

一、求神采

　　"神采"一詞在古人書論中，出現的頻率頗高，它超越點畫結構形式，具有形而上的審美性質，且富於抽象性成份，在書法藝術表現體系中，居於靈魂角色。張懷瓘（唐開元年間）曰：

　　深識書者，惟觀神采，不見字形。72

王僧虔（四二六－四八五）云：

　　書之妙道，神采為上，形質次之，兼之者方可紹於古人。73

對此，徐渭也提出"有功無性，神采不生，有性無功，神采不實"74，和古人遙相呼應。事實上，他在這方面的理念和王僧虔相近，他在另一則文字中就講：

72　張懷瓘〈文字論〉收於《歷代書法論文選》，P166。
73　王僧虔〈筆意贊〉收於《歷代書法論文選》，P57。
74　徐渭《筆玄要旨》，P247。

> 學書之法須緩前急後，能使神采爲上，而形質次之，兼之
> 者便到古人地位。75

他又說道：

> 凜之以風神，溫之以妍潤，鼓之以枯勁，和之以閒雅。76

在徐渭筆下，"風神"、"神采"的意涵似乎已有定論，不必再
多作解釋，後人只管用心追求。不過，"神"自何而來，他則
說：

> 氣之精而熟者爲神。故氣不精則雜，雜則弛，而不雜不弛
> 則精，常精爲熟，斯則神矣。77

以此而論，則神采也可說成神韻或氣韻，然而，嚴格說來，徐渭
神采論的核心議題，應爲"媚勝說"，他不反對妍媚，他在〈書
子昂所寫道德經〉中，以趙孟頫的字來正面肯定"媚"的價值，
他說：

> 世好趙書，如取其媚也，責以古服勁裝可乎？蓋帝胄王
> 孫，裘馬輕纖，足稱其人矣。他書率然，而道德經爲尤
> 媚。78

在〈評字〉中亦云"孟頫雖媚，猶可言也"79。另在〈趙文敏墨

75　徐渭《筆玄要旨》，P273。
76　徐渭《筆玄要旨》，P253。
77　徐渭〈玄抄類摘〉收於《明清書法論文選》，P130。
78　徐渭〈書子昂所寫道德經〉《徐渭集》，P572。
79　徐渭〈評字〉《徐渭集》，P1054。

蹟洛神賦〉也說：

> 眞行始於動，中以靜，終以媚，媚者蓋鋒稍溢出，其名曰
> 姿態，鋒太藏則媚隱，太正則媚藏而不說，故大蘇寬之以
> 側筆取妍之說。趙文敏師李北海，淨均也，媚則趙勝李，
> 動則李勝趙，夫子建見甄氏而深悅之，媚勝，後人未見甄
> 氏，讀子建賦無不深悅者，賦之媚亦勝也。80

徐渭在這篇跋文中，反覆提到“媚”，原來他所謂的“媚”，即
是以側鋒書寫所產生的效果，難怪他在《筆玄要旨》裡也數度說
到側鋒，他這樣說著：

> 作字雖用正鋒，貴平穩不可不直矣，若要嫵媚，亦須微倒
> 其鋒，凡偃仰欹邪⋯⋯。側鋒取妍者晉魏不傳之秘⋯⋯。81

照他的說法，側鋒的運用不是他創的，遠自魏晉時期即已有之，
到了趙孟頫加以發揚光大，他只是提醒大家側鋒也是古人傳下來
的正統筆法，不須排斥，因為“側鋒取妍”，“妍媚”也是一種
難得的神采和風格。

二、對各家風格之批評

徐渭在書論中批評歷代各家書法的文字，可概分為二類，一
類純粹論其優劣，未觸及風格問題，不屬本文探討範圍，另一類
則為徐渭品藻各家或其作品風格之評語，本文將就此項進行說
明。在被納入的歷朝各書家中，其所下評語大多中肯獨到，一針

80　徐渭〈趙文敏墨蹟洛神賦〉《徐渭集》，P579。
81　徐渭《筆玄要旨》，P252。

見血，而徐渭對古人風格亦多採肯定立場，但亦有少數被他否
定。肯定部分因人數衆多，以下僅摘錄數則，作爲論證，餘則從
略。如：

> 李斯骨氣豐勻，方圓絕妙。
>
> 鍾繇霧舒雪捲，古而不今。
>
> 羲之如壯士挺身，拔山壅水，又曰煙露結，鳳翥龍蟠，若
> 斷復連，若斜反直，又曰字勢雄強。
>
> 桓夫人快馬入陣。
>
> 褚遂良法則溫雅，美麗多方。
>
> 張旭立性顚逸，超絕古今。
>
> 懷素援毫掣電，垂手萬變。
>
> 顏眞卿鋒絕劍摧，驚飛逸勢。82

若暫拋鍾繇、二王等人不論，則徐渭評價最高的當屬趙孟頫，他
給趙的評語是“吾必以吳興趙子昂爲最上乘，以其不枯不俗，直
接二王宗派也”。83

至於負面的評語如：

> 鄧巴西文原傷於枯，鮮于漁陽樞傷於俗。
>
> 玄秘塔銘誠惡札耳。
>
> 蔡京不得筆，蔡卞得筆而乏逸韻。84

就連初唐四大家之一的虞世南也被他評爲“體勢疲困”。由此可
見徐渭對歷代書家的風格與水準瞭若指掌，觀察入微。

82　所引各條具見徐渭《筆玄要旨》，P268~272。
83　徐渭《筆玄要旨》，P266。
84　所引各條具見徐渭《筆玄要旨》，P266﹣P265、P272。

第五節　書品論

徐渭除了對書法風格及技巧深有研究外，其對書家與作品間之關係，亦頗感興趣，以下茲分三點臚述：

一、反模疑

書家學步古人乃必經之過程，然於一個階段後必需加以融匯消化，自闢蹊徑，開創自家風貌。清人姚孟起說：

> 學漢、魏、晉、唐諸碑帖，各各還他神情面目，不可有我在；有我便俗，迨純熟後會得眾長，又不可無我在；無我便雜。[85]

姚氏這段話可謂為入帖出帖最精確的警語。

王鐸（一五九二－一六五二）也說：

> 書法之始也，難以入帖；繼也，難以出帖。[86]

其見解和姚孟起一致。但這卻是習書最難的環節，既要師古又不可泥古，到底界線如何劃分呢？徐渭在論及臨帖時就說道"書法不必憑文按本，妙在應變……，得魚忘筌，善學者知之"[87]，所以習書妙在應變，"自成一家始免奴隸"[88]。徐渭〈書季子微所藏摹本蘭亭〉謂：

85　姚孟起〈字學臆參〉收於《中國書論輯要》，P416。
86　王鐸〈度陽雜記〉收於《中國書論輯要》，P407。
87　徐渭《筆玄要旨》，P251。
88　徐渭《筆玄要旨》，P252。

　　時露已意者，始稱高手。89

此之"時露已意"與其"本色論"實有相合之處，若將之提升到
哲學層面，則接近道家的"本體論"。其在〈題崑崙奴雜劇後〉
云：

　　語入要緊處，不可著一毫脂粉，越俗越家常，越警醒，此
　　纔是好水碓，不雜一毫糠衣，真本色。90

意謂以最真實的面目來從事藝術創作，才能令人感動。他在〈跋
張東海草書千文卷後〉說得更具體：

　　夫不學而天成者尚矣，其次則始於學，終於天成，天成者
　　非成於天也，出乎己而不由於人也。敝莫敝於不出乎而由
　　乎人，尤莫敝於罔乎人而詭乎己之所出，凡事莫不爾，而
　　奚獨於書哉？91

他藉著評張東海書法，抒發個人見解，明確表達其反模擬立場。

二、尚抒情

　　書法藝術具有抒情功能，是歷來所公認的事實。徐渭也認同
此一看法。他說學書"下筆須先散懷抱，然後書之"92。又說
"書須無意於佳乃佳也"93。均在說明寫字不必過於刻意，只要

89　徐渭〈書季子微所藏摹本蘭亭〉《徐渭集》，P577。
90　徐渭〈題崑崙奴雜劇後〉《徐渭集》，P1093。
91　徐渭〈跋張東海草書千文卷後〉《徐渭集》，P1091。
92　徐渭《筆玄要旨》，P247。
93　徐渭《筆玄要旨》，P255。

放開胸懷、恣情任運，"隨意下筆，皆得自然"。94

　　書家在書寫過程中，有時會受限於心理因素，爲了求好心切而太過執著，但是愈是用心，則愈寫不好，惟有澄懷凝慮，心平氣和才能達於佳境，這就是徐渭所謂的"先散懷抱"。例如王羲之〈蘭亭序〉、顏眞卿〈祭姪稿〉，乃至於蘇東坡〈黃州寒食帖〉，都不是爲了表現書法技巧或形式的美而創作，其動機均是在自然情境中，率然爲之，這樣的作品充滿了作者的情感，初時當然是"無意於佳"，但正因爲他們不爲創作而創作，使其作品之抒情性益發強烈，故能通過歷史的層層考驗，震爍古今。

三、崇品格

　　徐渭從小因受儒家思想薰陶，所以他對書法的格調及書家的品德要求甚嚴。《筆玄要旨》說：

> 是以善書者，一要人品高，二要師法古，三要高明，四要潤澤……。95

他把人品擺在第一位，顯見其對人品的要求之高。他在跋〈新建公少年書董子命題其後〉中也說"重其人，宜無所不重也"96。另外〈書茆氏石刻〉更說"金華宋先生之重也以道"97，這裡的"道"應是指爲人處世之道，亦即人品之謂也。引伸言之，他認爲"書品"與"人品"是一體的，人品不高，則書品亦難於佳，惟有健全的品格和高尚的道德情操，才能寫出一流的書法水準。

94　徐渭《筆玄要旨》，P252。
95　徐渭《筆玄要旨》，P246。
96　徐渭〈新達公少年書董子命題其後〉《徐渭集》，P570。
97　徐渭〈書茆氏石刻〉《徐渭集》，P571。

清代劉熙載（一八一三──一八八一）說：

> 書，如也，如其學，如其才，如其志，總之曰如其人而
> 已。98

實是"人品即書品"的最佳證詞。

　　中國自古就有"字如其人"之說，品德高者，一點一畫顯出
清雅剛正之氣，品德低劣者，即便作品寫得激昂頓挫，儼然可
觀，而縱橫剛暴或投機浮華之風不免流露紙外。大陸學者李尊武
說"優秀的書法作品的產生，是以高素質的書寫主體的出現為必
要前提的，優秀的書法作品乃是偉大的人格魅力的跡化"99。這
也是徐渭把人品置於學書首要條件的理由。

98　劉熙載《藝概‧書概》，（台北：漢京文化事業公司，一九八五年
　　九月）P171。

99　李尊武〈文化的積澱與人格的昇華〉收於《第五屆全國書法教育學
　　術研討會論文選集》，（北京：中國教育學會書法教育專業委員
　　會，二〇〇〇年八月）P57。

第七章　徐渭書法風格之形成

　　書家個人的風格，是在其特定的時空環境下所形成，此一環境對書家個性、思想乃至於審美意識進行滲透培養，再通過其獨特的技巧呈現於外。所以任何一個風格的完成都免不了受到主、客觀因素的塑造。茆帆說"書家並非生活在真空之中，而是生活在一定的社會環境之中，時代的精神、社會的風尚、民族的習俗、文化的傳統，以至於生活習慣等等，必然對他們的思想、感情、氣度、個性產生一定影響"1。因此在探討書家風格時，就不得不正視此一現實。

第一節　環境及個人因素對徐渭書法
　　　　　風格之影響

　　圍繞著徐渭書法風格這一議題，我們知道他如同其他書法家一樣，逃脫不了社會環境所給予的牽引，但在此一大環境之下，仍然有許多緊扣徐渭個人以及和其創作相關的具體成因，因為我們認為，明代中後期江南地區所提供給書法社會的資源，應該是相差無幾的，但為何同處在一個時代氛圍下的書家，卻有著明顯不同的創作理路和表現，甚至出現南轅北轍的現象，舉例而言，明代中後期值當表現主義勃興的同時，另一支高舉古典主義色

1　茆帆〈書法風格的特徵及其形成〉《書法研究》一九八九年第一月，總第三十五期，（上海書畫出版社）P76。

彩，以董其昌為首的書法風潮亦不遑多讓，由此我們相信，書法風格固然無可避免會帶有社會的烙痕，但書家本身和其最直接的影響成因，亦不容輕忽，所以欲精確掌握書家風格，實須從內部理路及外在環境著手，以主觀條件及客觀形勢並重，才不會顧此失彼，見樹不見林。

一、生活遭遇與書法風格之關係

本文在第三章〈徐渭的生平和事蹟〉中，曾就徐渭一生的經歷和遭遇作過說明。

在中國書法史上，恐怕再也找不出第二位像徐渭這樣命運悲慘、坎坷顛簸的人，由於他負載了太多的苦難，加上原本敏感多疑、凡事追求完美的性格，使他心靈逐漸扭曲變形，到最後連精神都崩潰，儘管他極力地掙扎吶喊，但終究掙不開緊緊纏繞在他身上的命運鎖鍊，也得不到幸運之神的回應，只能坐困貧病苦痛、孤獨失意的深淵中。對他而言，生命無疑是"殘缺"的。他所謂"半生落魄已成翁"，何嘗不是自己生命的代名詞，而"閒拋閒擲野藤中"，又怎不是對"英雄失路"的扼腕嘆息？

然而，徐渭在承受一連串顛簸跌撞的同時，也砥礪出堅毅的藝術人格。他在人生道路上受到的挫折愈多，似乎就愈能激發他在藝術方面的創作才華，而生活給他的磨難愈深，他的轉化力道就愈強。胡志平說：

> 他不但沒有被生活的磨難所壓倒，反而拼出全力與命運抗爭，他調動自己的各種心智力量克服各種缺失帶來的苦痛，在藝術創作中獲得力量，超越自我，實現自我的人生價值。……他一生有著太多的缺憾……。也許正是這諸多

的磨難和痛苦，使他成爲晚明藝壇上一顆"光芒夜半驚鬼神"的巨星。2

徐渭原本就是一個自我意識非常強烈的人，他努力追求自我理想的實現，但現實的不幸與心靈的落空始終伴隨著他。理想與現實之間的對立，造成他內心難以調和的衝突，讓他胸中充滿"一種磊塊不平之氣"3。他的不平之氣傾注於筆端，通過文藝創作宣洩了出來。朱光潛在《悲劇心理學》中說：

> 一種情緒在某種藝術形式中，通過文字、聲音、色彩、線條等等像徵媒介得到體現，也就是說是"藝術表現的意思。……在本來的心理學意義上的表現和藝術意義上的表現，都能夠減輕心理的負擔，給人以快樂。憂鬱中的快樂正是表現的快樂，是讓引起痛感的情緒暢快宣洩而不人爲地去壓抑它"。4

當一個人心理上遭受挫折或失意的時候，就會想要另外尋找情感寄託或慰藉，於是書法便成爲徐渭減輕心理壓力的重要工具。熊秉明認爲"他（徐渭）定認爲在書法中才最能淋漓盡致地舒洩內心的鬱結與創痛"。所以他的書法大多狂蕩奔肆，激越飛騰，與前述原因應不無關係。我們如果拿董其昌來和徐渭等人作比較，是不是就可發現董其昌仕途順遂，在朝爲官與人爲善，一生處於

2　胡志平〈論徐渭—一個在缺失的人生中崛起的書法偉人〉《中華書道研究》，（台北：中華書道學會，一九九四年十一月）P36。

3　袁宏道〈徐文長傳〉《徐渭集》，（北京：中華書局，一九九九年二月二刷）P1342。

4　朱光潛《悲劇心理學》，（台北：駱駝出版社，一九九三年十一月二版）P165。

顯貴尊榮的地位，他可以盡情地悠游在恬淡、閒適的生活中，並
接受傳統社會給予的主流價值觀，以冲和真率、自然天趣為審美
理想，從容地表現平淡唯美的藝術境界。但徐渭心境顯然不能和
董其昌相提並論，因而形成兩者迥異的風格，其主要原因，乃是
在於董、徐二人截然不同的人生經歷和生活道路。

二、精神狀態對書風之影響

　　徐渭雖然找到書法作為消解精神負擔的工具，但終究緩不濟
急，除非他懂得自我調適，或放棄某些堅持。大陸學人胡傳海轉
述十九世紀奧地利生物學教授布呂克的話說：

> 人的心理活動達到一定蓄積的時，便需要釋放或宣洩。當
> 這些能量無法轉換出來時，便鬱積在心中造成精神障礙，
> 也就是精神病。所以，那些由形而上因而患精神病或瘋癲
> 者，大多是生命力強盛的人，而且形而上追求程度越高，
> 只要其生命的物質基礎差，可能得病的概率就越高。5

徐渭很不幸地罹患了精神上的疾病。他的症狀反映在行為上，除
了殺妻事件之外，還有用巨錐刺自己耳朵，"刺深數寸"，又以
椎子擊碎腎囊6。種種舉動，都很難讓人相信他沒有瘋狂。

　　在中國書法史上，也有許多書家的行為舉止瘋狂怪誕，超出
一般人所能想像的範圍，如王羲之坦腹東床、歐陽詢臥碑三日、
米芾見石拜謁，乃至張旭、懷素在書法上的激情演出，都只是個
人行為上的特立獨行，並非真瘋。普遍認為，真正患有精神病的

5　胡傳海〈變態書家的精神分析〉《筆墨氤氳》，（上海：復旦大學
　　出版社，一九九八年十二月一刷）P185。
6　陶望齡〈徐文長傳〉《徐渭集》，P1340。

只有五代的楊凝式和明朝的徐渭 7。所以一個患有精神疾病的人，當他在展紙鋪毫進入書寫活動時，是處於一種似實而虛、似有若無的狀態，其所表現的更是一種極端式的創作情境，因此他選擇了最不必拘泥細節的草書作爲狂病之友，伴隨他陶醉在筆墨的無限天地裡。因爲草書可供書家盡情揮灑，特別是它的速度感十足符合"非理性"的創作需求，"愈是講求表達內心感受的作品，愈是表現筆墨的速度和水墨淋漓之感"8。用筆的速度和人的情緒表達有直接的關聯。例如大聲吶喊或飆車，都具有同樣的作用。徐渭若干草書所表現的蓬頭垢面、粗服亂髮，線條如驚蛇入草、天女散花，不計工拙而又節奏強烈的作品，充份流露出精神不穩定的書寫效果。而他的不幸也只能藉助筆墨力量向歷史討回公道。誠如胡傳海所說"瘋狂在生理上是一種病症，但在藝術上卻是一種美感，一種宣洩，一種自我肯定"9。

三、刻帖盛行使書家眼界大開

明代刻帖風氣的盛行僅次於宋代，其主要原因是上自皇帝，下至市井小民對書法的愛好，在廣大的需求下，市場機制就應運而生。這時期的刻帖約可分成二類，一是屬於宋代《淳花閣帖》（圖三十三）翻刻的如常性翻刻本，又稱《泉州帖》；顧從義翻刻宋代賈似道藏本曰《玉泓館本》；潘雲龍翻刻的《五名山房本》；肅憲王朱紳堯及其子朱識鋐所刻的《肅府本閣帖》；周憲王朱有燉刻的《東書堂集古法帖》；以及宋灝、劉瑀摹勒

7　胡傳海〈變態書家的精神分析〉《筆墨氤氳》，P186。
8　范翠華《徐渭的人格發展與其繪畫關係之研究》，（國立師範大學美術研究所碩士論文，二〇〇〇七月）P154。
9　胡傳海〈狂態之美〉《筆墨氤氳》，P173。

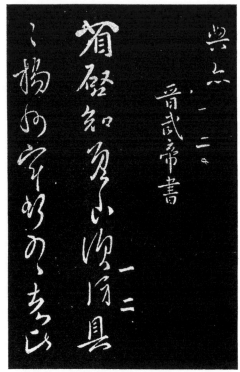

（圖卅三）《淳化閣帖》（局部），天津古籍出版社出版

的《寶賢堂集古法帖》等，這類法帖屬於官方刻帖。另一類則爲私家刻帖，較著名的有《眞賞齋帖》（華夏刻）、《停雲館帖》（文徵明父子撰集摹勒）、《餘清齋帖》（吳廷刻）、《來禽館法帖》（刑侗選輯，吳應祈摹勒）、《戲鴻堂法帖》（董其昌輯，沈弘嘉、孫商丞刻）、《墨池堂選帖》（章藻摹勒）、《鬱岡齋墨妙》（王肯堂編，管馭卿刻）、《玉煙堂帖》（陳瓛撰集，吳之驥刻）、《潑墨齋法帖》（王秉錞編次，章德懋刻）等，根據朱書萱研究統計，明代書法類著名刻帖，約有五十幾種 10。明代刻帖數量之豐固然可貴，但更重要的是，私家大量刊刻的風氣方興未艾，使得民間愛好書法人士有機會目睹許多珍貴的閣中秘帖，明代趙宦光嘗云：

　　余家近藏《停雲館法帖》貞珉，乃文待詔先生爲之冰鑒，

10　朱書萱《明代中葉吳中書家及其書風的形成》，（國立師範大學國文研究所博士論文，二〇〇一年六月）P40。

國博和州兩先生爲之手勒，溫恕、吳鼒、章簡甫三名人爲
之手刻，鏤不計工，惟期滿志，完不論日，第較精粗。凡
此諸公每攜眞蹟古搨。非彌月窮年不輕搴拓，最後止得一
十二卷。11

刻帖的普遍不僅提供書法同好諸多方便，即使是精於此道者，亦
在廣泛的閱覽臨摹中，獲得視野的擴充以及眼界的提升，對明代
書法風氣的開展，具有重大的意義。

　　徐渭性嗜書道，但當時印刷複製並不發達，他們所能看到的
字帖不外乎是家藏或師傳的古人法帖，然因原帖僅單本相傳，學
生或子弟中只有一人能得正本，其他則多爲老師臨本或摹本，此
一現象到刻帖盛行後終於得到改善。而以明代刻帖風氣之盛，徐
渭之輩欲得古人法帖已是輕而易舉的事，他在〈跋司馬公草書〉
中說"司馬書與張南安東海翁書，皆宗聖母帖也。聖母帖有蝸牛
及老科斗腳肥者"12。這就證明徐渭見過聖母帖，其來源當來自
刻帖。另外他也看過《停雲館帖》，且曾爲該帖作跋曰：

　　文待詔先生，諱徵明。搴刻停雲館帖，裝之，多至十二
　　本。雖時代人品，各就其資之所近，自成一家，不同矣。
　　然其入門，必自分間布白，未有不同者也。舍此則書者爲
　　痺，品者爲盲。

除此之外，個人相信徐渭理當見過更多的刻帖，爲他日後寬廣的
書風植下可大可久的根基。

11　趙宧光〈書家藏法帖貞　後〉，見《叢帖目・停雲館帖十二卷》，
　　（台北：華正書局，一九八四年二月初版）P242。
12　徐渭〈跋司馬公草書〉《徐渭集》，P578。

四、收藏風氣的推波助瀾

　　明代江南地區的收藏風氣在經濟富庶的助力下，出現了前所未有的蓬勃景象，尤其明代中期吳越屬地的書畫名家，一面從事創作，一面參與收藏，也有部分精於鑒定的專家，他們往來頻繁，並經常以所藏書畫相互交流品鑒，如吳寬、文徵明、祝允明、陳淳、王寵等人即有許多書畫鑒賞題跋，與文徵明同時的華夏、黃琳皆是那時收藏界赫赫有名的人物，他們的藏品不論數量之豐及水準之高，具爲當時之冠。此時收藏家的背景不限於藝術家或官府之人，流風所及，也吸引了大賈巨商加入此一行列。沈德符說：

> 始於一二雅人，賞識摩挲，濫觴於江南好事縉紳，波靡於
> 新安耳食。諸大估日千、日百，動輒傾囊相酬，眞贋不可
> 復辨，以至沈、唐之畫，上等荊、關、文、祝之書，進參
> 蘇、米，其敝不知何極。13

嘉靖至萬曆年間，由於經濟市場日趨成熟，私家庋藏也由文人縉紳，擴散到巨商富賈，這些商人雖然不懂字畫，但他願意附庸風雅，掏出荷包購藏書畫，亦非壞事。而在字畫市場中交易的作品剛開始是由古代名家書跡，慢慢則發展到當代名家身上，所以到了明代中晚期，文人賣字鬻畫現象，已經相當普遍，唐寅即是一例。他在〈寄奉孫思和丹陽景圖〉上自題八首詩，其中有云"書畫詩文總不工，偶然生計寓其中，肯嫌斗粟囊錢少，也濟先生一

13　明‧沈德符《萬歷野獲編‧時玩》卷二十六，（北京：中華書局，一九五九年）。

日窮"14。其次文徵明之子文嘉也曾應人之託作畫寫字，而且都受領筆潤15。古人寫字作畫，原本只是出於"適情自娛"的消遣目的，此一風尙一直到明代中期以後才產生轉變，單國霖在〈明代文人書畫交易方式初探〉中說：

> 隨著社會歷史條件的變化與社會觀念的變革，以及某些文人畫（書）家迫於生　計的境遇，文人賣畫（書）的現象在明代已逐漸出現。16

文人書畫家有賣畫的動機，當然也要有人願意出資購買，因此買賣字畫行爲反映出社會文藝氣息的高漲。徐渭從年輕到入獄前就曾以字畫文章換取報酬，出獄後更經常靠寫字作畫來賺取筆潤，他有一首〈賣畫〉詩，這樣吟著：

> 一束丹青半贅詩，稍如吏部長安時，蕭條客舍彈㉔得，流落人間作記垂。17

徐渭在獄中服監時也偶有朋友帶物品酒食去探望他，他則以書畫酬謝，例如他在五十二歲，萬曆元年，曾題〈書犀鴨帖〉曰：

> 雲渠親丈曩會於京師，觴之至醉。不見者一年，一日，出是綾，煮鴨，舉犀觥而引滿，余爲做書四家。18

14　唐寅〈丹陽影圖幷題〉收於清·卞永譽《式古堂書畫彙考》畫卷二十七。
15　見江兆申《雙谿讀畫隨筆》，（台北：故宮博物院，一九八七年三月再版）P173。
16　單國霖〈明代文人書畫交易方式初探〉《上海博物館集刊》第六期，（上海古籍出版社，一九九二年十月一刷）P24。
17　徐渭〈賣畫〉《徐渭集》，P284。
18　徐渭〈書犀鴨帖〉《徐渭集》，P1095。

出獄後主要生活來源，也大多是靠著書畫詩文來維持，其中有部分是友人主動饋贈，他再以書畫作品答謝，也有專程攜帶禮物前來求索徐渭作品，例如〈方長公重五餉以江魚、枇杷、豆酒〉曰：

> 江魚銀板批把金，綠菽家醅一甕深。方叔特分長命酒，老夫正按小抬吟…。19

另外在〈題史甥畫卷後〉亦云：

> 史甥攜豆酒河蟹換余手繪……。20

徐渭以書畫作品換取生活所需，在當時實不足爲奇，甚至可以說徐渭鬻字賣畫根本就是明代中後期文藝社會的縮影，而其不少作品也是在這樣的市場互動需求下完成並流傳下來。

　　基於收藏者的雅好，加上一種公開展示心理的牽引，明代中後期的書法創作格式，已由收藏性強的文房秘玩，一躍成爲廳堂展示陳列的掛軸，而如本文第二章第二節所言，明代建築格局寬敞高挑，徐渭在書寫作品時，無形中也會對現實懸掛空間需求有所斟酌，因而大量地創作高堂巨幅的立軸，象徵著書法由“文人化”走向“商品化”時代的來臨。此一轉變，陳師欽忠有很透徹的觀察，其在〈書法格式「立軸」與晚明變形書風的關係〉一文中說：

> 就相對性而言，卷融合詩書爲一體，是面對圈內人欣賞的，範圍相對地小，對象素質相對地高；而立軸當作高堂

19　徐渭〈方長公重王餉以江魚、枇杷、豆酒〉《徐渭集》，P792。
20　徐渭〈題史甥畫卷後〉《徐渭集》，P1095。

素壁懸掛的展示品，則無太多圈內圈外的界限，要被欣
賞，必須注意容納更廣大的審美口味。在明代中期以後趙
孟頫書風盛行的基本情調下，突破此一僵局，作更激變新
潮的作品，無疑的將獲得書家以外更多市民趣味取向的銜
接性。明代新興的市民文藝的樂觀與興奮，助長了書法發
展到更自由大膽的路上去。21

書法的商品化促使了書寫格式的重大轉變，而縱長立軸被大量使
用，更豐富了書家的揮灑空間。徐渭所作立軸書法規格之長，較
之當時其他書家亦毫不多讓，現存蘇州市博物館的二件作品〈行
草應制咏劍〉及〈行草應制咏墨〉均長達三五二公分，而另一件
目前由四川博物館所藏的〈行草王維七律詩〉（圖三十四）更達
三八五‧八公分之長，這樣的長幅製對書家審美方式產生不小的
變化。徐渭多數縱長立軸都是草書作品，且在風格上與橫卷等形
式有明顯的差別。易言之，徐渭創作條幅大書實導因於廣大市民
的文藝愛好，並由此開拓出嶄新的書寫風貌，更為他個人的歷史
定位，找到有力的支撐點。

五、書寫工具的講究擴大書法審美趣尚

明代手工業的發達，帶給了藝術界相當多的便利，尤其是書
畫家所使用的工具日益精良，對促進書寫品質的提升，必然起著
很大的作用。中國文房四寶的產地向以湖筆、宣紙、徽墨、端硯
最為著名，到了明代，各種工具的使用一方面來自業者的開發改

21　陳欽忠〈書法格式「立軸」與晚明變形書風的關係〉《興大中文學
　　報》第七期，（台中：國立中興大學中國文學系，一九九四年元
　　月）P77。

良，一方面則因為書畫家們的要求講究而更趨精良。以筆為例，明代後期，湖筆已向浙江、江蘇、安徽、京師等地流竄，所用的毫料也從狼毫、紫毫，擴散至羊毫、貂毫、豬毫、貍毫、牛毫等，同時為了肆應大字書體的書寫，斗筆、管筆、楂筆亦紛紛出籠。徐渭曾為人題榜聯，且其高堂立軸常以大字書寫，用到大筆的機會自然很多，他對筆毫的使用亦有一套看法，他說：

> 鋒毫肥則為鈍，瘦則露骨，勿使傷於軟弱，不得怒鋒為奇，……。22

古人雖說"善書不擇筆"，可是徐渭卻認為鋒毫應肥瘦適中，太肥太瘦都不理想。此外他又說：

> 筆鋒須長勁而圓，長則含墨可以運動，勁則有力，圓則妍美。23

所以他是主張使用長鋒的，因為鋒長含墨量足，沾一次墨可以書寫數字，有利於他狂動激越的表達方式。

今人周心慧、嚴華合著《文房四寶—

（圖卅四）徐渭〈行草王維七律詩〉101.6×385.8 四川博物館藏 引自《中國古代書畫圖目》

22　徐渭《筆玄要旨》收於《中國歷代書法論著匯編》第七冊，（天津：古籍出版社，一九九九年二月一刷）P246。
23　徐渭《筆玄要旨》收於《中國歷代書法論著匯編》第七冊，P246。

筆墨紙硯》說"在毛筆的選用上,明代讀書人多喜硬毫筆"24。
然而這種說法,應該是指明代文人對毛筆選用的普遍狀況,因為
徐渭就不堅持使用硬毫,他對筆毫軟硬的選擇,有別於一般人的
看法,他說:

> 用軟筆濃墨書之,使字畫肥潤。

我們透過對其作品的檢閱,的確發現部分線條勁澀,飛白效果奇
佳之作,有可能是用柔毫所寫。柔毫蘸著濃墨在紙上運行,往往
需要牽就筆和紙之間的微妙關係放慢速度,採疾澀相間方式推進
筆毫,並配合長鋒的特性,製造出潤燥相濟、虛實互見的墨韻層
次,因此徐渭非但對筆挑剔,連用墨也毫不馬虎,他說:

> 墨澹則傷神彩,絕濃必滯。25

他進一步說明濃墨的使用也有其限度,不可過濃,否則對運筆會
造成阻礙,但用墨亦不能太澹,否則會傷神彩。不僅如此,徐渭
認為不同書體,其用墨也要有所差異,他在《筆玄要旨》的另一
段文字中說:

> 用墨作楷書要略令墨勢稍乾,然又不欲太燥,行草則燥
> 相雜,以潤取妍,以燥取險,蓋墨濃則筆當滯,墨燥則筆
> 當枯,故也,然而磨墨亦須令水深,墨濃水深則散,墨濃
> 則光,水散又可令墨跡浮而稜角歛,有若自然,是又不
> 可不知也。至於筆之著墨不過三分,含少則見稜角,深浸

24　周心慧、嚴樺《文房四寶─筆墨紙硯》,(台北:萬卷樓圖書公
　　司,二〇〇〇年十二月初版)P53。
25　徐渭《筆玄要旨》收於《中國歷代書法論著匯編》第七冊,P248。

則毫無力，皆非宜者。26

徐渭對用墨顯然十分重視，李秀華說這是"晚明書家在社會動盪的時代背景下，心緒上多紛擾，其錯綜複雜的心理因素，在用墨的表現上也顯得突出"27。他並認為晚明書家用墨的特色是集中在"渴筆、枯筆"的表現，而徐渭就是善用渴筆的一枝奇葩。

　　除筆、墨而外，紙的使用也是影響書法風格的重要因素之一。明代的宣紙根據曹天生的研究，前期所使用的材料為百分之百的青檀樹皮，後期則摻和稻草製作而成28。青檀造出來的宣紙吸水性強，不易變形，具有薄、輕、軟、韌、細、白等六大特點，有助於書家創作時濃淡多變，加強墨性的效果，後來發現加入稻草纖維長而堅韌，更能使宣紙增加柔軟度，有利大規格宣紙的製作，滿足了當時空間格局的現實需求，而隨著生紙的廣被接納，筆、紙、墨三者頓時達成空前的大融合，書家們充份把握了此一紙質特性，一時之間，漲墨的表現，遂成為晚明變形書風中共同的特徵。至於綾、絹方面，既然手工業快速發展，而且蠶織業又居龍頭角色，其品質之精良自不在話下，惟徐渭生活困頓，經濟匱乏，較無能力大量採用綾絹書寫，頂多只是他人饋贈或求索字畫時，才有機會偶一為之，因此其傳世作品只有少數為綾布或絹本，主要還是宣紙居多。

　　中國宣紙雖然以宣城所產最為有名，但事實上早在元代，徐渭的故鄉紹興就有紙箋的生產製造，孫敦秀所著《中國文房四

26　徐渭《筆玄要旨》收於《中國歷代書法論著匯編》第七冊，P246。
27　李秀華〈晚明書風中用墨表現〉，《二〇〇〇年兩岸三地書法學術研討會論文》，（台北市立師範學院，二〇〇〇年五月）P7。
28　曹天生《中國宣紙》，（北京：中國輕工業出版社，二〇〇〇年九月一刷）P77。

寶》中說"元代浙江紹興製作的箋較佳，明曹昭《格古要論》中曾記載'彩色粉箋'、'羅紋箋'、'花箋'，以及'黃白蠟箋'等。特別是黃白蠟紙的製造，其量之大史無前例"29。明代的紙箋加工製造當更較元代大爲提升，其品類之盛，尤勝於前。徐渭在傳世文獻中，留有爲數可觀的尺牘函信，可惜墨蹟多已散佚，只剩少數幾件，未能一睹其書牘全貌，殊爲遺憾。

綜合而論，紙張對徐渭書法風格的影響，主要約有兩項，一是紙幅尺寸的擴大，使他能在從事長條立軸書寫時，不必因規格問題而受到侷限，得能在寬廣超長的空間中，肆無忌憚地縱情紙上，讓筆墨自由自在的伸展翻騰，連綿馳騁。其二是紙質品類繁盛，使書寫者有較多選擇機會，在面對不同的創作需求時，能隨時找到符合自己合適的用紙，這對徐渭個人書風的多面性以及帶動表現主義浪潮的開展，具有若干程度的影響。

六、酒的催化作用

中國文人歷來和酒結下不解之緣，多少個佳構名篇都是由於酒的催化而誕生，不管得意失意、有錢沒錢，只要有酒爲伴，人生便覺適意暢快，生意盎然，細數古代文人，幾乎很少不與酒發生關係，從魏晉名士、唐代詩人，到宋元文士，乃至明清，以迄現代，酒始終難以和文人生活劃清界線。酒之所以能受廣大喜愛，是因爲酒可以反射出人們的內心世界，許多歡怒悲樂，透過酒的催化，能夠自然大方地一一發洩，尤其是人在面臨挫折痛苦的邊緣時，酒更能從絕望無助的境地中，將人們拯救出來，使心

---

29 孫敦秀《中國文房四寶》，（北京：新華出版社，一九九三年十二月一刷）P96。

靈得到適度的解放。《雅文化》中說：

> 酒可反照出藝術家們不拘於時的個性和濃郁的憂患意識。
> 不過，在他們的憂患意識裡面，往往包含著十分複雜的內
> 容，有壯志難酬的悲憤，有懷才不遇的感傷，有對險惡現
> 實的不滿，有對絕治者的失望，面對慘淡的人生，他們既
> 不會與世兩斷，又不斷隨波逐流。於是，他們借酒澆愁，
> 借酒消憂，借酒釋憤，借酒避禍。他們與酒結下了不解之
> 緣……。通過酒，又展現出文人們適意快樂、積極向上的
> 人生態度和精神風貌。他們大都有強烈的主觀意識，追求
> 個性自由，崇尚精神解放，他們在酒酣把筆的時候，拋卻
> 了傳統的習俗模式，使個性衝破了封建社會壓抑下的文化
> 氛圍中的理性硬殼，使其獨立的人格、精神得到張揚，
> ……酒神常常使藝術家們不失時機地抓住靈感的火花，覓
> 到藝術嶄新的境界，從而妙筆生花。因此，又可以說酒神
> 精神體現了中國藝術家們的創造精神。30

這段精闢而冗長的述說，道破酒和文藝創作離不開的原因。

　　徐渭和其他文人一樣，在面對生活苦境，自然也會藉助酒的
作用來抒解愁苦。陶望齡〈徐文長傳〉說他“方大醉嚎囂，不可
致也”31，徐渭豈止“大醉”還外加“嚎囂”，可謂極盡醉態。
徐渭嗜酒，從他詩中就可見其端倪，在他詩裡與酒有關的內容，
多不勝數，且看：

30　戴嘉枋等著《雅文化》，（河南：中州古籍出版社，一九九八年九
　　月一刷）P262~P263。
31　陶望齡〈徐文長傳〉《徐渭集》，P1339。

遮空矯翼非一鳳，夾江赴飲馳兩龍。〈二峰篇贈錢塘陸宗禮〉

況值花三月，眞堪酒百巡。〈答沈嘉則次韻〉

白首緘泥圻，青春酌酒頻。〈贈松庵公〉

相遺三尺鯉，正逢沽酒歸。〈青田湖客遺巨鯉獨酌〉

方叔特分長命酒，老夫正按小抬吟。〈方長公重五餉以江魚、批杷、豆酒〉

西園別飲芙蓉夜，東道誰開燕子磯。〈送應公子之金陵〉

徐渭雖嗜酒，但詩中也透露出生活上的困窘，例如〈集胡賈館請作樂山詩〉"一與吾儕飲，懸知非守錢"，一方面嗜飲，一方面又怕花錢；〈鍾公子以詩贈，次答之〉小序"時酒價謾傳驕甚，而鍾以一壺相餉"，因爲手頭拮据，感到酒價很貴，還好友人送來一壺，他滿心歡喜；〈九日登戲馬臺〉"欲沽一滴澆行在，持拄無錢何處賒"，生活的苦況完全表露無遺，〈沈先輩別歸於江……次韻答之〉亦曰"實少青錢付酒家"[32]。他明明經濟能力不佳，卻還性耽於酒，想見他對酒已然形成一種癖好，無法割捨。當然，徐渭許多書畫作品就在酒酣耳熱之際完成，他有一首〈大醉爲道士採畫於臥龍山頂〉，就是在吟詠自己酒醉時作畫題字的情形，他說：

呼酌三百觥，不歸抱予宿。繼出五丈紙，要我酒松墨，葡萄與攣龍，菡萏瞰其腹。迨至五百觥，……斜陽萬點雅，作字定高屋。[33]

---

32 以上所引徐渭酒詩具見《徐渭集》。
33 徐渭〈大醉爲道士採畫於臥龍山頂〉《徐渭集》，P162。

在〈石門篇贈邵大佩〉中也說：

> 須臾抱筆加我手，邀我題詩進我酒。34

一邊飲酒，一邊寫字，對他而言，實人生一大樂事。在〈與言君飲酒〉亦說：

> 酒深耳熱白日斜，筆飽心雄不停手。35

〈對明篇〉也提到：

> 醉去狂來呼李白，散髮題書萬竹中。…竭來筆端自有神，
> 橫開醉眼雙作嗔。36

徐渭寫字經常是在他人面前當眾揮毫，因爲和朋友一起飲酒，當酒過三巡，趁興酣落筆，倍覺快活自在，有時更是朋友攜帶酒食前來索書，他毫不留情，一揮而就，譬如〈張海山已死，其子持向壽父者二軸來索題……〉就說：

> 郎君請我書，提壺令我醉。37

酒後縱筆雖然可以享受那股快感，可是偶爾也有令自己感到不滿意的作品，如〈又復李令公〉說：

> 昨雅意藹然，與醇醪其醉也。……題冊二詩殊劣，書亦不
> 工，且不敢記印。38

34　徐渭〈石門篇贈邵大佩〉《徐渭集》，P127。
35　徐渭〈與言君飲酒〉《徐渭集》，P143。
36　徐渭〈對明篇〉《徐渭集》，P129。
37　徐渭〈張海山已死，其子持向壽父者二軸來索題……〉《徐渭
　　集》，P160。

（圖卅五）徐渭草書（春雨詩卷）28.4×645.5cm，上海博物館藏，引自《徐渭墨蹟大觀》

所以即便是酒中作書，仍然也要通過作者的品管，水平太差，他則"不敢記印"。誠然，酒後遣興之作，本難要求件件精品，經由他的這段記述，讓我們了解到徐渭能流傳出來的作品，大抵都是經過自己的認可。據李德仁研究，徐渭〈草書詩卷─春雨剪雨宵成〉（圖三十五）即是在獄中大醉所作，他的理由是該幅作品卷末題款"隆慶春之望後"，後面又記"時接初夏矣"，得知當為三月，以此斷定為其友人攜酒饌到獄中共飲，徐渭於醉時書之為別。另外，李氏也就字中流露的醉意來進一步支持他的論點。他說"觀卷中之字，極饒醉態，其超豁顚逸淋漓之概，有一種非理性意味，非理智完全清楚者所能如此，更非一般身陷囹圄悲戚慘切者之所能想像"39。其推論該件作品之創作年代雖未必可靠，但他認為是於醉中所作，則殆無疑義。因據筆者考查，這本

38　徐渭〈又復李令公〉《徐渭集》，P1118。
39　李德仁《徐渭》，（吉林美術出版社，一九九七年九月二刷）P236~237。

卷子末方題有"酒饌既傾，書此爲別"作爲註腳。徐渭另有一幅
由北京故宮博物院典藏的〈七言律詩軸〉，也繫有"醉間經海棠
樹下"40的款，經審閱比對其原作風格，與前述詩卷亦頗類似，
凡此皆足證明徐渭喜好興酣落筆、縱筆紙縑之習慣。

　　就文藝心理學的角度而言，創作需要興會。質言之，並非任
何一種心理狀態都適合創作，只有興會來的時候，立即可以進入
一種異乎平常的情境，這時的心志專一，興致勃發，任憑潛意識
自由活動，不受理性支配，充份沈緬在茫然專注的世界裡，似乎
有一股力量在支持著一切的創作行爲。"酒"就有這種魔力，書
家借著幾分酒意，使身心獲得解放，很快就能達到物我兩忘，心
手合一的境地。唐代的張旭、懷素就是歷史上最受矚目的醉書名
家，又如眾所皆知素有"天下第一行書"的蘭亭序，也是王羲之
在微醺狀態下所完成，而且在沒有理性因素的羈絆下，揮毫落
紙，率爾造極。龔鵬程說：

> 那一刻的創作，無疑也達到了妙造自然的境界。而它所形
> 成的審美趣味，則是端正靜穆、拘執於法度成憲中的人所
> 無法體現的奇怪之美。41

書家在酒精的催化下，暫時拋卻法度成規，難免出現「踰矩」情
況，有時會有出奇的表現，而在各書體中，當以草書最能淋漓地
發揮激情效果。沈季林認爲"自由奔放、最少束縛的狂草便是他

40　過大江編《徐渭墨蹟大觀》，（上海人民美術出版社，二〇〇一年
　　二月一刷）P1。
41　龔鵬程〈醉書〉《歷史文物》第八十五期，（台北：歷史文物月刊
　　社，二〇〇〇年八月）P53。

們抒發情懷的最好形式"[42]。徐渭藉著酒的力量，經常在不可阻遏的興會中，一次又一次地以沸騰澎湃的情態，創作出精彩紛呈、別具一格的書法瑰寶。所以，"酒"可以說是徐渭創作的物質糧食，同時也是幫助他取下表現主義書派后冠的幕後功臣。

第二節　徐渭的書風發展

徐渭傳世書法，主要以楷、行、草為主。雖說他的作品最具代表性的是草書，但由於時空環境不同，所創作出來的作品風格也會有所差異，而且就算草書作品的創作時間集中在某一時期，其與各期書法表現的風格特徵，亦有加以釐清的必要。然而徐渭書法向來流落紛散，目前所見，有關徐渭書法方面的專輯，僅有上海人民美術出版社的《徐渭墨蹟大觀》一種，但其內容也只是一部份，數量有限。其次，就是《中國古代書畫圖目》中彙錄中國大陸各博物館典藏作品，其中亦有多件徐渭書法作品，惟該圖目屬目錄性質，有些作品僅刊局部，未見署款，或署款沒有繫年。除此而外，僅有少數作品見諸其他著錄。經筆者蒐集統計，有圖版可查者共得八十六件，經署款繫年的作品只有二十三件，以致在從事徐渭書風分期時，備感困難。繪畫題跋的部份因為數可觀，且大多沒有紀年，所以只將有署創作年代的作品納入統計，而無年份之作品則予從略。這項史無前例的工作，其成效或許不佳，但仍願將研究結果作成整理，未來隨著更多確定年份作品被發現，或可以此為基礎，再予進一步界定釐分。

42　沈季林〈論書法創作與興會〉《中國文化月刊》第二〇四期，（台中：中國文化月刊社，一九九七年三月）P88。

一、早期書風（四十六歲以前）

從資料顯示，徐渭在入獄前所寫的書法幾乎都已散佚殆盡，無法一窺其貌，但就他在五十歲尚於牢中服刑時所寫的〈評字〉來看，他早期書風應該是比較傳統的，因為這時他才入監四年43，而前三年都是載著枷鎖渡日，寫字的機會較少，他有一封〈奉答馮宗師書〉提到戴著沈重枷栲的諸多不便，信中說：

> 不以囚纍而尤豕之，萬一少緩刀鋸，尚有廣陵一曲，揮手謝響，而後引頸就纏也。桎莘之所，涉筆為艱，遽不盡展。44

由此來看，徐渭身陷囹圄而未解下枷栲前，揮毫練字的可能性極低，如果有寫字機會，頂多也只是給戚友修書，或應人之託，勉強為之，數量甚少。所以〈評字〉中所論各家書法，當以入獄前就已深受染指，特別是對妍媚一路書風，似未予以排斥，如他所說：

> 孟頫雖媚，猶可言也。其似算子率俗書不可言也。嘗有評吾書者，以吾薄之，豈其然乎？45

這段話很明顯道出他早期學趙孟頫，有人卻以"俗媚"之語鄙之，另他大不以為然，儘管從他中後期書風很難看出趙孟頫的痕

43　徐渭被解下枷栲後，曾作〈破械賦〉及〈後破械賦〉各一篇，中云"隨我四年，我分殉之，何心棄捐"。所以他寫〈評字〉那年，應該是剛被解枷不久。

44　徐渭〈奉答馮宗師書〉《徐渭集》，P472。

45　徐渭〈評字〉《徐渭集》，P1054。

跡，但他言之鑿鑿，由不得我們不信。話說回來，他從童稚之齡開始習書，到四十六歲之前，歷經數十寒暑，以他的個性，早已出入百家，當然不致原地踏步，硜硜然死守趙書不放，但透過這條線索，我們相信他早期書風應是較秀媚保守。這樣的觀察和推論，還有一項支持的理由，就是他到四十一歲仍然參加科舉，顯見他的內心對世俗觀念還很在意，況且參加科考所用的書體，不可能如中後期自由創作奔放狂逸的草書一般，總得按部就班，規規矩矩逐字完成，此對他的書風開展，亦將形成某種程度的限制。同時他既然在乎世俗眼光，其書法風貌，自然也會儘量守住"雅俗共賞"的審美範圍，較難有重大的突破。因此他說"吾學索靖書"此乃年輕時代就已開始之事，當屬可信，尤其〈評字〉末尾有一段後人加上去的附註曰"先生評各家書，即效各家體，字畫奇肖，傳有石文"46。更加證明徐渭在此之前的書風並未摒棄對古人的學習，就算偶有不拘法度之作，也不能完全代表徐渭早期書法風格。

　　在前述徐渭二十三件繫年作品中，入獄前所寫的作品僅有二件，一件為對聯形式，現存江蘇鎮江博物館，聯曰"長嘯懷人，深心豪素"，上款署"正德甲寅上元"，下款為"天地徐渭書"。（圖三十六）經查"正德"乃明帝武宗年號，在位只有十五年（一五〇六－一五二一），其在位期間並未遇到"甲寅"；而"甲寅"則是在嘉靖三十三年（一五五四），當時徐渭三十四歲，並非"正德"年間，令人啓疑竇的是，徐渭出生值當正德末年，徐渭到三十多歲身強體健之齡，怎可能還把當朝年號寫錯，雖然他患有"腦瘋"，但果眞該聯是徐渭三十四歲時所寫，則那

46　徐渭〈評字〉《徐渭集》，P1054。

（圖卅六）徐渭〈四言楹聯〉88×30.5cm×2，江蘇鎮江博物館藏
引自《中國墨蹟經典大全·卅一卷》

時他的精神疾病還未嚴重到這種
地步，實不該出現如此離譜的錯
誤，否則，為何其他的作品就無
發現類似烏龍，或倘因精神錯亂
而誤植，則其中後期精神症狀加
劇時，豈不錯誤更多？

　　其次，這幅對聯以平仄來
論，亦不合格律，上聯平起平
收；下聯平起仄收，上下聯最末
一字平仄顛倒，此為作聯一大忌
諱，徐渭出身八股韻文，又能賦
詩，對聲律沒有不熟之理，但觀
《徐渭集》所錄徐渭榜聯百餘
對，未有平仄互調之情事，而該
聯亦未被輯入，顯有蹊蹺。

　　另外，這件作品筆法爽利、
嚴守中鋒；結體開張、劍戟森
然，稍有徐渭書法架勢；但如就
前面所論，徐渭前期書法的乖誕
意識應還不很強烈，加上署款及
平仄的誤失，筆者以為這件作品

（圖卅七）徐渭〈花卉圖〉題贊
38.5×83.5cm
廣州美術館藏，
引自《徐渭精品畫集》

的真實性，不無商榷之處。可悲的是，如果將這件作品排除在
外，則徐渭繫年早期作品就只剩一件繪畫題贊，這件〈花卉圖〉
（圖三十七）現藏於廣州美術館，是徐渭四十一歲時所作，用筆
大膽粗率，線條較為軟弱，惟已約略可見徐渭狂肆風貌之雛型。
這一年的徐渭，是參加科舉的最後一年，在〈花卉圖〉題贊中，似乎也散發了他那種失望、頹廢的意象，表現出書風開始轉為"寫意"的傾向，但在整體畫面上，則還保留一定程度的規矩。

二、中期書風（四十六－六十歲）

對徐渭一生而言，入獄服刑是一件非常重要的大事，也因為在監獄裡過著平靜無聊的日子，讓他的心情能夠沈澱下來，思索一些人生的未來，同時在破械後開始著手書論的整理撰寫。《筆玄要旨》及《玄抄類摘》就都是成於此時期。自入獄開始到六十歲這段期間，所寫書法作品有繫年的計有十一件，其中除一件題畫後跋及一件冊頁外，其餘均為長卷，規格高度大多在三十公分上下，但寬度則長短不一，從二二〇公分到七四六‧五公分，依內容多寡、字體大小而有所區別。在書寫材料方面，則有二件絹本，一件不詳，其他都為紙本。這十一件傳世作品，有二件作於牢中，而且是破械前所寫，一件是〈行書詩稿〉冊頁小品，署款並未寫明年份，但據《宋元明清書畫家傳世作品年表》所載，是成於隆慶元年（一五六七），徐渭時年四十七；另一件也是作於四十七歲的〈蜀道難〉（圖卅八）手卷，以草書寫成，落款則為行書，目前存於大連文物商店。這二件作品以時間推算，當為徐渭入獄的第二年。〈行書詩稿〉（圖卅九）尺幅不大，僅有二十四乘二十四點七公分。徐渭在寫這件作品時，大概是手上銬著枷栲，所以雖是小字，但點畫未見精細，字體也不平穩，頗能感受舉筆維艱的窘狀。〈蜀道難〉規格稍大，高三十寬一六五公分，這件作品照理講應該也是在破械前完成，但從結體上看，是有幾分歪曲不規整，可是筆畫線條卻還算流暢，看不出是在戴著鎖拷下所寫出來的字，是否偶有被短暫解枷而把握時機濡墨疾書，不得而知，惟落款清楚寫著"隆慶改元秋八月之望"47，則是千眞

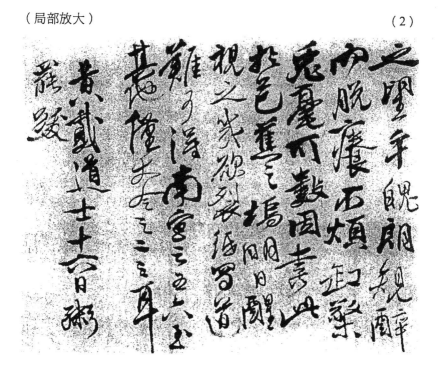

（圖卅八）徐渭〈蜀道難〉30×165cm，北京故宮博物館，引自《中國古代書
　　　　畫圖目》

（局部放大）　　　　　　　　　　　　　　　　　　　　　　　（2）

（圖卅九）徐渭〈行書詩稿〉（局部）
24×24.7cm，大連文物商店藏
引自《中國古代書畫圖目》

萬確，如果這是一件真品，那麼年號弄錯的可能性微乎其微，這樣一來，他在戴枷服刑期間曾被暫時性鬆械的可能性便大增，不過，儘管如此，這段期間能用於寫字的機會仍屬少數。而這幅手卷比較特別的是，主文用草書寫成，款文反而以行書題署，這和一般的習慣不同，正常而言，除了草書之外，任何書體都可用行書題款，惟獨草書須用草書字體落款，徐渭則反其道而行，顯見他這時的心態已有刻意擺開傳統價值，抒發個人特有的個性與主張。

　　徐渭在破械後的第二年（一五七〇）又完成了〈春雨詩卷〉長卷，這件作品規格較大，高二十八‧四寬達六四五‧五公分，自始至終都以草書寫成。因其署款僅寫"慶曆春之望後"48並未繫明何年，故有人以為是慶曆元年所作，當然如前推論，徐渭未解枷前完成此作，也不是全

47　徐渭〈蜀道難〉墨蹟，收於《中國古代書畫圖目十六》，（北京：文物出版社，一九九五年九月二刷）P77。
48　過大江編著《徐渭墨蹟大觀》，（上海：人民美術出版社，二〇〇〇年一月一刷）P2~P7。

然不可能，但普遍認爲應作於隆慶四年較爲可信[49]。徐渭是在友人攜帶酒饌來獄中暢飲後，乘興揮筆，字裡行間流露了酒精的效力，筆法奔放瀟灑，不爲法拘，前段結體寬綽，以圓代方，筆筆相連，一氣呵成；後段佈局較密，結構亦摻雜若干行書，運筆忽輕忽重，用墨枯潤互見，予人"煙嵐滿紙"之感。前後之間明顯區分成兩個段落，再加上落款一段，總共形成三個個體，在視覺上有種逆轉和跳脫的作用，但又能把握前後一體之原則，相互連貫，前呼後應，是徐渭酒中作書甚具典型之作。

如就前述三件作品來看，雖然都是作於獄中，但在風格上卻不甚統一。〈行書詩稿〉因係小字，屬"詩稿"性質，且字體爲行書，並非藝術創作，又受篇幅所限，不易有發揮之餘地。〈蜀道難〉雖爲草書作品，然其用筆尚稱嚴謹，使轉提按、主副虛實仍交代得非常清楚，多少還存有古人痕跡。而〈春雨詩卷〉已能展現自家風貌，將筆墨特性作高度的運用，爲他日後的草書成就，跨出了成功的第一步。然而，由於牢獄空間不大，書寫規格自然也會受到拘限，因此他在服刑時未傳有立軸作品出現，當與書寫環境有極大關聯。

徐渭出獄後到六十歲之間，繫年作品總共有八件。其中一件繪畫題跋，七件手卷。這時期的書法風格，主要有三條路線，一爲黃山谷風格，二爲章草風格，三爲自家風格。

（一）黃山谷風格

作於萬曆元年的〈行草詩詞卷〉，內容計分四個段落，開頭的"觀美人走解"，爲一闋詞，用筆秀妍美妙，部份線條和結

49　李德仁《徐渭》，P237。

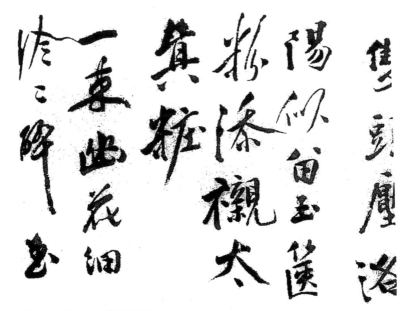

（圖四十）徐渭〈行草詩詞卷〉29.2×44.cm
上海博物館藏，引自《徐渭墨蹟大觀》

構可看出是脫胎於黃山谷；到了第三段"花繪四首"（圖四十）
黃山谷筆意更爲濃厚，某些字簡直就是山谷的翻版。另一件長卷
〈行草詩卷－天瓦庵〉（圖四十一）也大抵是探山谷風韻，爲
一行書作品，字形結構比山谷變化更多，格局恢宏、闊綽偉岸。
這兩件作品都是徐渭五十三歲時所作，其創作時間前後相差才半
年多 50，所以風格自然較爲接近。此外，徐渭五十七歲時有兩件
標題一樣的作品〈花卉十六種〉跋卷，規格體貌皆很類似，其題
款亦同爲"萬曆五年"（一五七七），且署名都題"金壘山

50　〈行草詩詞卷〉作於萬曆元年（一五七三）十月；〈天瓦庵〉作於
　　萬曆元年清明。

（圖四十一）徐渭〈行、草詩卷〉27×268.5cm，虛白齋藏，引自《徐渭墨蹟大觀》

人"，這兩件作品目前一件存於北京故宮博物院，另一件則放在紹興文物管理處，雖然用筆粗重，渾厚豐腴，但依稀可見黃山谷遺風。一直到六十歲所作的〈陶彭澤詩二十首〉最後一段"乞食"，都還是表現了山谷明顯的書法風格，可見他對黃山谷書法的傾仰與濡染之深。

（二）章草風格

　　徐渭寫章草向為世人所忽略，其實他的章草作品都是夾雜在長卷之中，例如〈行草詩詞卷〉第二段"越峰（圖四十二）這首詩即是以章草書寫；而〈行草詩卷－天瓦庵〉中也有一段頗長的章草（圖四十三）。另在一件未繫年作品〈淮陰侯祠〉（圖四十四）裡，亦有一段是用章草寫成，徐渭章草主要是學索靖、趙孟頫、祝枝山等人。索靖寫過〈急就章〉、〈月儀帖〉；

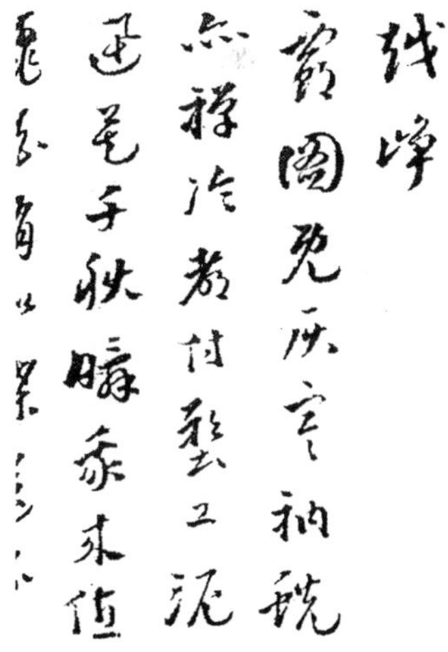

（圖四十二）徐渭〈行草詩詞卷〉（局部），引自《徐渭墨蹟大觀》

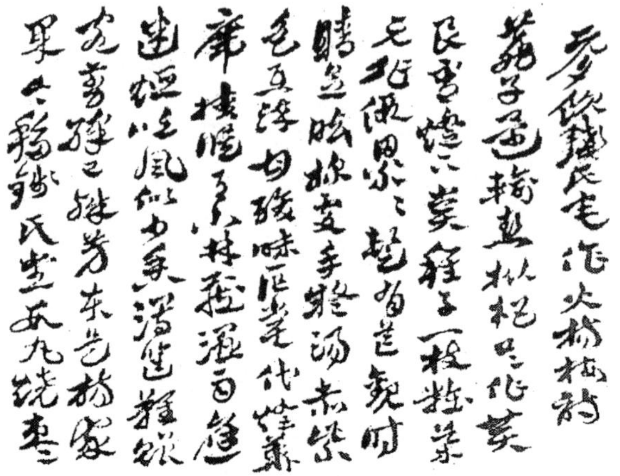

（圖四十三）徐渭〈行草詩卷〉（局部）
引自《徐渭墨蹟大觀》

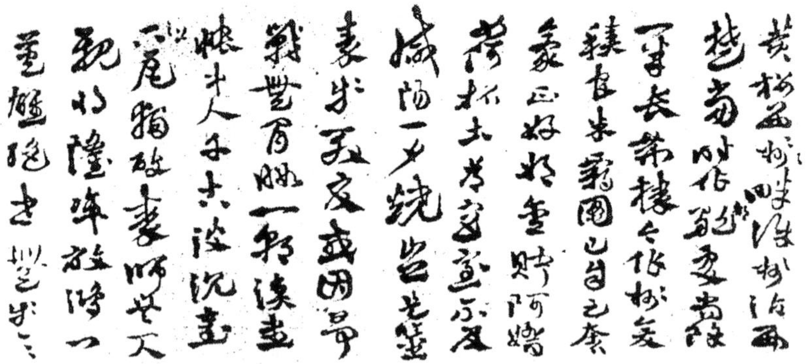

（圖四十四）徐渭〈淮陰侯祠〉（局部）31.5×662cm，廣東博物館藏，引自
《徐渭墨蹟大觀》

趙孟頫也寫過〈急就章〉（圖四十五）、〈千字文〉，但徐渭所
寫的章草 一如他的書法風格，不拘泥古人法度，僅保留章草形
式，字形搭配及章法運用亦更臻成熟，令人耳目一新。

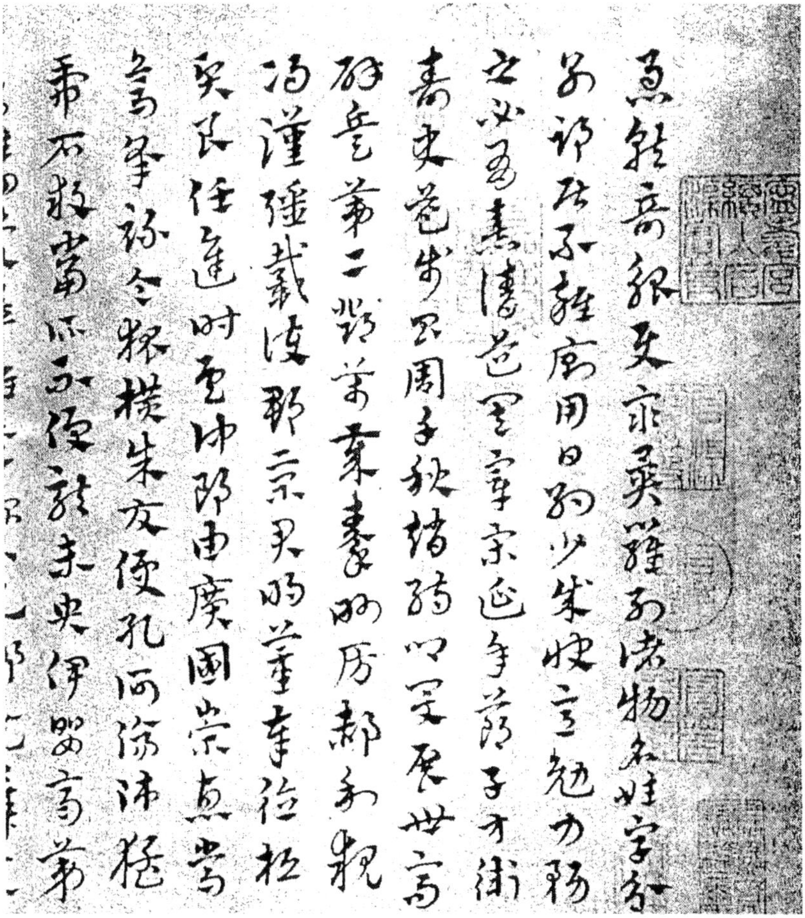

（圖四十五）趙孟頫〈急就章〉（局部）北京故宮博物館藏，引自《中華五千年文物‧法書篇‧六卷》

（三）自家風格

徐渭從事書寫活動已達半世紀，不管他對古人學習多少，終究得寫出自家面貌，這一時期他除一方面繼續對古人的取法外，

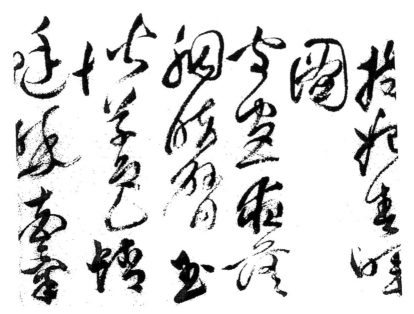

（圖四十六）徐渭〈行草詩詞卷〉（局部），引自《徐渭墨蹟大觀》

他儼然已能樹立起自己的書法獨特風格，譬如〈行草詩詞卷〉（圖四十六）最後一段"楊貴妃春睡圖"，行筆流宕，方圓並濟，並大量使用乾筆，誇張而拙澀，看似無法，實則胸有成竹，妙在其中。本件作品風格和〈春雨詩卷〉有些近似，所以將〈春雨詩卷〉斷爲五十歲之作品，與這件〈行草詩詞卷〉之創作年代較爲接近，應該是較容易被接受的。

　　徐渭五十六歲那年寫了一件草書〈龍溪號篇〉（圖四十七），是件頗爲特殊的作品，主文的部份幾乎看不出任何一家的基因存在，完全標榜著自我精神的呈現，行筆掌握了中鋒用筆的原則，但字形鬆散，顯得有些蕭疏頹廢，視美醜爲無物，把古人的規矩、技法暫拋一邊，是一件個人風格極爲強烈的作品。妙的

（圖四十七）徐渭〈龍溪號篇〉（局部）西安文物保護考古所藏，引自《中國古代書畫圖目》

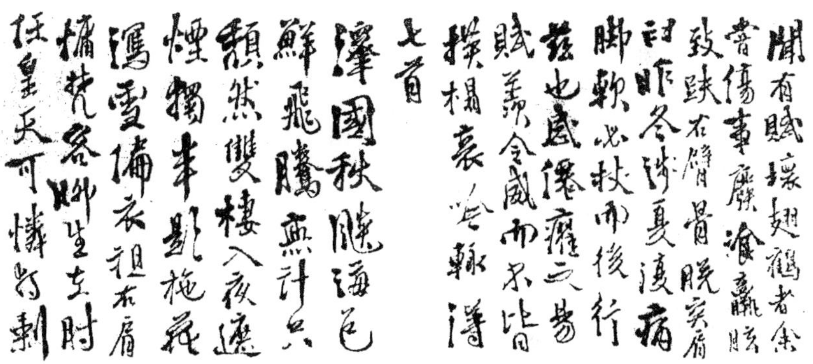

（圖四十八）徐渭〈自書詩卷〉，引自《徐渭墨蹟大觀》

是，這件作品在第二年夏天，徐渭又以行草加跋，其跋文也是時出己意，渾然天成。

到了六十歲，徐渭有二件精品流傳下來，一件是〈自書詩卷〉（圖四十八），一件是〈陶彭澤詩二十首〉（圖四十九）。該二件作品篇幅甚大，均為長卷。徐渭在創作這兩幅書法時，身體狀況應算良好，根據〈畸譜〉記載，他五十九歲病號"稍瘳"，到六十一歲"復病易"，所以六十歲期間即使不到"身心俱泰"，至少也是安穩而平和，從這兩幅作品下筆從容，字跡詳和，就可嗅出一些訊息，不過在〈自書詩卷〉中，他仍然一本分段創作的習慣，但見初下筆時法度稍較嚴謹，寫了十數行後，筆

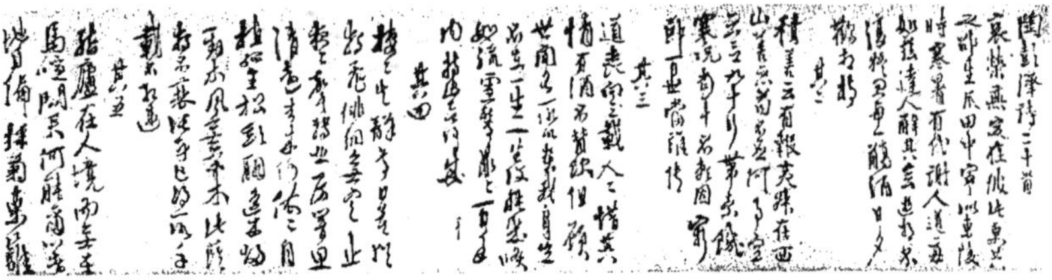

（圖四十九）徐渭〈陶彭澤詩二十首〉（局部）23.4×746.5cm
上海博物館藏，引自《中國古代書畫圖目》

調開始變草，到了中間又改以小字行書書寫，接著又把字體放大
且加快速度，之後再插一段小楷，如此斷斷續續，幾經轉折，始
抵於成。此種寫法，在古人作品中所見不多，可謂創作形式的一
大突破。至於〈陶彭澤詩二十首〉，下筆時也和前幅差不多，從
第二首後段起，用筆變得流暢，結構也漸由草字取代，而一首接
著一首，愈往後邊，就愈瀟灑生動，彷彿作者全然沈醉其中，陶
然自樂，顯得天眞浪漫、點畫狼籍，在二十首結束後，又以行草
補上〈移居〉及〈乞食〉各一首以竟其功，因此通篇所錄陶詩內
容應有二十二首，其最後兩首採不同筆調，大概就是因爲主題差
異，刻意作出區隔效果。從他的表現方式，可以看出徐渭寫字很
注重創作情境，筆端蘊滿情感因子，不矯揉造作，筆隨意轉，
"終於天成"。51

　　若從整體上來看，徐渭六十歲傳世的兩幅作品，除〈陶彭澤
詩二十首〉最後一節帶有黃山谷筆意外，其餘均爲融匯百家後的
個人面貌，在風格上和五十三歲以前的作品稍有不同。如四十七
歲時的〈蜀道難〉乃至五十三歲時的〈行草詩詞卷〉和〈行草詩
卷－天瓦庵〉各種技法，雖然都已很圓熟，但對草法的掌握如較

51　徐渭〈跋張東海草書千文卷後〉《徐渭集》，P1091。

之六十歲這兩件作品而言，仍相形見絀。另一方面，六十歲時的作品，字形偏長，此和四、五十歲所寫的作品亦有明顯的差別，例如〈春雨詩卷〉、〈行草詩詞卷〉、〈行草詩卷－天瓦庵〉、〈龍溪號篇〉甚至〈蜀道難〉的落款等，不論是取何家風格，或以任一書體書寫，其字形均以扁平爲主，而到了〈自書詩卷〉、〈陶彭澤詩二十首〉時便已拉長許多，若以這一蛛絲馬跡來觀察徐渭其他未繫年作品，似亦可看出一些端倪。

　　綜觀徐渭中期書法風格，充份反映了他在《筆玄要旨》中所強調的"神采"。所謂"神采爲上，形質次之"（徐渭摘錄王僧虔語）。觀看他的書法正如張懷瓘所言"惟觀神彩，不見字形"52。隨時可以變換調整，也隨時可以因應化解，欣賞著他的作品，很容易便被作者引領進入他的藝術天地，跟隨著筆鋒的跳躍起伏，彷若親身參與了他的書寫過程，體驗著時而激情，時而和緩的筆墨樂章，彈奏出賓主盡歡的動人曲調。

　　此一時期的作品，還有一項深合創作心理學的現象，就是他有幾件作品在剛起筆時，總是從容疏緩、慢條斯理，當在進入狀況後就逐漸狂放飛動，到最後則澎湃洶湧，行於所當行，止於所不可止。這種現象，在古人經驗中，時而可見，比如王羲之的〈蘭亭序〉（圖五十）、懷素的〈自敘帖〉、顏眞卿的〈祭姪稿〉（圖五十一）等歷史名篇都是如此。主要原因是作者在下筆時，對書寫活動的進行是抱持較莊重的態度，就好比唱歌也是初時較不易開懷歡唱，等適應了環境和音響燈效後，就能投入其中，盡情高歌，而書法創作亦復如是，同屬藝術門類自然有著相

52　張懷瓘〈文字論〉收於《歷代書法論文選》，（台北：華正書局，一九九七年四月）P166。

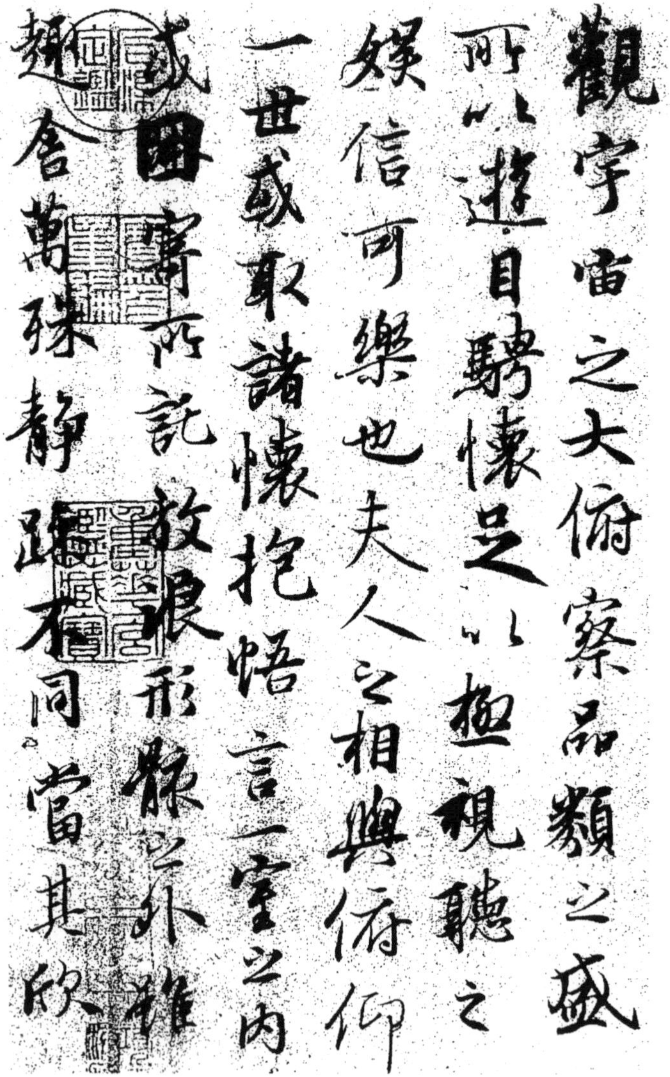

觀宇宙之大俯察品類之盛

所以遊目騁懷足以極視聽之

娛信可樂也夫人之相與俯仰

一世或取諸懷抱悟言一室之內

或因寄所託放浪形骸之外雖

趣舍萬殊靜躁不同當其欣

（圖五十）王羲之〈蘭亭序〉，引自日本二玄社
《中國法書選・蘭亭序五種》

（圖五十一）顏眞卿〈祭姪稿〉，引自日本二玄社《中國
法書選‧祭姪文稿、祭伯文稿、爭坐位稿》

同的抒情功能，其與作者間少不了情緒性的作用，正因爲如此，書法這項藝術才能徹底地傳達書家內心的眞實靈魂，進而產生巨大的美學魅力。

　　徐渭四十七歲到六十歲作品的署款，比較特殊的是五十七歲的兩幅〈花卉十六種〉及六十歲的〈雜畫後跋〉署"金壘山人"；其餘是四十歲的〈蜀道難〉署"黃鵝道士"；六十歲的兩幅長卷署"青藤道人"，以及五十、五十三、五十六歲所作分署"天池道人"、"天池道士"等。從落款署名也透露了一些訊息，且看六十歲時所簽署的"青藤道人"，在全數繫年作品中，"青藤"之署未見於六十歲以前，因此這個別號有可能是自此以後才開始啓用，一直到去逝前，仍然有在使用。其次五十餘歲之間，除偶爾使用"金壘山人"之外，都和"天池"、"徐渭"有關，當然，這並不代表說，"天池"或"徐渭"都只用於這段時期，畢竟"徐渭"是他本名，而"天池"是他的號，長期使用也是無可厚非，因此到了七十一歲都還簽有"天池道人"的作品，只是數量大有減少的趨勢。所以如想在題款上找些線索，它所能提供的大概只有"青藤"的使用跡象比較明顯。由此，我們似乎可以大膽地就這一署款並參照書風表現稍作分類。經比對觀察，其未繫年作品中有數件和六十歲時的作品風格近似，但有二件較爲明顯，首先是〈李白詩、蘇軾詞詩卷〉（圖五十二），這件作品是以草行相間方式完成，而且也是各段字體大小不一，忽草忽行；其次是〈行書詩－王翰等人詩卷〉，其格局形式和六十歲的〈自書詩卷〉如出一轍，前面也是緩緩開頭錄王翰〈飲馬長城窟行〉（圖五十三），一大段後改以小行書摘錄王維〈洛陽女兒行〉；接著又把字體放大，改錄沈佺期〈古歌〉；續以章草書沈佺期〈古意〉；最後則以草書李白〈秋登正陵望洞庭〉作爲結

（圖五十二）徐渭〈李白詩、蘇軾詞卷〉30.5×770.8cm，上海博物館藏，引
自《中國古代書畫圖目》

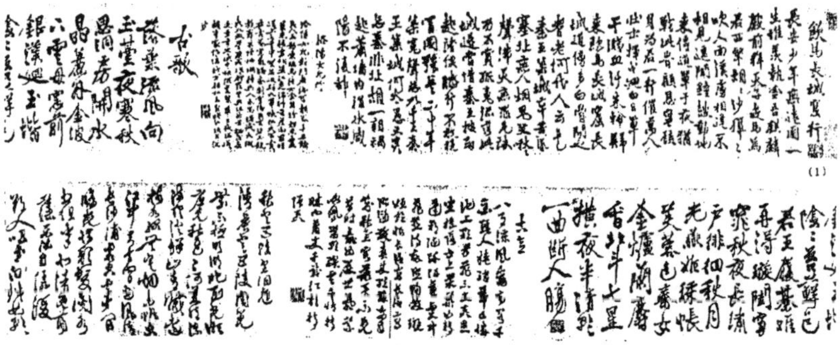

（圖五十三）徐渭〈王翰等人詩卷〉（局部）22.5×269cm，上海博物館，引
自《中國古代書畫圖目》

尾。此二件長卷之創作格式，書寫形式和六十歲時的作品極為類
似，尤其某些地方流露出黃山谷風格，與〈陶彭澤詩二十首〉一
致，而〈行書詩－王翰等人詩卷〉中書沈佺期詩的章草，同他中
期所寫章草亦相距不遠。綜合以上論點，該二件作品成於六十歲
前後的可能性頗高，但此一歸類，也僅是一種大膽的假設，期待
未來能有更進一步的資料可資佐證。

三、晚期書風（六十一－七十三歲）

　　循著上一段的軌跡，有三件題署“青藤道人（士）”未繫年
的作品，分別為〈四齮詩〉、〈前亦壁賦〉及〈寫花十六種詩
卷〉。這三件作品除了隱藏在落款的玄機可供參考外，其風格和
中前期作品亦有些許差異。經檢視其繫年作品中，並無六十一到
七十歲所作，自六十歲直接跳到七十一歲才又出現，可以想見十
年內絕不能沒有創作任何一件書法，或許亡佚，又或許在無繫年
作品中就有此期所寫，只是苦無證據罷了。迨至七十一歲以後的
作品在格式上和中期又有些不同，這時期所作長卷不再以各種詩
體或書體間雜其中，通常就同一主題，從始至末，一次完成。如

（圖五十四）徐渭〈春興八首〉（局部）紹興博物館藏，引自《徐渭墨蹟大觀》

作於七十一歲的〈春興八首〉（圖五十四），堪稱徐渭作品當中，極其保守之作，較無奔放開張，或變形扭曲的表現，而且前後筆調一致，沒有重大差異。又如七十二歲所寫成的〈煎茶七類〉（圖五十五），爲一幅行草作品，和前幅一樣，通篇前後未有明顯不同，雖然它也是分成七段書寫，但只是將七種茶品區分開來，並不是用字體加以區隔。再如七十二歲完成的另一件〈評書卷〉（圖五十六），是他所有手卷中規格最長的一件，高二十二・二寬七七三公分，目前由上海博物館典藏，國立台灣美術館於二千年十二月間在台中縣立港區藝術中心舉辦"國際書法文獻展"，該件作品曾應邀渡海來

台，參與盛會。這件巨作內容係摘抄多家評書，性質和《玄抄類摘》相類，其中有兩段爲米芾、黃山谷評書，作者似有意仿該二家筆意進行抄寫，其餘均以成熟圓潤的風格完成此作，整幅作品在體勢上亦未有明顯的差距，由此也許我們亦可進一步認定徐渭晚期作品，在書寫上已經改變過去以書體區分段落的習慣，且其用筆幾近返樸歸眞的地步。早、中期作品的用筆繁複，經常不按牌理出牌，結體奇峭多姿，字的造形往往打破傳統規矩而"時露

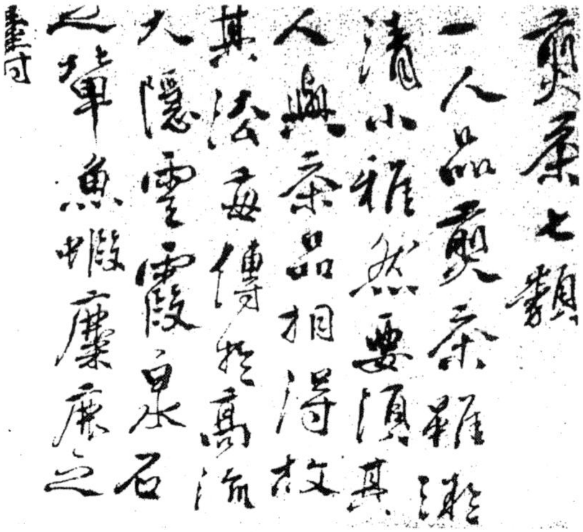

己意"，給人乖張詭
譎的印象，到了晚期
則不復可見。所以在
三件署著"青藤道人
（士）"的未繫年作
品，在格式的統整性
上，和其他三件繫年
作品沒甚麼兩樣，風
格筆調也有雷同之
處，例如〈四聲詩〉
的用筆輕盈流暢，方
圓互見，行與行間留
有一定距離，和中期

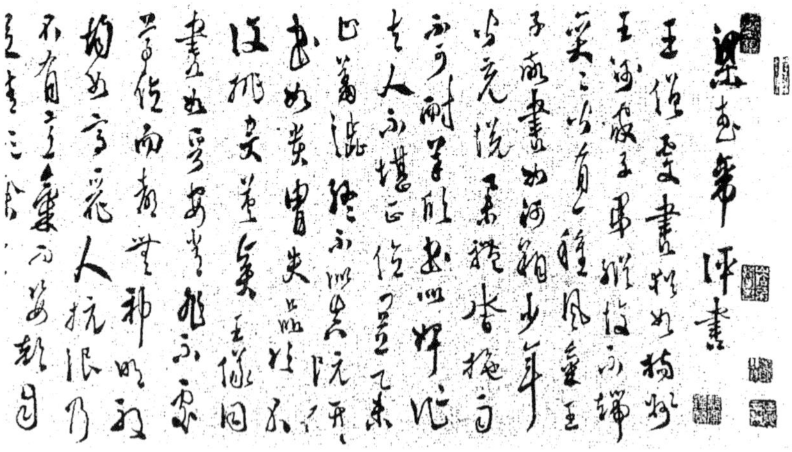

（圖五十五）徐渭〈煎茶七類〉（局部）
26×210cm，北京榮寶齋藏，
引自榮寶齋《徐渭草書二種》

（圖五十六）徐渭〈各家評書〉（局部）22.2×773cm，上海博物館藏
引自國立台灣美術館《國際書法文獻展專輯》

（圖五十六）徐渭〈各家評書〉（局部）22.2×773cm，上海博物館藏
引自國立台灣美術館《國際書法文獻展專輯》

以前對行距擠壓的處理方式有別，而且落款“青藤道士”與七十
二歲所作的〈花卉圖卷題詩〉亦頗接近，雖然這樣還不能斷定它
是成於幾年，但總不會離七十歲太遠，因此把它列為晚期作品，
應不致太離譜。

　　其次，〈前赤壁賦〉（圖五十七）用筆比前一幅稍重，字形
可長可短，行距寬窄適中，沒有刻意拉開，也無擠壓交錯現象，
算是一幅嚴謹之作，整體風格較近〈陶彭澤詩二十首〉及〈自書
詩卷〉，但是〈自書詩卷〉內容有分區塊，而〈前赤壁賦〉則
無，嚴格說起來，它比較像〈陶彭澤詩二十首〉，尤其是前半段
的氣氛，實有異曲同工之妙，只不過陶詩到後半段行筆速度加
快，字形更見草化，而此作筆調則守在一定程度，堅持到結束，
依個人判斷，這件作品有可能是寫於六十歲以後。至於〈寫花十
六種〉（圖五十八）與〈煎茶七類〉更為神似，兩件作品同質性
很高，如“道”以及偏旁中“頁”、“捺”的寫法，都極為類

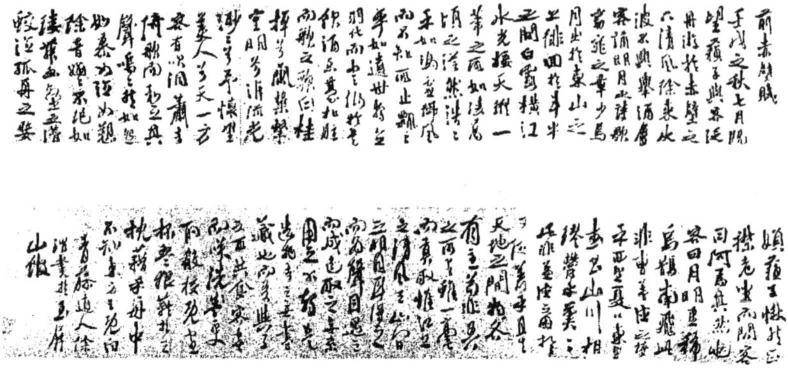

（圖五十七）徐渭〈前赤壁賦〉24×388cm，北京藝品進出口公司藏，引自
　　　　　《中國古代書畫圖目》

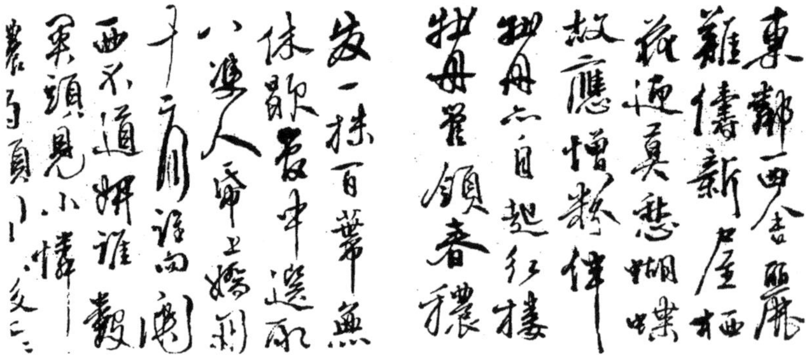

（圖五十八）徐渭〈行書寫花十六種詩卷〉（局部）31×123.8cm，引自《徐
　　　　　渭墨蹟大觀》

似，其創作時間依理不會差距太久，故亦將其暫列為晚期之作，
應是有跡可循。

　　徐渭晚期書法，只有一件繫年立軸作品，也是所有直式書法
中唯一有寫年份的作品，此作成於七十二歲，亦即徐渭逝世的前
一年，這一年他總共留下五件繫年作品，除前述二件手卷及〈花

卉圖卷題詩〉外，另有一幅〈花卉後跋〉；和這件軸式的〈畫錦堂記〉（圖五十九）。畫跋的部份因字數較少，又受書寫空間題材等因素影響。書家個性較不易顯現，所以對風格的界分幫助不大，僅落款署名稍具參考價值，故一般性繫年題畫詩暫不在本節討論，留待下章書法格式中再予一併敘述。話說徐渭唯一立軸繫年作品〈畫錦堂記〉，規格爲高一八三寬四八‧五公分，若非他落款寫明"壬辰歲"，還眞不敢相信，以他這樣一位高居表現主義首腦位階的人物，七十二歲高齡，還能寫出這麼規矩的作品，令人望之儼然。這件作品以行楷書寫計分九行，加上標題一行，共爲十行，採有行無列寫法，從點畫結構到謀篇佈局，完整性頗高。類似這樣的作品並不多見，可以說是徐渭書法中的"異類"。在作品裡絲毫看不見激越狂宕之氣，槪以耋耋老矣，在經歷了轟轟烈烈的一生，對人世彷彿多了一層體認，所有的憧憬夢想，千里壯志，都已在辛酸血淚中完全抵銷，而一切的不平和憤懣，更在多年的無情歲月裡，藉著筆墨流淌怠盡，此時的筆鋒顯得那般詳和沈靜，與世無爭，像是經過暴風雨後的寧靜，在看似寧靜無爲的背後，有誰知道它是用多少代價去換取而來，所以細審這幅作品，仍然可以發現不與流俗之處，是一種主體生命與客體筆墨高度融合的佳構，時而泛出作者胸中那股"不可磨滅之氣"，不僅表現了書家的韌性與耐力，更綻放出人性的無限光芒。王安石說"看似尋常最奇崛，成如容易卻艱辛"，當可用來作爲徐渭書法的最佳詮釋吧！

　　和〈畫錦堂記〉風格類似還有一件〈蘇軾老黠鼠賦〉（圖六十），比〈畫錦堂記〉細瘦疏明，規格亦較小，僅高一一一寬三〇‧五公分，觀其筆調，兩件作品創作時間應也相差不遠，不過並無其他證據可資證明，只好留給高明人士去作進一步鑑定。

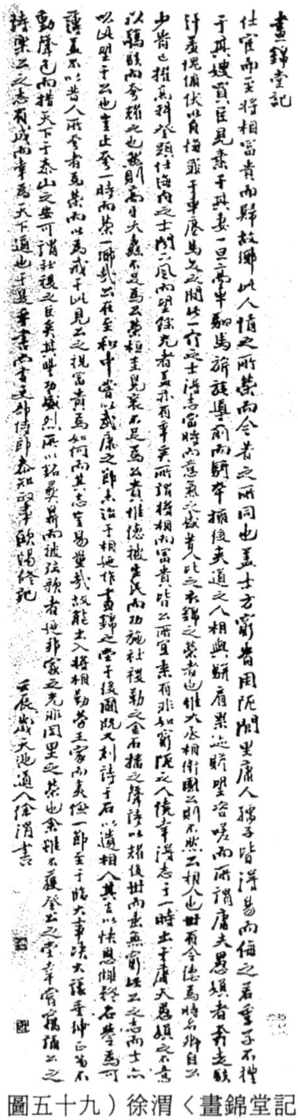

（圖五十九）徐渭〈畫錦堂記〉
48.5×183cm 北京故宮
博物院藏，引自《中
國古代書畫圖目》

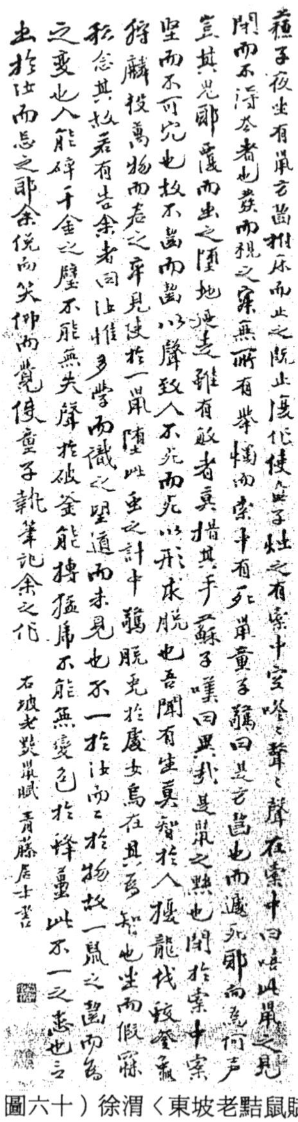

（圖六十）徐渭〈東坡老黠鼠賦〉
30.5×111cm 北京故宮
博物院藏，引自《中國
古代書畫圖目》

徐渭其他立軸作品均未繫年，以致不易爲其作分期。但在檢審他的作品時，發現他有四件重作的作品，一件爲五十七歲時所作，署名"金壘山人"的〈花卉十六種〉手卷，因在款文中已交代年份，故其創作年代沒有爭議。另外三份重作的作品，則爲二件條幅立軸及一件手卷，分別是〈行草七言律詩軸〉（圖六十一）、（圖六十二）、〈徐積觀潮軸〉（圖六十三）、（圖六十四）及草書〈千字文〉，由於落款均未繫年，故一時難以辨別作於何時，但據推測，〈徐積觀潮〉所寫內容是他二兒子徐積觀潮歸後，徐渭應人索書即興之作，兩件作品只有款文內容稍有不同，其餘格式風格則大同小異，所以這兩件立軸書法作於同一時期，應是無可置疑。再就年代上推敲，按徐積生於一五六二年冬，徐渭四十二歲；到其入獄那年，徐積才三歲多，仍於襁褓之中，對所謂"觀潮"一事，恐言之過大，如果這時眞去觀潮，必也是徐渭攜帶前往，當時徐積乳臭未乾，徐渭不如說是自己觀潮歸來，何須託於徐積之名，所以這兩件作品成於四十六歲前的可能性極小，而應該是在徐渭出獄後的幾年間，因徐渭服刑期滿時徐積已十歲，正是嗜玩的年齡，徐渭爲了彌補在獄中無法朝夕照顧的缺憾，利用出獄後的空暇，帶他四處遊玩，流覽山光水色，這二件〈徐積觀潮〉極可能就在這時期所作。當然，我們亦可懷疑徐渭也許六十歲以後才帶徐積觀潮，但此一論點不夠堅強，因爲就二件書法風格來看，不像晚年所寫的作品，而且徐渭六十一歲徐積已經十九歲，對一個翩翩少年來講，觀潮何須父親陪同，即使徐渭和他一同前往，以徐積的年齡，已有獨立思考能力，觀潮歸後若有所感，應自己動手吟咏，豈有再勞徐渭代賦之理，詩中內容顯然是徐渭自己歸返後的感想，但落款寫上兒子名字，表明是偕子同往，並藉由詩歌的呈現，間接傳達出徐積觀潮時的欣

（圖六十一）徐渭〈七言律詩軸〉
64.3×210cm，上海博
物館藏，引自《中國
古代書畫圖目》

（圖六十二）徐渭〈七言律詩軸〉
64.3×209.8cm，北京
故宮博物館藏，引自
《徐渭墨蹟大觀》

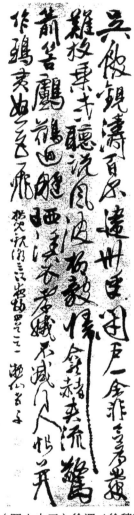 

（圖六十三）徐渭〈徐積觀
　　　　　潮〉32×127cm
　　　　　南京博物館藏，
　　　　　引自《中國古代
　　　　　書畫圖目》

（圖六十四）徐渭〈徐積觀
　　　　　潮〉31.6×131.1cm
　　　　　日本藏，引自影印
　　　　　資料，未見著錄書
　　　　　目

喜情形，如果徐積已年近弱冠，就不必再透過徐渭代爲表達了。因此，款文才稱"徐積觀潮"，讓作父親的徐渭感到頗爲慰藉，一種補償作用的心理投射，顯露無遺。

其次〈行草七言律詩軸〉，規格不小，兩件均高二一〇寬六十四‧三公分上下，目前一件放在上海博物館；一件存於北京故宮博物院。兩件作品雖同爲立軸，惟風格氣氛有些差異，上海博物館這一件分五行寫完，主文佔了四行，落款則另行書寫，文中的"年"、"郎"豎筆拉長，行序較寬，字體稍長，行草相間而以行書爲主；北京故宮那一件則縮成四行書寫，落款分兩小行擠在第四行下方，其格式上的差異，主要是因爲文中"年"、"郎"的處理手法不同，此幅該二字豎筆並未拉長，反而極力壓縮，行距亦較窄，帶進較多草書，縮連綿密，字形趨扁，跌宕縱橫。兩件作品雖內容一致，但未必成於同一時期，如以字形結構來論，字形偏扁應較接近早中期，字形偏長則較近於晚期，而存於上海博物館那件作品，雖字形偏長，疑是六十歲以後所作，但仔細觀察其風格特徵，又不像是七十歲以後的作品，所以可能的話，大約是在六十至七十歲之間。而另一件存於北京故宮的作品，則一時無法觀察出其創作年代。因此該二件作品完成的確切年代，實因證據缺乏，未敢妄斷，僅就個人粗淺研究心得，試作歸類，或可作爲徐渭書風分期之片斷。

至若另一份重作的作品，是分別藏於北京故宮博物院和榮寶齋的〈千字文〉（圖六十五）、（圖六十六）草書。徐渭流傳下來的〈千字文〉計有三件，一件是行書，另二件爲草書。行書因書體風格和草書有別，無須作比較，而這兩件草書整體風格也不盡相同，由榮寶齋收藏那件，筆畫細瘦飄逸，自然奔放，但又略顯劍拔弩張，不甚沈穩，然前後氣勢連貫，千姿萬狀，收筆處猶

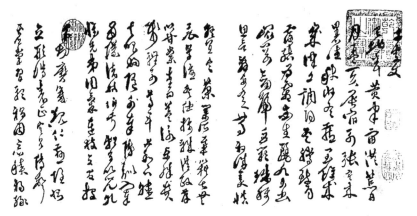

（圖六十五）徐渭草書〈千字文〉（局部）28.7×336cm，北京故宮博物館藏
引自吉林美術出版社《歷代千字文墨蹟》

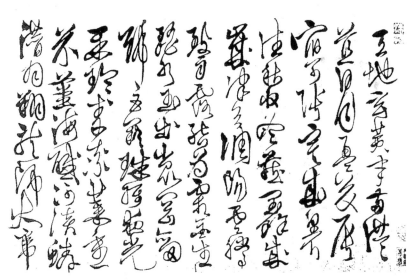

（圖六十六）徐渭草書〈千字文〉（局部）31.2×337.5cm，
北京榮寶齋藏，引自榮寶齋《徐渭草書千字文》

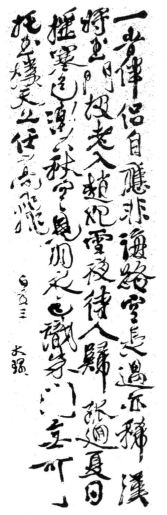

（圖六十七）徐渭〈白燕詩軸〉
73.5×264.1cm
寧波天一閣文物保管
所藏，引自《徐渭墨
蹟大觀》

如"渴驥奔泉"般戛然而止，俐落
精妙。而另一件存於北京故宮的
〈千字文〉草書，就比較內歛含
蓄；沒有大開大闔的架勢，但運筆
紮實，筆筆送到，老練沈著，天趣
橫生，落款以本名"徐渭"簽署，
和前一件署"大環"迥然有別。由
於徐渭作品以"大環"題款只有二
件，除這件千字文外，尚有一件
〈白燕詩軸〉（圖六十七），可惜
都未繫年，無法從而看出任何破
綻。惟若自字形及用筆上來看，榮
寶齋收藏的〈千字文〉較難分辨創
作年代，而北京故宮所藏那件，字
形偏長，用筆沒有扭捏造作，樸實
無華，應是介於〈前赤壁賦〉與
〈春興八首〉之間，因此本件疑似
作於七十歲前。

　　為了對徐渭書風發展能有清楚
交代，特就目前見諸各文獻中可稽
考之作品予以表列，並將繫年及未
繫年作品分開整理。繫年部份以創
作年代先後為序；未繫年部份則以
格式作區分，以見梗概。

一、繫年作品

作品名稱	字體	形式	規　格	創作年代	年齡	材質	收藏地	署　名	圖版來源
長嘯懷人，深心豪素	行	對聯	30.5*88	一五五四 嘉靖卅三年	卅四	紙	江蘇江市博物館	天池徐渭	中國墨跡經典大全（影印資料）
行書詩稿	行	冊頁	24*24.7	一五六七 隆慶元年	四七	紙	北京故宮	無款	中國古代書畫圖目
蜀道難	草	卷	30*165	一五六七 隆慶元年	四七	絹	大連文物商店	黃鵝道士	中國古代書畫圖目
春雨詩卷	草	卷	28.4*645.5	一五七〇 隆慶四年	五十	紙	上海博物館	天池道人渭	徐渭墨蹟大觀
行草詩詞卷	行草	卷	29.2*442	一五七三 萬曆元年	五三	紙	上海博物館	天池渭	徐渭墨蹟大觀
行草詩卷	行	卷	27*268.5	一五七三 萬曆元年	五三	紙	虛白齋	天池道士徐渭	徐渭墨蹟大觀
花卉十六種	行	卷	29*220	一五七七 萬曆五年	五七	紙	紹興文物管理處	金壘山人	徐渭墨蹟大觀
花卉十六種	行	卷	29*220	一五七七 萬曆五年	五七	紙	北京故宮	金壘山人	中國古代書畫圖目
龍溪號篇	草	卷		一五七六作，一五七七題跋	五六 五七	紙	西安文物保護考古所	天地道人徐渭	中國古代書畫圖目
自書詩卷	行草	卷	29.8*446.8	一五八〇 萬曆八年	六十	紙	北京故宮	青藤道人渭	徐渭墨蹟大觀
陶彭澤詩	行草	卷	23.4*746.5	一五八〇 萬曆八年	六十	絹	上海博物館	青藤道人	中國古代書畫圖目
雜畫後跋	行	跋	28.5*859.1（含畫）	一五八〇 萬曆八年	六十	紙	上海博物館	金壘山人	中國古代書畫圖目
花卉圖題贊	行草	題贊		一五六一 嘉靖四十年	四一	紙	廣州美術館	天池	徐渭精品畫集
山水人物花卉圖冊跋	行	跋		一五八八 萬曆十六年	六八		北京故宮	青藤渭	影印資料
春興八首	行	冊頁		一五九一 萬曆十九年	七一	紙	紹興博物館	天池道人	徐渭墨蹟大觀

花卉雜畫圖跋	行	跋		一五九一萬曆十九年	七一		日本泉屋博物館	天池山人徐渭	影印資料
花卉人物圖卷後跋	行	跋	29.9*304.7（含畫）	一五九一萬曆十九年	七一	紙	中國歷史博物館	青藤道人	中國古代書畫圖目
墨花圖跋	行	跋		一五九一萬曆十九年	七一	紙	上海博物館	天池山人徐渭	中國古代書畫圖目
花卉圖卷	行	卷	46.3*624	一五九二萬曆二十年	七二	紙	北京故宮	青藤道士徐渭	徐渭墨蹟大觀
煎茶七類	行	卷	26*210	一五九二萬曆二十年	七二	絹	北京榮寶齋	青藤道士徐渭	榮寶齋珍藏墨蹟
各家評書	行草	卷	22.2*773	一五九二萬曆二十年	七二	絹	上海博物館	青藤道士徐渭	國立台灣美術館《國際書法文獻展專輯》
晝錦堂記	行	軸	48.5*183	一五九二萬曆二十年	七二	綾	北京故宮	天池道人徐渭	中國古代書畫圖目
花卉後跋	行草	跋	28.3*375.6（含畫）	一五九二萬曆二十年	七二	紙	上海博物館	青藤道叟	中國古代書畫圖目

二、未繫年作品：

作品名稱	字體	形式	規格	創作年代	年齡	材質	收藏地	署名	圖版來源
自書詩卷	行	卷	25.7*113.2			紙	南京博物館	無款	徐渭墨蹟大觀
女芙館十咏	行	卷	30.8*227.2			紙	上海博物館	徐渭	徐渭墨蹟大觀
野秋千十二首	行	卷	35.2*207			絹	北京文物商店	天池	徐渭墨蹟大觀
淮陰侯祠	行草	卷	31.5*662			紙	廣東博物館	天池道人渭	徐渭墨蹟大觀
行書詩卷	行草	卷	31.8*502.4			紙	上海博物館	天池渭	徐渭墨蹟大觀
杜甫秋興八首	行草	冊頁	25.3*			紙	台北故宮	天池道人渭	徐渭墨蹟大觀

名稱	書體	形制	尺寸		年代	質地	收藏	款	出處
白燕子四首	行草	冊頁				紙		天地山人 徐渭	徐渭墨蹟大觀
前赤壁賦	行草	卷	24*388		疑六〇至七〇之間	絹	北京藝品進出口公司	青藤道人 徐渭	徐渭墨蹟大觀
寫花十六種詩卷	行	卷	31*123.8		疑七〇至七二之間	紙	上海博物館	青藤道人 渭	徐渭墨蹟大觀
雨中醉草	行草	冊頁	31.5*25.8（每頁）			絹	上海博物館	青藤道人	中國古代書畫圖目
臨米、黃書（東坡念奴嬌等）	行	卷	27.5*46.4			紙	上海博物館	未刊落款	中國古代書畫圖目
李白詩、蘇軾詞卷	行	卷	30.5*770.8		疑為六〇上下	紙	上海博物館	青藤道士 渭	中國古代書畫圖目
白燕詩卷	草	卷	29.6*421			紙	紹興文物管理處	天池徐渭	徐渭墨蹟大觀
王翰等人詩卷	行草	卷	22.5*269		疑為六〇上下	絹	上海博物館	無款	中國古代書畫圖目
行草古詩	草	卷	31*227.5			紙	北京故宮	漱老	中國古代書畫圖目
四㲯詩	草	卷	30.5*550		疑為七〇上下	紙	北京故宮	青藤道士	中國古代書畫圖目
行草雜詩	行草	冊頁	22.2*733			絹	北京故宮	青藤道士 渭	中國古代書畫圖目
千字文	草	卷	28.7*336		疑為七〇之前	紙	北京故宮	徐渭	歷代千字文墨跡
千字文	草	卷	31.2*495			紙	北京榮寶齋	大環	榮寶齋珍藏墨蹟
千字文	行	卷	32.1*337.5			紙	北京故宮	田水月	吉林文史出版社《徐渭行書千文》
晁補之豬齒臼化佛贊并序	行楷	卷				紙		無款	影印資料
擬鳶圖題跋	行楷	卷	32.4*160.8			紙	上海博物館	漱漢	中國古代書畫圖目

自書詩七首	行草	卷	25.6*730		紙	大陸藍玉崧	天池道人渭	中國書法一九八八年第二期
行書詩	行	冊頁	25.8*31.5		紙	北京故宮	天池居士	中國古代書畫圖目
七言律詩軸	行草	軸	64.3*209.8		紙	北京故宮	天池山人渭	徐渭墨蹟大觀
七言律詩軸	行草	軸	64.3*210	疑為六０至七０之間	紙	上海博物館	天池道人渭	中國古代書畫圖目
行草詩軸	行草	軸	35.6*125.5		紙	紹興文物管理處	徐渭	徐渭墨蹟大觀
草書杜甫七絕詩軸	草	軸	29.7*130.8		紙	蘇州博物館	天池	徐渭墨蹟大觀
白燕詩軸	行	軸	73.5*264.1		紙	寧波天一閣文物保	大環	徐渭墨蹟大觀
牛首齋罷	行	軸			紙	上海博物館	青藤道士渭	徐渭墨蹟大觀
草書詩軸	草	軸	59*123.4		紙	上海博物館	天池	徐渭墨蹟大觀
李白詩軸	草	軸	59*126		紙	瀋陽故宮	天池	徐渭墨蹟大觀
草書詩軸	草	軸	63.4*114.2		紙	無錫博物館	天池	徐渭墨蹟大觀
應制詞咏劍	行草	軸	102.6*352		紙	蘇州博物館	天地道士徐渭	徐渭墨蹟大觀
應制詞咏墨	行草	軸	102.6*352		紙	蘇州博物館	未署名	徐渭墨蹟大觀
岑參詩軸	行草	軸	104*353		紙	西冷印社	徐渭	徐渭墨蹟大觀
杜甫詩軸	草	軸	60.3*189.5		紙	上海博物館	徐渭	徐渭墨蹟大觀
草書七言絕句	草	軸	61*129.3		紙	北京文物商店	徐渭	中國古代書畫圖目

五言律詩	行	軸	56.6*131.5		紙	北京文物商店	青藤徐渭	中國古代書畫圖目
行書五律詩	行	軸	105*227.5		紙	浙江博物館	天池山人	中國古代書畫圖目
行草王維七律詩	行草	軸	1 01.6*385.8		紙	四川博物館	徐渭	中國古代書畫圖目
詠月詞	行草	軸	79*208		紙	山西博物館	水月	中國古代書畫圖目
五言律詩	行草	軸	69*184.5		紙	紹興博物館	無款	中國古代書畫圖目
七言律詩	行	軸	53.7*162.3		綾	吉林博物館	徐渭	中國古代書畫圖目
群望圖	行	軸	97.5*349.5		紙	青島博物館	徐渭	中國古代書畫圖目
自度曲	草	軸	51.6*125.5		絹	重慶博物館	青藤道士	中國古代書畫圖目
夏夜讀書	行	軸	32*128		紙	北京故宮	無款	中國古代書畫圖目
七言古詩	行草	軸	93*184		紙	北京故宮	天池	中國古代書畫圖目
七言律詩	行	軸	43.3*164		紙	北京故宮	天池山人徐渭	中國古代書畫圖目
七言律詩	行草	軸	33.5*125.5		紙	北京故宮	天地道人渭	中國古代書畫圖目
蘇軾點鼠賦	行楷	軸	30.5*111	疑七０至七二上下	紙	北京故宮	青藤居士	中國古代書畫圖目
崔顥詩軸	行草	軸					未刊款文	余秋雨主編《毛錐藝痕》
徐積觀潮	行草	軸	31.6*131.1	疑五０餘歲所作	紙	日本	天池道人	影印資料
徐積觀潮	行草	軸	32*127	疑五０餘歲所作	紙	南京博物院	漱仙老子	中國古代書畫圖目

行草七言律詩	行草	軸	48.2*135.2			綾	天津藝術博物館	天池	中國古代書畫圖目
致明公手札	楷	書牘	37*24.8			紙	北京故宮	渭	中國古代書畫圖目
致王畿手札	行	書牘	29.3*193			紙	北京榮寶齋	徐渭	榮寶齋珍藏墨蹟
書簡－伏縈	行	書牘						渭	徐渭墨蹟大觀
書簡－僕領	行	書牘					北京故宮	徐渭	徐渭墨蹟大觀
書簡－得書後	草	書牘					上海博物館	無款	徐渭墨蹟大觀
龍丈博笑	行	對聯						天池道士	徐渭墨蹟大觀
半池風雨送春冷、夜霜花帶月開	行	對聯					拓本	天池	蘇東天《徐渭書畫藝術》
隔岸垂楊笑語溪荷映水新粧	行	對聯					拓本	青藤道士	蘇東天《徐渭書畫藝術》

附註：
一、所列規格係為公分。
二、徐渭〈青天歌〉因已有學者認為係贋品，且經廣泛討論證明屬實，故不予列入。
三、天津人民美術出版社《徐渭精品畫集》刊有一幅徐渭〈煎茶七類〉，筆法稚嫩，疑點重重，亦不予列入。

第三節　書寫形式對徐渭書法風格之影響

　　徐渭所處的時代，書法格式已呈多樣化的局面，舉凡中堂、條幅、橫卷、冊頁、對聯乃至各式各樣的摺扇、團扇，如果再加上尺牘、詩稿、題畫、序跋，則更顯精彩紛呈，燦然大備。相異的書寫格式，其審美方式與標準亦會有所不同，而書家在創作時亦將因為格式的差異，產生不同的創作心理情境。徐渭傳世作品以立軸、詩卷及題畫為最多，並有零星尺牘及匾聯等。在這些不同的格式中，我們的確發現彼此間存在著不少的差異性，茲縷析如下：

一、詩卷

在明代以前，一直被視為書法寫作格式正宗的長卷，最早可追溯到竹簡木牘，歷代許多文章、佛典，即是以長卷格式書寫，就連科舉所用的 "八股文" ，也是橫卷形式。自晚唐起，這種橫式手卷，開始有人以書寫詩歌作為其內容，發展到了宋代，在 "尚意" 書風的附合下，掀起了一波高潮，元承其緒，以迄明代相沿成習。在立軸書法未被普遍使用前，詩卷它所提供的空間無限延伸，無疑是書法創作格式上的一大突破，因此廣受文人書家所喜愛。明代的幾位大家自然無人願意放棄此一格式，甚至廣為書寫流傳。

（一）傳承中有創新

"詩卷" 基本上和尺牘性質較為類似，並非以公開展示為目的，因此具有高度的私人性色彩，其最初的形態顯然是和 "詩稿" 有關。文人墨客流連山水、吟詠風月或信步閒庭所賦之詩，隨手錄下，原本只是供作詩錄備忘或友好投贈酬唱之用，逐漸形成風氣，遂躍升為一種獨特的書法創作格式。徐渭詩卷雖然個人書法風格強烈，但在書寫形式上仍舊依循傳統規矩，在既有尺幅條件中，對古人作某種程度的繼承，也就是說較之前人詩卷，他除了字形誇張奇崛外，在書法本質上仍未有新的創舉，大抵還是以行氣連貫、佈局穩當為主要考量，尤其大多數作品在行序處理上，較少出現左右相互揖讓或碰撞參差的佈局方式，甚至有部份作品行距寬綽，字距緊密，旨在連貫筆勢，使在上下有限空間裡，有效把握行氣的綿延通貫。

徐渭詩卷較之前人而言，亦並非了無新意。雖然大方向沒有重大改變，但他在格式的內幅中，對整體格局的安排，則有超乎前人之處，其最顯著的特色，在於詩卷的"雜書性"。以往的詩卷，內容及書體比較單純，大多是書家以一種書體從頭到尾一次完成，中間頂多加個詩題或附註式的小語，如詩卷最盛行時期的宋四家，乃至明代中期以前諸家，大多如此，有時甚且採同一題材或格律相同的詩作輯錄。宋四家中，米芾在詩卷內容上，算是比較具有大膽作風的一位，其〈蜀素帖〉（圖六十八）第一、二首為五言詩，第三首以後改書七言詩，最後則又五、七言交雜。不過，米芾雖敢於從內容上作改變，但其書體則前後一致，以行

（圖六十八）米芾〈蜀素帖〉（局部）引自日本二玄社《中國法書選・米芾集》

書書寫，就風格面貌而言，實未有開創性作爲。基本上，此類詩卷通常是透過別人之手，才又加上觀後贊語或題跋，因而前後呈現一種多元化的風貌，使整個卷子更富文學性與複雜性。陳師欽忠說：

> 由於書家追求自我意趣的積極實踐，更以時新的詩卷形式，將詩書相輔相成之妙，推向新的高點。尤其是書家以貼近文學思維所作的題跋短語，與語文主題呼應，連綴成卷，更爲詩卷豐富的情志色彩再添一筆，終於成就了古今最完備的書法寫意格式。因此，卷跋合一的發展及其美學意義，也就格外顯得重要。53

詩卷就在書家以文學藝術高度融合下，再增添觀賞者的"臂助"，成爲一種完備的書寫格式。然而，隨著流傳日久，玩賞者衆，題跋逐提昇至與主文相抗衡的地位，就觀賞角度來看，已然具備"雜書"的性質。此一情況，到了徐渭出現了重大的改變，他的作品不待後人加跋，就已多彩繽紛，高潮迭起，簡言之，徐渭的"雜書卷"係完全出自一人之手，此在前一節已有論述。

　　白謙愼〈雜書卷册和晚明文化生活〉曾提到雜書卷册在明末數量開始增多，他並爲雜書卷册的特點下了定義說"雜書卷册的特點是，一件手卷或册頁由兩種以上的書體隨意書寫而成"54，他並舉出晚明書家李日華（一五六五－一六三五）的一件〈楷書雜書卷〉（圖六十九）作例子，這件雜書卷內容爲李日華本人的

53　陳欽忠《法書格式與時代書風之研究》，（台北：華正書局，一九九七年九月增訂一版）P142。

54　白謙愼〈雜書卷册和晚明文化生活〉《書法叢刊》，總第六十三期，（北京：文物出版社，二〇〇〇年第三期）P20。

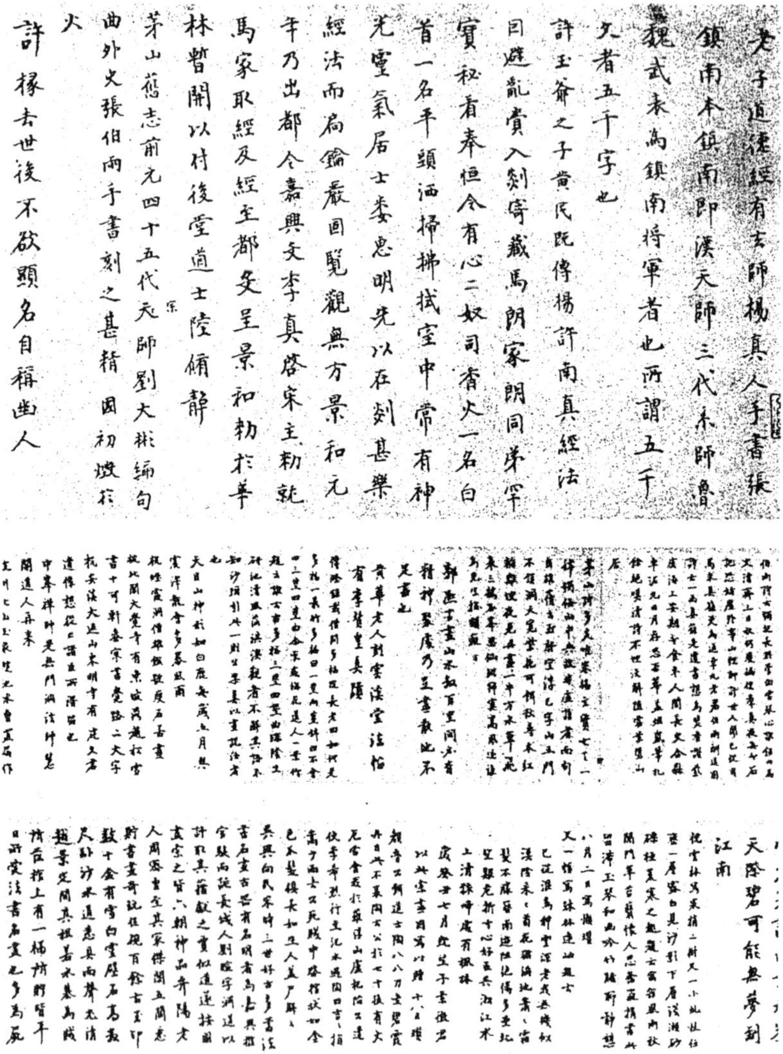

（圖六十九）李日華〈楷書雜書卷〉（局部）香港收藏家王南屏藏，引自白謙慎〈雜書卷冊和晚明文化生活〉《書法叢刊二〇〇〇年第三期》

筆記，整個手卷是由許多段落組成，短者一行，長者達十數行，為了使每個段落有一區隔，作者乃以字體大小及上下空間寬窄作區分，白謙慎認為這件作品"值得注意"。事實上，李日華僅以字體大小作段落區隔，書體仍以楷書為主，筆調差距不大，"雜"的純度不夠高，最重要的一點，李日華年代較徐渭晚，雖然我們不敢斷言李日華此作是否受徐渭影響，但徐渭雜書卷之價值性在李日華之上，則乃不爭之事實，況且李日華的書卷屬於"文卷"，而"文卷"在古代被使用的頻率相當高，因此嚴格說來，他的書卷不過是文章雜錄而已。真正要論雜書卷，最早要從祝允明開始，他有一幅〈六體詩賦卷〉（圖七十），是以六體書法寫成，但他主要是以書體作區隔，每一區段的字體大小、行序安排和天地留邊大抵一致。反觀徐渭作品如〈行草詩卷－天瓦庵〉第一段以行書仿黃山谷筆意書寫；第二段改為行草，兩段間留有半行空間，以示區隔，第三段又回復山谷筆意的行書，但字體比第一段稍大，天地留邊亦變狹；第四段又改回行草，不過字體比第二段還小，這段內容似在為前書作跋，其創作年代亦在本段呈現，惟篇幅不長，僅短短五行餘而已；到了最後一段索性改以冗長的章草書寫，字體雖亦不大，但上下留邊甚窄，頂天立地，且留天不採齊頭方式，高低不一，變化有致，末了再用行草題款。又如〈王翰等人詩卷〉，也是先以行楷書起頭，再以小字行書作為銜接；第三段字體忽然放大，風格和第一段行書基調不甚相同；第四段又改為中楷章草；第五段筆調加快，而以草書來呈現奔馳暢快的效果並為之作結。除此之外，他如〈行草詩詞卷〉、〈各家評書〉、〈女芙館十咏〉、〈淮陰侯祠〉、〈行書詩卷〉、〈臨米黃書〉、〈李白詩、蘇軾詞卷〉等，在同一件作品中，至少採取兩種以上書體或風格書寫，其對"雜書卷"的實

（圖七十）祝允明〈六體詩賦卷〉（局部）引自榮寶齋《中國書法全集・49卷》

踐，可謂非同小可。他不僅書寫不同作者的詩詞，也以不同書體、不同筆調書寫不同的內容體裁，有時也以字體大小、擺放位置作為區塊分隔，偶爾更在某個段落加註眉批、抒發個人感想，或以不同時間陸續完成一件作品，其"雜書性"允為歷代之冠，在在說明了徐渭詩卷的格式在傳承中有創新的深層意義。

（二）尚意書風的超越

如前所述，書法詩卷格式的完成，是來自於宋代尚意書風的力挺，而此種詩卷格式的書寫，原則上和其他格式一樣，原是一個絕對自足而沒有任何外展性的封閉空間，但在書家的開創下，帶給欣賞者更新奇的視覺觀賞效果，使之成有機性的尺幅空間延展，如此一來，行距段落可以隨著書家個人的心情變化，或激烈亢奮、或低迴吟詠，或昂首闊步，或蹙眉深省，造成相聯屬之序列或遠、或近、或疏、或密的情緒性反應。宋代以蘇軾為首的文人書家，高舉者"我書意造本無法"[55]的旗幟，更提示了書家情感投注書法作品的創作意識，其主要內涵在於強調書法的抒情功能，以宣洩作者胸臆為主的個性意識與主觀情感表現。徐渭在此一基礎上，很容易便和"尚意書風"取得聯繫。但觀那群尚意書家，大都是胸有凌雲壯志卻又不得時，博學多才而不為世用，一生坎坷失意的文人書家，漸漸地他們對世俗產生逃避心理，尋求自我慰藉和解脫，而書法正是作為他們稀釋心靈痛苦和表現自我的主要手段，其中最典型的當然還是蘇東坡了，他所提出的"意造"書法，即是強調主體情感表現，超越形式和法度，走向以神

55　蘇軾《蘇東坡全集》，（台北：世界書局，一九九五年，前集卷二〈石蒼書墨堂〉）P54。

寫形，寓神於形的境界，他們不願被晉唐那種溫文爾雅的趣味和
雄強勁健的氣勢所壓垮，而以富有時代意趣的個性特徵，創造了
奇峭俊利及蕭散清剛的風格，雖然晉唐書法也有奇勢，但"晉唐
之欹勢在韻，它含蓄蘊藉；唐之欹勢在法，它規範沈穩；宋之欹
勢在意，它發揚顯露，不但'欹側'還表現'怒張'，它突破了
形式美規範，含有不和諧甚至'醜'的因素，使書法作品產生了
某種程度的對立和衝突，更富有強烈的刺激意味和深刻的美學內
涵"56。唐代儘管也有如懷素、張旭之流的書家，但他們和宋代
書家的創作心理仍有相當差距，畢竟唐代的狂在"法"，宋代之
狂在"意"。尚意書家將內心的虛無作為依託，並以不假雕飾的
雅拙狂狷，摻入書法中的不和諧因子，它標誌著古代和諧美的審
美理想至此開始產生動搖。

　　徐渭一生的遭遇若和宋代尚意書家相比，實有過之而無不
及，他徹底是個傳統封建時代不合理的體制下的犧牲品，他那股
"不可磨滅之氣"和"激昂丈夫焉能婆娑蓬蒿，終受制於人"57
的氣概，在飽嚐失敗的人生悲劇裡，逼使他別無選擇地向"尚
意"一派繳械，只不過，他又將尚意書風向前推進一步，任憑天
份才情盡性發抒，打破傳統法則，以強勁粗獷的線條，舞蛇走
虺，馳縱跳騰，並將結構間架完全打散，服從於整體的需要，使
字形的可識性受到削弱，而且提按頓挫的筆法也更含混而富於感
情，宣示出書法審美意識，至此又邁向另一個新的里程。梁少膺
說：

56　梁少膺〈恣肆狂怪的心理與藝術中的悲劇〉《書法研究》，總第六
　　十四期，（上海：書畫出版社，一九九五年第三期）P97。

57　徐渭〈上提學副使張公書〉《徐渭集》，P1107。

　　徐渭的書風，其“尚意”的因素較之早期的宋代的所謂
“宋四家”又有大幅度的發展，個性化達到了更高的境
界。58

徐渭的個性化表現反映在風格上，是一種朦朧深邃的模糊美。他
轉動著痛苦失意的意像輪盤，直接揮灑出一種若明若暗，若即若
離，迷幻朦朧的深邃意境，因爲文字本身就是屬於抽象性的表意
符號，裡頭儲存的意義原即幽深無際，書家再運用各種手法表現
出文字形體的妙趣，更顯現出豐富無窮的意蘊與抽象內涵。所以
他的書法對“尚意”書風的體現比之於宋代諸家，實又略勝一
疇，葉鵬飛〈晚明社會與浪漫書風〉評曰“徐渭這種大膽，有著
神經質的發揮，超越了蘇、黃、米，超越了顛張、醉素，成爲書
史上第一個企圖使書法衝破文字、技法束縛的書家 59。對徐渭超
越宋人的成就，毫不掩飾。

二、立軸

（一）先驗性的憑藉

　　清代乾隆年間書論家梁巘在其所著〈評書帖〉中云“晉尚
韻，唐尚法，宋尚意，元、明尚態”60。一個時代書風的轉換雖
然受制於環境氛圍的滲透支配，然而由於時代環境變遷，所產生

58　梁少膺〈恣肆狂怪的心理與藝術中的悲劇〉《書法研究》，總第六
　　十四期，（上海：書畫出版社，一九九五年第二期）P97。
59　葉鵬飛〈晚明社會與浪漫書風〉收於《常州書學論集》，（北京：
　　中國文聯出版社，一九九九年十月一刷）P156。
60　梁巘〈評書帖〉收於《歷代書法論文選》，（台北：華正出版社，
　　一九九七年四月）P537。

對書法創作格式的改變，也是極其重要的因素。書法格式又將進一步牽制著書家的創作心理，發展出該種格式特有的藝術理想。例如漢代立碑風氣興盛，其目的旨在立功紀事，故書體都以莊嚴謹穆的漢隸爲主；曹魏年間，感於立碑之風浪費資財，有損國力，因而下令禁碑，"刻碑之風氣旣禁止，書家則需另闢蹊徑，於是有西晉尺牘的興起"61。漢碑的莊嚴氣象和晉代的尺牘流風，在書法體貌上，有著明顯的差異，原因是書寫格式的不同，又如北魏造像題記與隋唐寫經書法，兩者也是因爲功能需求和書寫格式的互異，影響到其書法的風格與面貌。明代書法在時代浪潮的推進下，迫使書法格式不得不違逆傳統旣有格式，而朝立軸條幅邁開大步。陳師欽忠在〈詩卷格式的審美特色〉一文中說：

> 作爲流通於文人之間的藝術形式，詩卷的高度文化背景，多少限制了它向觀眾性方面的發展，即便其中不乏好事者介入，基本上仍屬於文士階層的欣賞專利，較諸尺牘施於家人朋友之間的少數欣賞對象，但比起碑刻的公開陳列及其所營構的大眾化人文情境，卻又有所未逮。62

明代書法由於各種社會環境的圍剿，爲因應新興城市工商階層的廣大市民性格，一種公開展示的心理需求，遂來勢洶洶，不可遏止，把原本私人性較強的卷册，從書法格式主流地位重重拉下，而由立軸長條取而代之，爲梁巘所謂的"尚態"書風建立寬廣的

61　葉秀山《書法美學引論》，（北京：寶文堂書店，一九八七年六月一刷）P162。

62　陳欽忠〈詩卷格式的審美特色〉《中華書道》第十五期，（台北：中華書道學會，一九九七年二月）P73。

發展機會。因爲許多書法史家以爲，眞正能代表明代書法風格的形式，是巨幅立軸，可以想見，立軸書法在中國書法史上的地位是何等重要。

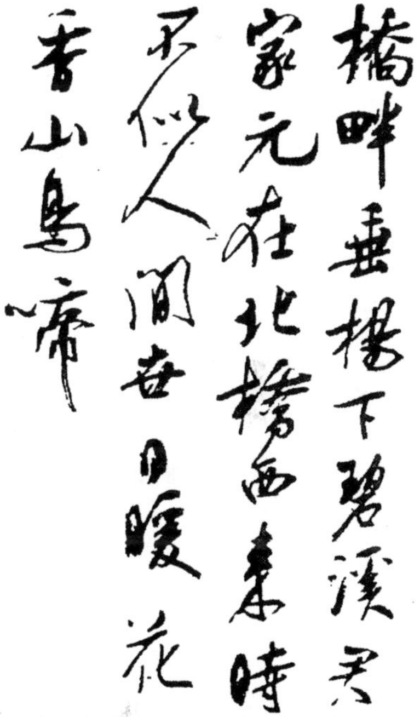

據目前文獻所知，歷代傳世書法作品中，第一件立軸書法乃南宋吳琚的〈七言詩軸〉（圖七十一）。而元代的張雨（一二八三－一三五〇）、楊維楨（一二九六－一三七〇）也有立軸作品；然而明朝建國初期，這種格式並未受到書家青睞，創作者寥若晨星，而稍後的祝允明、文徵明、陳淳等人就有較多巨幅立軸傳世，這項發展，到了徐渭更以挾風帶雨之勢，將立軸書法帶到高

（圖七十一）吳琚〈七言詩軸〉
55.3×98.6cm
引自《故宮歷化法書全集》

潮，"揭開了巨軸行草的嶄新一頁"63。隨著書寫長度的加大，在創作上爲顧及整體效果，因此對空間經營及字體的採用上，需要有更多的技巧來肆應。李秀華說：

> 超長與寬廣的立軸給予書家更多任情揮灑的空間，然這種既定空間的經營也使書家必須朝著與書法自然抒情的逆反

63　張愛國〈高堂大軸與明人行草〉《中國書法》二〇〇〇年第十二期，（北京：中國書法雜誌社，二〇〇〇年十二月）P41。

　　方向去思考，即內容不再是主體，筆墨、線條和全篇的布
白，才是視覺欣賞的中心。64

　　據筆者前所統計資料顯示，徐渭傳世立軸書法達三十二件之
多，在當時軸式書法不甚風行的情況下，徐渭大量創作的舉動，
格外引人注目，正由於他書寫巨軸作品的數量繁多，又因爲受縱
長空間新鮮感的激化，使他能有更多機會從事這類書法的嘗試與
創新，從而開發出更具"刺激性"的書寫感官審美經驗65，成爲
他開創書法新局的逞才憑藉。

（二）恣意揮灑，開拓書寫表現空間

　　事實上，立軸書法從南宋吳踞傳到明代，規格尺幅亦有逐漸
加大的趨勢，吳踞〈七言詩軸〉爲五五‧三×九八‧六公分；張
雨的〈唐人絕句詩軸〉爲三四‧三×一五四‧三公分；到祝允明
時就已擴展到一一一‧一×三六三‧五公分，王鐸更是以變形書
家集大成的身份，創作了四二二公分的超長巨幅，刷新立軸書法
的尺寸紀錄，成爲明清時代傳世最高的巨幅立軸。徐渭寫過的軸
式書法規格較大的有〈行草王維七律詩〉一〇一‧六×三八五‧
八公分、〈群望圖〉九七‧五×三四九‧五公分、〈應制詞咏
劍〉一〇二‧六×三五二公分（圖七十二）、〈應制詞咏墨〉
一〇二‧六×三五二公分（圖七十三）以及〈岑參詩軸〉一〇四
×三五三公分。雖然其長度較王鐸稍微遜色，但和同時代書家相

64　李秀華〈晚明變形書風之研究〉，（香港中文大學研究院藝術學部
　　哲學博士論文，一九九八年十月）P36。

65　吳振鋒〈書法的刺激性與耐看性〉《書法研究》，總第八十五期，
　　（上海：書畫出版社，一九九八年第五期）P32。

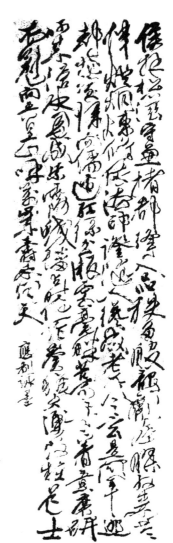

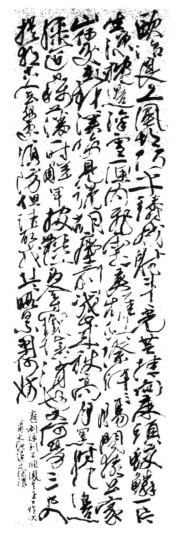

（圖七十二）徐渭〈應制咏劍〉
102.6×352cm
蘇州市博物館藏
引自《徐渭墨蹟大觀》

（圖七十三）徐渭〈應制咏墨〉
102.6×352cm
蘇州市博物館藏
引自《徐渭墨蹟大觀》

比，則足以傲視群雄，即便祝允明之流的宗師巨匠都難與其相
埒，而且我們也發現，徐渭作品不只長度無人能比，寬度也少有
人望其項背，另據洪光耀統計，祝允明傳世作品一五二件書法，
立軸有二十一件；文徵明共有二三四件作品，立軸爲六十七件
66，顯示立軸作品比例並不高，而徐渭八十六件作品中，立軸佔
了三十二件，說明了徐渭對立軸作品的偏好勝過於同時代的書
家。這些經驗都是他人所無法想像和體會。書寫大幅作品，自然
將字體放大，乃屬正常之事，此與書寫卷册或尺牘的心態迴然有
別。他在《筆玄要旨》裡就提到書寫大字的運筆要領。他說：

> 今日之懸腕也，比之古法，非矣，然作小楷及中品字小草
> 猶可，大眞大草必須高懸，平書如人立志，要爭衡古人，
> 大小皆須懸腕，以求古人秘法，似又不宜從俗矣。67

徐渭此一論述，據推測和他書寫高堂大軸應該有關，因爲在直式
尺幅的書寫過程中，一行動輒數十字，筆執於書家手中，隨時需
要配合由上而下的移動，如採懸腕書寫，可使筆的運用更趨靈
活。

　　當然他在一次次的試煉中，也深刻體會到行草是縱長尺幅的
絕配，對每一個字而言，其上下左右絲毫不必受拘束，任運馳
騁，所以他能夠盡情地發揮書法作爲平面視覺藝術的直觀性，將
書法提升到旣往的文字非可讀性層面，並構成畫面氣象的渾然一
體，蒼茫博大。許洪流《中國書法筆法論》裡認爲"徐渭是第一

66 徐渭《筆玄要旨》收於《中國歷代書法論者匯編》第七册，（天
　　津：古籍出版社，一九九九年二月一刷）P245。

67 洪光耀《徐渭書法研究》，（國立台灣師範大學美術研究所碩士論
　　文，二〇〇一年六月）P65~P66。

位真正能創作中堂大字的書家"68，他的理由是，立軸書法一旦掛進廳堂，與欣賞者的距離拉長，就不必刻意追求精緻典雅，它必須給人強烈的視覺衝擊，因此運筆要相應地誇張突出，促使筆法運用在高堂大軸上，呈現出新的形式特徵，而徐渭的書風固然是他個性的彰揚與宣洩，但他因有高質量的點畫功夫作爲後盾，讓他能自信地隨心所欲，無入而不自得。這些優點若非大幅巨軸的格式，恐怕就難形成徐渭的創作氣候，徐渭在無所顧忌的揮運任使間，擁有足夠的空間抒發情性，尤其在心情激越，酒酣銘飫時作字，更能達到書我合一，紙筆交融的境界。另一方面，由於行幅拉長，利於軸線的掌握，可在行氣上作出更多層次的變化，就是因爲縱長直行書寫有助軸線處理，從而才有多餘的心思來關注行距及佈局問題。李德仁曾對徐渭橫卷及立軸作過比較，並提出公允的看法，他說：

> 徐渭書法的章法結篇有兩種類型，一種較爲疏散，如〈草書白燕詩卷〉、〈草書春雨詩卷〉等，字距較密而行距較闊。另一類則較爲密集，多見於立軸，如〈草書杜甫詩軸〉、〈應制詞咏墨〉、〈應制詞咏劍〉等，皆字距行距很密，幾無空隙，如擔夫爭道，如亂石鋪街，字形連屬，筆法聯貫，望之滿紙如村雲滾滾，生氣湧動，氣勢壯闊。69

　　徐渭橫卷在書藝表現上一如前節所述，主要還是較偏向傳統路線，在風格趣味上，不若立軸來得強烈。但觀他的長條立軸那

68　許洪流《中國書法筆法論》，（浙江：人民美術出版社，二〇〇〇年九月一刷）P102。
69　李德仁《徐渭》，（吉林美術出版社，一九九七年九月二刷）P238。

種蒼勁虬屈的線條，枯潤相間的墨色，忽大忽小的字形，倏粗倏細的筆畫，形成懸殊的對比，那糾結在一起的紛披纏繞、狂肆跳躍的藝術質感，浮現出一個被扭曲壓抑的靈魂在奔突呼喊，升騰起一股難以抑制的郁勃之氣，迸發出撼人心魄的力量。

　　徐渭無視世俗眼光的大敢開創，成功地成為晚明變形書風的表率，且在歷史坐標中找到了自己的定位。陳師欽忠說"晚明變形書家以行草為主要表現書體，印證了人們對藝術自由精神的渴求，更借著超長巨軸的馳騁空間，用他們的翻雲覆雨之手，大膽地加以改造，遇到字數少的，則將字體放大，或將豎牽、末筆放長；字數多則把字右聳、壓縮，或以形斷意連以求突兀感，或以漲墨作分塊處理，深化了行草書點畫、結字、章法上的造境70。這種表現方式，在詩卷格式中完全難以相提並論。徐渭可說是這方面的典型。歐陽中石也說：

> 其行草書作縱意縈繞，雜以點法，行間布白隨意參差錯雜，通篇又氣勢貫注，渾然如畫。由於觀賞的要求，明人的行草作品一改以前書作小品為主、橫卷為多的現實，代之以尋丈巨幅立軸。這一方面對書寫者提供了新的要求，即巨幅大字行草在書寫的難度上要遠遠超過小幅尺牘，要達到氣貫神注的境界，則需要刻意磨練。而對於觀賞者來說，更能感受到行草書的飛動與激蕩之勢。71

歐陽氏對徐渭立軸書法的開拓意識，作了頗為客觀的評論。

70　陳欽忠《法書格式與時代書風之研究》，P167。
71　歐陽中石《書法天地》，（台北：台灣商務印書館，二〇〇一年十月一刷）P444。

三、繪畫題款

　　中國"書畫同源"之說，前人已有完整論述，而兩者在發展過程中，亦有著相互依存，相輔相成的關係，這種"書畫聯姻"可說是中國藝術的特產。不過早期的題畫，不是直接在畫作上題字，而是另紙書寫，到北宋范寬仍然是將署款隱藏於樹叢間，再到李唐才把題款擺在畫面的重要位置，自此以後"自然說明著畫家個人社會地位的提高"[72]。元代以後題款習尙更勝於前，尤其在宋代文人書畫家的提倡下，繪畫題款已不再是單純的署名或簽註干支年月，舉凡創作時的心情、感想或寄託都在題款中一一呈現，元代以降隨著文人畫的興起，題畫詩更成爲繪畫活動的重要項目，其所表現的山水景物、花鳥蟲魚，乃至反映個人遭遇、社會現象等等，都不亞於其他類型的詩歌。生動深刻、入木三分。如徐渭題〈墨葡萄〉"半生落魄已成翁……"[73]，以畫中的野葡萄自喻，沈痛地抒發了他那"半生落魄"的遭遇，感嘆"筆底明珠"無人賞識，被現實社會"閒拋閒擲"，無限惆悵。

（一）書畫合一

　　徐渭繪畫題款當然不僅限於題畫詩，歸納起來，約有三類，1.畫款 2.題贊 3.畫跋。所謂"畫款"就是在繪畫畫面中直接題上文字，不論署名、紀年、題詩，或抒發胸臆等均屬之。"題贊"分直式及橫式兩種，形式不同其名稱亦隨之有異。橫式也就是手

72　蔣勳《美的沈思》，（台北：雄獅圖書公司，一九八七年三月）P112。

73　《徐渭畫集》，（浙江：人民美術出版社，一九九七年二月二刷）P13。

卷，置於主文前面，是提供作者或他人書"題"或加"贊"之用，因在卷子之首，亦稱"引首"；直式也就是中堂，在裱褙格式上亦稱"詩堂"，是作爲題詩或題贊之用。不論手卷或中堂，在此一律稱之爲題贊。至於"畫跋"則多見於卷冊，是置於主文之後，一般稱之爲"跋尾"，這種"跋尾"，往往是留給後人題跋。蔣勳說"一個創作者，完成了自己的作品卻不以爲完成了，在裝裱時，刻意加上空白的「引首」與「跋尾」，很顯然的，這作品，除了個人完成的部份，它還要到歷史中去接受另一次的完成"[74]。所以"引首"及"題跋"具有一種創作與欣賞無限延伸的功能和意義。但徐渭許多繪畫作品的後跋往往不假他人之手而由自己包辦，頗具特色，譬如〈花卉十六種〉即屬畫跋，其長竟達二二〇公分，其餘的畫跋規格大多不長，有趣的是，這些畫本身就都已有題款，而他又在跋尾的部份補上跋文，呈現出與眾不同的格調。此類跋尾書法除〈花卉十六種〉、〈擬鳶圖〉等，因尺幅甚長，和一般長卷較爲類似，作者有足夠篇幅表現才情外，其他短幅畫跋均採平穩溫和的筆調書寫，在筆墨技巧上並未發現有重大突破。

　　徐渭在"題贊"的部份，中堂式題贊絕少，僅有四十一歲所作的〈花卉圖〉題贊，是由他自己在詩堂題詩，字數稍多，用筆大膽。此外也有少數卷冊可以看到徐渭引首題贊，這類題贊就不像跋尾那般洋洋灑灑，通常只是簡單幾個字，例如〈蘭亭古蹟〉（圖七十四）、〈擬鳶圖〉（圖七十五）、〈識得東風〉（圖七十六）等，由於字數少，因而字體較大，如以卷冊高度的尺寸計算，扣除天地，每字約在二十公分上下，雖然徐渭巨幅立軸也有

---

74 蔣勳《美的沈思》，P114。

（圖七十四）徐渭繪畫題贊〈蘭亭古蹟〉，引自《中國古代書畫圖目》

（圖七十五）徐渭繪畫題贊〈擬鳶圖〉，引自《中國古代書畫圖目》

（圖七十六）徐渭繪畫題贊〈識得東風〉，引自《中國古代書畫圖目》

大字，但軸
式書法多以
行草寫成；
而題贊則清
一色爲行楷
或楷書，正
好可以彌補
徐渭在這方
面的不足，
否則要見到
他的大字楷

（圖七十七）徐渭〈墨花九段卷〉（局部）46.3×624cm
故宮博物院藏，引自《徐渭精品畫集》

書作品實是難上加難。

　　徐渭的"畫款"可以算是他繪畫題款的重心，以他這樣一位
文思敏捷，才氣橫溢的文人藝術家，在作完畫後勢不甘於僅署年
月或簽上名字就罷休，多少總得爲作畫的來龍去脈做個交代或題
首詩方才過癮，所以我們可以看到徐渭幾乎每幅畫作至少都會題
上一首詩，有時還在同一幅作品上反覆題款，徐渭將它視爲畫面
的一部份，增強畫作的份量與熱鬧氣氛，提升繪畫本身的可看
性，例如他有一幅〈花卉圖卷〉（圖七十七）中間一段畫梅竹，
在右上方題曰"從來不見梅花譜，信手拈來自看神，不信但有千
萬樹，東風吹著便成春"。然在左上方又題說"昨歲中秋月倍
圓，海南蚌母不成眠，明珠一夜無人管，迸向誰家壁上懸"75。
另外，他有幅〈牡丹蕉石圖軸〉（圖七十八）一口氣在畫的右側
題了三個款，由上而下，錯落參差，循著空間留白婉蜒題寫，使

75　《徐渭畫集》，（浙江：人民美術出版社）P23。

畫面更添趣味與變化，我們如果試著把這些款文移開，便顯得單調而不完整，所以他題款看似信手拈來，其實都是經過一番構思後的精心傑作，對款文的位置經營，字體大小、字數多寡，完全取決於畫面的需要，倘遇落款竣事猶未滿足，則再以雙款、多款方式補到滿意為止。由於署款時間、心情、用筆、用墨不盡一致，故而款文也是多層次之面貌。

也許是徐渭大量從事繪畫創作是在中晚期，這時他對立軸書法的創作應也已臻成熟，因此，他的題款明顯可以看出是立軸和卷册的綜合，一部份是四行以上呈方

（圖七十八）徐渭〈牡丹蕉石圖〉58×120.6cm 上海博物館藏，引自《徐渭精品畫集》

塊狀，有卷册的味道，另一部份是一至三行呈長條狀，像立軸形
式，尤其以二至三行的款式最多。綜合言之，徐渭畫款和題贊、
畫跋比較起來，畫款的數量最豐，頗能凸顯他的文學造詣與書法
成就，但畫款書法終究內容不長，且需受到畫面空間限制，如就
繪畫角度而言，固有創新風格，然在書法層面來看，大致上以中
小字爲主，較留心於行序的處理，又兼及整體構圖的安排，點畫
結構較不能隨心所欲，保留了傳統書法的部份審美形式，一種文
人藝術家的濃厚氣息，滿溢紙上。然而，由於配合徐渭詩卷、立
軸作品的激情表現，繪畫題款的溫婉閒適正適時填補徐渭在秀雅
俊逸書風上的空闕，而以更富饒的面貌，完整構築出徐渭書法寬
闊又多元的特質。

（二）文人書法的再定位

　　書法與繪畫的結合，並不僅止於繪畫題款一端，筆墨的互通
互融，交互運用，才是筆墨合一的最高境界。清代周星蓮說"字
畫本同工。字貴寫，畫亦貴寫。以書法透入於畫，而畫無不妙；
以畫法參入於書，而書無不神"[76]。唐寅也說"工畫如楷書，寫
意如草聖，不過執筆轉腕靈妙耳。世之善書者多善畫，由其轉用
筆之不滯也"[77]。畫家因對形象的天生敏感與特異知覺，在藝術
創作之際，他們的審美聯想顯得比較豐富奇詭，他們對傳統的書
法理則往往有所破壞或反叛，但是這種破壞和反叛是有所破亦有
所立，例如清代鄭板橋（一六九三一一七六五）的"六分半

---

76 周星蓮〈臨池管見〉收於《歷代書法論文選》，（台北：華正書
　　局，一九九七年四月）P670。

77 唐寅〈畫史會要〉摘錄於《中國書論輯要》，（江蘇美術出版社，
　　二〇〇〇年十二月一刷）P560。

書"，就是以一種批判的精神對傳統書法進行變法改造的結果，因為畫家對景物的體察深刻，化為內心充實奔放的情感與審美敏感。大陸學者梅墨生一篇〈畫家書法淺論〉提到：

> 畫家們的心理類型多傾向於外傾，情感與美感受都比較敏感而豐富，性格也多富於激情和表現慾，所以在生活與藝術中表現出個性意識與創新精神，也就顯得較為客觀。78

畫家以激情敏感的創作精神落實到書法上面，更能輕鬆自在，本性具現，達到書我合一的地步。

　　徐渭繪畫以寫意為主，他的作品從來看不到專業畫家那種工謹的態度，只見他簡單幾筆，卻渾然天成，處處傳神，這要歸功於他對筆墨的熟稔玩弄，徐渭自言"奇峰絕壁，大水懸流，怪石蒼松，幽人羽客；大抵以墨汁淋漓、煙嵐滿紙，曠如無天，密如無地為上"79。可見他對筆墨的驅遣極為大膽，他同時敏銳地將繪畫與書法結合，例如他那首〈舊偶畫魚作此〉80以及〈書八淵明卷後〉所說"迨草書盛行，乃始有寫意畫，又一變也"81。徐渭好友，也是晚明小品文大家的張岱在《琅嬛文集・跋徐青藤小品畫》中謂：

> 今見青藤諸畫離奇超脫，蒼莽中姿媚躍出，與其書法奇崛略同。82

78　梅墨生〈畫家書法淺論〉《書法研究》總第七十五期，（上海書畫出版社，一九九七年第一期）P110。

79　徐渭〈與兩畫史〉《徐渭集》，P487。

80　徐渭〈舊偶畫魚作此〉《徐渭集》，P159。

81　徐渭〈書八淵明卷後〉《徐渭集》，P573。

從徐渭自己的論述及他人的旁證，充份說明他將書畫而合爲一的
企圖。他一方面從書法中汲取養份挹注繪畫，又從繪畫上對書法
進行"反芻"。事實上，相通之處主要建立在審美趣味的共同基
礎，而此審美趣味則又以"用筆"爲核心，所以徐渭才會將草書
與寫意畫綁在一起，癥結即在於"線條"是書畫創作最根本也是
最重要的素材，專業書家對文字、線條的掌握較嚴謹，其可創造
空間就自然受到侷限，而畫家關注的範圍較廣，尤其對線條、章
法的認知亦較開闊，黃士純也讚同此一看法，他在〈淺談書法之
繪畫性〉中說：

> 概括而言，畫家對形體的掌握及整體空間感與結構安排、
> 風格的協調性，有較佳的敏感度。對筆墨的運用，也較大
> 膽與揮灑，對創作時的精神投入與創作性能與繪畫表現相
> 契合。於是其書法作品產生的創作性的趣味及變化，常爲
> 書家所不及。……而細觀徐渭的書法作品，奔放之外，不
> 覺書畫線條相通，與其爲書，不如欣賞線條的流暢與隨心
> 所欲。83

黃氏所言眞是精確地點到畫家書法與書法家書法最大不同所在。
徐渭繪畫經常出現各種花木岩石的交錯，水墨的渲染，加上流美
的筆墨線條，於簡約協調中交互輝映，特別是徐渭題款喜用濕
筆，似乎直接將畫裡的水份灌注到款文中來，壓根分不清書法與

82　張岱《瑯嬛文集》轉引自張金梁〈略論明代書法對社會文化的影
　　響〉《中國書法》總第九十四期，（北京：中國書法雜誌社，二〇
　　〇一年第二期）P24。
83　黃士純〈淺談書法之繪畫性〉《歷史文物》第七卷第七期，（台
　　北：國立歷史博物館，一九九七年十月）P44。

繪畫在用筆上有何差別，達到書畫合一，筆墨交融的境界。清人翁方綱題〈徐天池水墨寫生卷歌〉亦云"空山獨立始大悟，世間無物非草書"[84]。洵非空言。

　　畫家所寫出來的書法雖然和專業書家有所不同，但徐渭在畫家身份的背後又多一層背景，那就是"文人"。徐渭繪畫題款所表現的是文人藝術家的集大成者，其具體的表徵約有兩項，一是詩、書、畫的高度結合，一是書法在文學涵詠薰陶下所形成的"書卷氣"。"詩"在題畫文學上所扮演的角色實不容輕忽，南宋詩人吳龍翰說"畫難畫之景，以詩湊成，吟難吟之詩，以畫補足"[85]，在一定程度上道出了詩畫互為補充的作用。詩與畫都需要主客觀的統一，也都需要塑造意象，繪畫的寓意往往帶有模糊性，而詩的寓意卻是比較明朗，譬如有些繪畫作品，畫家雖然通過形象暗示某種寄託，卻很難準確地把想法直接傳達給觀賞者，只好藉助書法畫龍點睛地題上詩句，才能令人望之朗然，徐渭最明顯的例子，就是那幅〈墨葡萄〉，如果沒有透過題款，觀者是很難洞澈作者的心意。又如他有一幅〈菊花圖軸〉題曰"身世渾如泊海舟，關門累月不梳頭，東離蝴蝶閒來往，看寫黃花過一秋"[86]，也是和他出身背景有關的寄寓。主要就是徐渭一生異於常人的經歷，想必他要發洩的情緒也積滿胸中，自然而然就會流露在藝術創作中，而作畫、賦詩、題款同樣具有消解鬱氣的作用，而且這三者在徐渭筆下，其水平未有太大懸殊，"藝術濃

84　轉引自林木《明清文人畫新潮》，（上海：人民美術出版社，一九九三年十一月二刷）P205。

85　宋‧吳龍翰《野趣有聲畫》序，轉引自沈樹華編著《中國畫題款藝術》，（北京：人民美術出版社，一九九七年六月二刷）P37。

86　《徐渭畫集》，（浙江：人民美術出版社）P4。

度"87相當,是以能將三者作一高度結合,樹立了獨特的繪畫題款新風貌。

徐渭畫款書法的秀逸雋永,和其文學背景亦有密切關係,透發出一股中國文人特有的"書卷氣",亦即"書法作品顯露出來的書者文化修養、精神氣骨所孕化的藝術氣息。是文人士大夫自覺以書法作爲寓情寄志後的產物"88。書卷氣的發現,是對書中表露出的文人士大夫的識見、學養、情性、藝術追求、審美意識的肯定,"書卷氣"的表現,有時隨著時代環境等時空因素而有些許差異,整體而言,"清高雅逸,簡淡脫俗"可視爲"書卷氣"的參考準則。黃山谷說:

> 若使胸中有書數千卷,不隨世碌碌,則書不病而韻似勝。
> 89

明人李日華亦云:

> 余常泛論學畫必在能書,方知用筆;其書又須胸中先有古今,欲博古今,作淹通之儒,非忠信篤敬,植立根本,則枝葉不附。90

古人對學問的要求遠勝於各項技藝,難怪孔子主張"志道、據德、依仁、游藝"。藝術活動不過是讀書人的業餘消遣。潛研學

---

87 周思源〈追求濃度──一個中國傳統美學思想〉《中國文化研究》總第二十三期,(中國文化研究雜誌社,一九九九春之卷)P119。
88 陳方既〈論書卷氣〉《書法研究》總第九十五期,(上海書畫出版社,二○○○年第三期)P1。
89 黃山谷《山谷文集》收於季優昆編著《中國書論輯要》,P598。
90 李日華《竹嬾書論》收於季優昆編著《中國書論輯要》,P601。

問，胸儲萬壑，才是古人的根本志向。徐渭對學問的追求不遺餘力，尤其浸淫文學領域既深且久，從他熟諳各種文體，即可略窺一二，而反映在書法畫款中，顯得脫俗清新，雋逸超絕，是對傳統文人書法"書卷氣"的最佳體現。

經由上文的舖陳，我們知道徐渭不僅是表現主義的先驅，同時也是"文人書法"的繼承者。原則上，中國歷代傑出的書法家莫不受到文人書法的烘染，按照大陸學者西中文的說法，文人書法的出現，始自東晉南朝，他認為明解縉所說"書自蔡中郎邕，字伯喈，于嵩山石寶中得八角垂芒之秘，遂為書家授受之祖"[91]，指的是文人書法的開始，而非全部書法史[92]。以斯言之，自東漢蔡邕以下，王羲之、唐宋諸大家、元代趙孟頫，到明代的祝允明、文徵明等無不龍罩著濃烈的文人氣味，而徐渭對上述各家的學習取法，在前文已多所闡述，因而他在卷冊、立軸狂飆筆墨之餘，於繪畫題款上仍保留相當多的古人風韻。而另一方面，"文人書法"強調的是書家的才情學養與書法造詣的等同位階，由於對中國文化的深刻體認，才能創造出舒捲恣肆、縱橫有象的書法藝術，魯迅說"文學的修養，決不能使人變成木石，所以文人還是人，既然還是人，他心理就仍然有是非、有愛憎；但又因為是文人，他的是非就愈分明，愛憎也愈熱烈"[93]。文人的內心生活、愛憎情感的豐富複雜，較之一般人在某種程度上為高，所以文人中耽溺書道者，都有一種"書寫慾"，他們喜於創作過程

---

91 解縉《春雨雜述・書學傳授》收於《歷代書法論文選》，P465。

92 西中文〈論文人書法的意義及其侷限〉《書法之友》總第五十五期，（安徽美術出版社，二○○○年五月）P3。

93 見《中國書法文化大觀》，（北京大學出版社，一九九六年七月二刷）P409。

的欣悅體驗，藉由"書爲心畫"的抒情導向，滿足文人們對藝術
嚮往的精神渴求。

　　不過，"文人書法"並非一成不變，它隨著時空轉換，還是
會有一些轉變，好比說"文人書法"的形成，就是來自地域及自
然環境的雕塑，值當魏晉南北朝時期，北方書法的雄強粗獷，和
南方的陰柔雋雅，顯然有別，南方的地理環境、氣候因素都是孕
育"文人書法"的絕佳土壤，而且魏晉以後南方文人群一代比一
代活躍，在佔盡天時、地利、人和的優越條件下，"文人書法"
儼然取得絕對優勢，成爲中國書法的最大主流。然而確立書法審
美正宗的同時，標舉出的特徵是風格的個性化與書風的人格化，
文人們不是爲寫字而寫字，而是爲了追求一種精神和人格的表
現，"所以每個人的書風就是書者人格的生動映照"94。可是
"文人書法"雖以其明確的審美自覺和鮮明的個性特徵奠定了書
法美學的基本格局，但後世書家都以王羲之路線爲準繩和典範情
況下，使得原本流派紛呈的書法藝術逐漸歸於莊嚴而沈寂，視野
日益狹隘，創作心理亦日趨保守，到最後反而與原先個性化的要
求形成悖離的局面，明清的"館閣體"就是文人書法下的不幸產
物，若從基因工程角度來看，血統純化的結果，對品種進化絕對
是不利的。明代以來，人們對眞情顯揚及對理性的反制，實際上
是個性化審美旨趣的復古，他們所表現的逆反態度，對長久下來
幾乎接近"癡呆"的純種書法，無疑打了一針基因改良劑，而徐
渭在這一階段的基因改工程中，自然扮演了極其重要的角色。

　　徐渭的繪畫題款雖屬"文人書法"範疇，但在形態上顯然和

---

94 西中文〈論文人書法的意義及其侷限〉《書法之友》總第五十五
　　期，P4。

元明以來的文人書法有些差距，他利用立軸、卷册的磅礡氣勢，將自己的審美趣味與時勢對立起來，對自我審美精神放任到病態的程度，透過放縱任性心理，排遣濃重的孤獨感和不滿，再從繪畫題款中進行收斂、檢視，作爲傳統書法通往表現路線的媒介。簡而言之，徐渭題畫書法一面抓緊傳統"文人書法"的繩索，一面又拋向無邊無際的寬闊未來，而爲"文人書法"的體質注入蓬勃的生長激素。因此，"文人書法"到徐渭手中，已然獲得新的成長契機，這無非是徐渭在那大時代積澱中，所堆疊出來的時代特有風格與人文精神，而爲傳統"文人書法"的審美面向，作了若干幅度的調整。

四、尺牘和匾聯

（一）尺牘

尺牘在中國文學領域中起源甚早，對古代文人而言，尺牘與詩幾乎是無人不寫的兩種文體，詩是表現才情，附庸風雅不可或缺，而書信則是基於實際需要，負有報信、傳語任務。一紙飛鴻，縮短了人與人間的距離，促進彼此的交流與互動。早期的書信，大多寫在一尺長的木板、竹簡上，因而稱之爲"尺牘"。尺牘既然是中國人源於生活上作爲人際溝通的工具，它就具有負載人們思想情感的功能，所以許多學者往往透過流傳下來的書信，進行各項考察研究，以期從中找到一些線索和證據。而中國古代向以毛筆爲書寫工具，因此它在提供文史珍貴資料的同時，也是藏家們爭相搶購的書法瑰寶。清人楊錫紱爲《健余先生尺牘》作序時，對尺牘的流傳提出了兩個標準，一是側重文詞，如蘇東坡、黃山谷；二是側重於書法，他認爲此類尺牘興於漢魏，盛於唐宋，並說"陳遵與人尺牘，主皆藏去以爲榮；胡昭與鍾繇並有名，尺牘之蹟，動見模楷。歐陽詢效王羲之書，險勁過人，尺牘所傳，人以爲法"95。朱筠爲《顏氏家藏尺牘》題辭，也概括地說"若晉宋諸賢，兼以書法著者，曰帖"96。原本作爲魚雁往返的書信，因爲出自名家之手，竟也能增添一項附加價值，成爲書法愛好者雅玩庋藏或心摹手追的名蹟法帖，例如二王傳世的法帖（皆爲唐人摹本），其書法地位遠超過文學價值，甚至作爲晉代書風的代表，並躍居中國"文人書法"的最高坐標，稱霸書林。

　　徐渭一生寫過的尺牘數量也極其豐富，據筆者就《徐渭集》所收尺牘統計，共有一一七封，可惜傳世的墨蹟僅剩五件，分別是〈致明公手札〉、〈致王畿手札〉、〈書簡－伏蒙〉、〈書簡－得書後〉等，概以書信是爲傳語報信，寄出後頂多只留下底稿，而當時複印之術尚未興發，又雲山阻隔，交通不便，在刊輯時無法一一往借彙入，致僅有內容而無原蹟。在徐渭五封書信中三封收入《徐渭墨蹟大觀》，一封由北京故宮收藏並輯入《中國古代書畫圖目》；另一封則由北京榮寶齋所收存，且有複印本問世。巧合的是，這五封書信在風格上異質性很高，可謂互具風姿，各有面貌。譬如〈致明公手札〉（圖七十九）是一幅用工謹小楷寫成，下筆敬慎，秩序井然，可說是徐渭所有書法中字體最小，筆法最嚴謹的一件作品，格式如同奏章一般，和他的卷冊、立軸相比，顯得非常特別。〈致王畿手札〉是用手卷形式寫成，因信中附了幾首徐渭的詩，所以又有詩卷性質，其風格略近黃山

95　清・楊錫紱《健余先生尺牘》，轉引自趙校功《中國尺牘文學史》，（河北：人民出版社，一九九九年十一月一刷）P11。

96　清・朱筠《顏氏家藏尺牘》，轉引自趙校功《中國尺牘文學史》，P11。

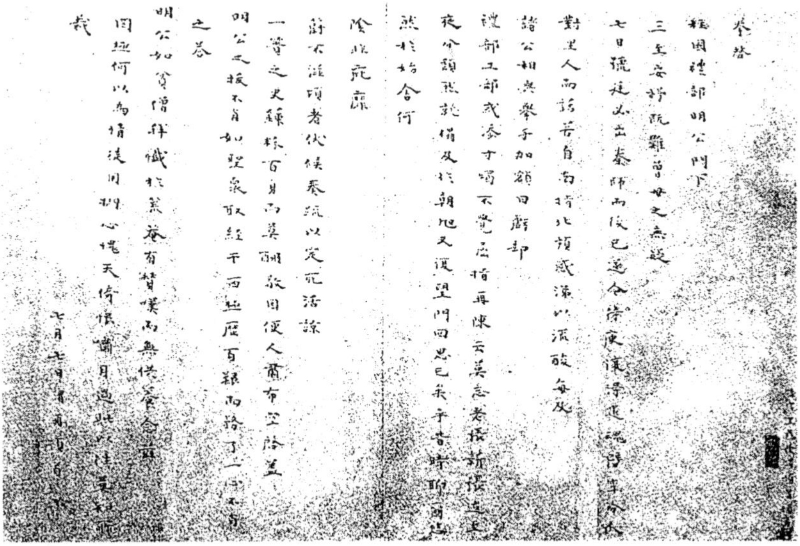

（圖七十九）徐渭〈致明公手札〉37×248cm，北京故宮博物院藏，引自《中國古代書畫圖目》

谷，氣格舒展，輕疏飄逸，但落款以小楷書寫，表現出對恩師的恭謹態度。〈書簡－優絷〉是較典型的書信，爲一行書作品，從其用筆來看，字體不大，不假雕飾，似是隨手粗書，草草了結，但卻趣味橫生，天機獨出。〈書簡－僕領〉（圖八十）也是一件行書作品，爲五封書信中內容最短者，僅不到五行，字數亦不超過數十字，這封信雖然內容不長，但可看出作者書寫時的用心，佈局精穩、疏密有致，而且用筆柔雅清麗，韻味十足，頗見東坡尺牘之風。〈書簡－得書後〉係以草書寫成，字數甚多，筆跡潦草，想必受信者必也能通草法。這封信的風格和其他作品差異性很大，可見不同書寫形式到徐渭手上，就能創造出不同的書風類型，此其萬般之一端。

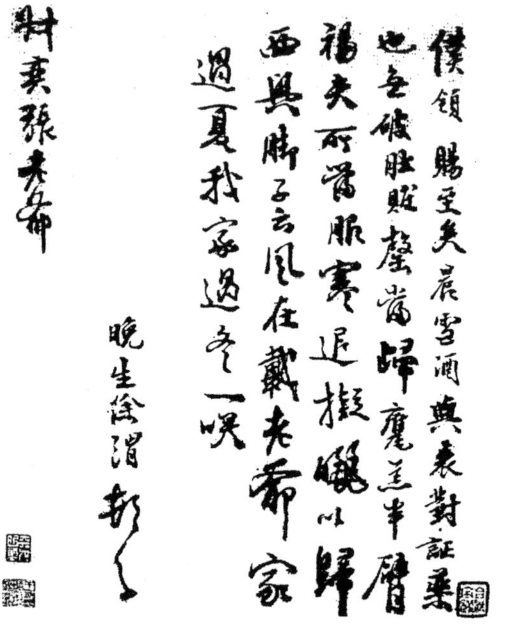

（圖八十）徐渭〈書牘－僕領〉北京故宮博物院藏，引自《徐渭墨蹟大觀》

（二）匾聯

《徐渭集》所錄對聯共得一一六則，其中有一則題〈書齋〉聯"午枕爲兒哦古句，晚窗留客算殘棋"97，附註說是陸放翁句誤入，不無可能，因據該集序文說，張維城所輯的《徐文長逸稿》也收入了一首唐詩，但該聯究係誤輯或徐渭逕行引用古人聯句，則不得而知，今既出現在集中，則姑認是徐渭作品。而在百餘副聯對中，目前僅見四幅作品傳世，其傳爲作於三十四歲時的"長嘯懷人，深心豪素"已見前文，不再贅言。另一幅爲"水夕蒼蛟蚊夏扇，河間紅樹早秋梨"（圖八十一），上款題爲"龍丈博笑"，此聯收於《徐渭墨蹟大觀》，是以行書書寫，一如他的"天成"本色，筆觸活潑，結體變化多端，上款四字擺放在主文第一字"水"和第四字"蛟"中間，因"水"和"蛟"右捺都用重筆，正好破解上下兩個重覆性筆畫，並利用主文二、三字稍小所留出的空白，作爲題

97 《徐渭集》，P1157。

寫上款之用；下款"天池道士"則置於下聯主文第四個字"樹"和第六個字"秋"之間，而"樹"和"秋"恰巧也都是寬扁開張的結體，兩字中間夾著一個"早"字，並將"早"字拉長，而下款正好落在旁邊，題款和主文共同形成一個有機整體，可謂匠心獨具。除此之外，尚有二件對聯刻本，蘇東天所著《徐渭書畫藝術》附有圖片，惟乏文字資料，一時難作詳盡說明，不過這二件刻本字跡秀麗，綽約柔媚，尤其有一幅"半池風雨送春冷，一夜霜花帶月開"（圖八十二），風格與徐渭其他作

（圖八十一）徐渭對聯〈龍丈博笑〉
引自《徐渭墨蹟大觀》

品大異其趣，耐人尋味，這對徐渭書風全面性的關照，亦具某種意義與價值。

　　徐渭當時應人索求題寫匾聯理當不少，但題匾的部份亦因懸於門額，或高掛壁上，不易流傳，據孫兆時《琴棋書畫雅趣》記載，徐渭確實幫人寫過招牌。有次山城某個麵館久聞徐渭文名，請其代題招牌，徐渭欣然應允，一揮而就，寫了"點心店"三個字。自從這塊匾掛出之後，生意興隆，客人應接不暇，一年後，店家老闆覺得"點心"的"心"字缺了一點，總覺得不太完美，就擅自補了一點，奇怪的是，從此顧客愈來愈少，生意一落千丈

（圖八十二）徐渭對聯拓本，引自蘇東天
《徐渭書畫藝術》

98。

　　這段記載雖可算是軼
聞野史，但相信徐渭替人
題榜寫匾的事實，是不容
置疑的，倘若那些榜匾能
流傳至今，對我們了解徐
渭書法定有更多助益。

98　孫兆時《琴棋書畫雅趣》，（北京出版社，二〇〇一年一月一刷）
　　P368。

第八章　徐渭書法藝術之特色

徐渭書法的整體成就，是來自於多重而複雜的因素所構成，但那些因素都只是促成徐渭書風的"幕後推手"，而形諸於外的面貌特徵，才是決定其書藝高下與歷史地位的具體依據，所以當我們對徐渭書法作一系統推演之後，最終仍須落實到現象層面，來看看他的書法特徵究竟如何反映自身的生命底蘊以及獨特的理念風格，以作爲徐渭書法藝術實證經驗之總結。

第一節　氣韻生動，信筆天成

筆者將明代書風中浪漫主義派又分割出表現主義書派，同時把徐渭列爲該派最重要人物，其主要理由是，徐渭從事書藝創作，經常是處於一種"無爲而爲"的狀態，當興致一來之時，濡墨作字，一揮而就，充份反映他崇尚天成的主張，雖然在某些人看來，顯得有些離經叛道，違反書法倫常，但在書法審美畛域的開拓意識上，則又殊值肯定。具體而言，他的書法特徵至少具有三項重要意義。

一、尚奇與犯險精神

徐渭雖受儒學教育，也對傳統書法浸染殊深，但來自封建社會所給他的命運安排，顯然讓他感到灰心失望，因而造成思想行爲上的偏差，並作出許多令人匪夷所思的舉動。在這種反動思想的驅使下，使他的書法表現出一種尚奇與犯險的精神，因爲他無

法忍受"安於現狀"的孤獨,他極欲掃除"閒拋閒擲野藤中"的
生命陰霾,抑或既然無人懂得欣賞他的"筆底明珠",乾脆來個
自我放逐,而以"放浪形骸"的心態從事書法創作,如此絲毫不
必在意別人眼光,更能以無爲自在的筆觸,不斷對新領域、新境
界作嘗試與開發,從中找尋更多的新鮮感與刺激感。因爲對一個
創作者而言,一成不變的創作體驗,久了之後會令人感到乏味厭
倦,所謂"世界名曲聽久了也會變成噪音",所以凡是才高的書
家,必然要從和諧的審美趣尙走向衝突、叛逆的高遠理想,大陸
學者鄭軍健說:

> 美作爲人的個性才能自由發展的表現,不僅表現在和諧
> 中,也表現在和人的自由的實現相聯的各種尖銳的矛盾衝
> 突中,而古代社會將"美"局限在和諧中,只是狹隘的理
> 解,並沒有完全概括美的本質。1

"衝突"也是一種美,在創作中破壞和諧的傳統,在本質上同樣
是人的自由表現,而且提高了主體自覺的認識,它表現了一種與
和諧美的不同形態,顯示出書家敏銳的個性才情,也意味著對書
法創作意識的開拓,使筆墨形式更豐富多樣,符合書法審美的高
度需求。《中國書法藝術圖典》評徐渭〈應制詞咏墨〉中說"它
的最大特點是善於造險"2,他的這類作品章法極度茂密,讓人
難以辨識字距行距,但在點畫看似破碎狼籍之中,內在的秩序依
然有一定的脈胳可循,"在美學觀念上更是一個大膽的突破,以

1　鄭軍健〈從和諧到衝突〉《書法研究》總第四十三輯,(上海書畫
　　出版社,一九九一年第一期)P45。

2　鄧明主編《中國書法藝術圖典》,(上海畫報出版社,二〇〇一年
　　五月一刷)P205。

二王為傳統的書法最重和諧、中庸，溫文爾雅，但該軸書法偏偏走向它的反面－衝突、動盪、粗野狂怪，似乎在向觀賞者訴說作者滿腔之義憤"[3]。徐渭書法就是能夠因勢造形，將單純的文字線條予以解體打散，再從中理出一個新的審美系統，以擾亂既有觀賞預期心理的方式，給人"陌生化"的震撼與感受，處處充滿著對傳統權威的挑戰。尹旭也說：

> 徐渭似乎將書法變成了一種純任感情噴湧的大寫意，而全然不將那成為神聖書統的重要組成部分的筆法、字法、章法放在眼裡，這無疑是對傳統書法及其觀念的一次頗為嚴峻的衝擊。[4]

　　事實上，尚奇與犯險精神主要是衝著傳統書風而來，而每個時代對"傳統"的定義又不見得相同。例如漢魏書法崇尚稚拙厚重，王羲之的姿媚書風一出，也曾被人視為狂怪。庾翼就把王字斥為"野鶩"。唐代之初，書尚瘦硬，後來出現了顏真卿的肥碩筆畫，也被人視為狂怪。到了蘇東坡、黃山谷，同樣被明代的項穆指為"伸腳挂手、舉止邪陋"[5]，所以只要有開創性的作品，相對於中和的審美觀，就會有種革命意味在裡頭，因為它碰觸到傳統的禁區，對古人既有形式的否決表現得無比的英勇與果敢，故"下筆時時有犯險之心"[6]。徐渭書法經常"急以出奇"並幾

3　鄧明主編《中國書法藝術圖典》，P205。
4　尹旭〈回歸與叛逆－元明書風論要〉《書法研究》總第五十五輯，（上海書畫出版社，一九九三年第五期）P62~P63。
5　西中文《書海蠡測》，（河南美術出版社，一九九八年五月一刷）P404。
6　曾熙〈評翁覃溪書〉收於季伏昆編著《中國書論輯要》，P305。

近以"忤逆"、"冒犯"的手法加以"取險"[7]，將筆墨藝術直接訴諸感官，赤裸裸地挑逗觀賞者的耳目，予人一種痛快淋漓的全新體驗。

二、隨機性的強化

朱以撒說"真情作書是歷來書法家的主張，創作是情感的必需，像張旭、懷素、徐渭，有一種狂歡化的情感。就欣賞者視之，帶有一種喜劇性的大眾歡樂精神，它的縱情最大的特點就是強調自我律動，反對他律，隨心所欲地抒發個性，因此很具有開放、擴張、隨意的特點，感染力特別旺盛"[8]。古代書家除了書寫碑版、經文或公眾性文字須以恭謹心態從事外，大部份留傳下來的墨蹟都是屬於實用或戲墨性質，所以在書寫時往往"書初無意於佳"[9]。王羲之寫蘭亭序，原亦打算先打個草稿，待酒醒之後恢復理性再重復書寫，卻始終未能超越原作，這就說明了心血來潮時那種"筆落驚天地"的威力，蘊含著深沈的"書外之致"，陶淵明說"但識琴中趣，何勞指上音"。顏真卿〈祭姪稿〉寫作時也是心情激越，矛盾複雜、悲痛萬分；字字辛酸、句句血淚，其書寫行為在這篇祭文之中，並不是最重要的，甚至可說它只是一個文字呈現的工具，決非刻意為之，但王、顏二人書法卻分別取下天下第一、第二行書的寶座。因為書家作字如有意求工，往往思竭手蒙，結果是狀如算子，滿紙呆相；而無意求工，則觸處機發，神行紙上，反倒若有神助，收到意想不到的天

7　徐渭《筆玄要旨》《中國書法論著彙編》，P246。

8　朱以撒〈論書法創作的情感力度與技巧力度〉《書法藝術》，（無錫・書法藝術雜誌社，一九九七年第五期）P3。

9　蘇軾〈評草書〉《中國書論輯要》，P320。

機，因此初雖無意於佳，卻反更佳。當人"用意"的時候，理性因子立即浮現，大腦便指使肢體淪於板滯僵化，如再繼續催化，就變成緊張、不自在，所以人類一切行為惟有在毫無束縛負擔的情境下，始有高水準的表現。徐渭因對生命的絕望轉為現實行為的極端，不畏任何毀譽，以自我為中心，率意弄翰，天真浪漫，那種"不經意"、"無所謂"的態度，即是一種情感的流露，也是一種隨機性的表現，因為"人的情感總是自發的、自由的、不聽使喚的，既不能強迫其有，也不能命令其無。因而只有在無意識狀態下，人的至情至性才能得到最真實最充份的流淌"10。此時書家落筆揮毫才能真正做到"窮變態於毫端，合情調於紙上"11。用最通俗的語言來講：就是"放得開"，徐渭在這方面顯然又在古人基礎上得到進一步的發展。

其次徐渭橫卷所採取的段落式書寫方式，也是隨機性極高的一大表現。段與段之間可以是一個體系，也可以互不相涉，彼此都是獨立的個體，筆隨意轉，隨性書寫，如前一章所謂的"雜書性"甚強，其"隨機性"亦可等同視之。

三、以醜為美的具體化

當我們回顧漫長的中國歷史，"和諧美"一直是居於主流地立，但事實上，這個龐大的審美系統底下，仍然存在著與"美"不相干或對立的次級系統，例如"醜"這一名詞，聽起來和

---

10 沈季林〈書初無意於佳乃佳—書法創作心理研究系列之一〉《書法研究》總第三十七輯，（上海書畫出版社，一九八九年第三期）P64。

11 孫過庭《書譜》收於《歷代書法論文選》，（台北：華正書局，一九九七年四月）P118。

“美”是站在對立的狀態，不過它在藝術領域中，不僅和“美”沒有衝突，同時更是對“美”的全面消解。因爲有“醜”，使“美”的定義更爲明確、完整。

　　中國早在莊子時代就提出了“醜”的觀念，他在〈人間世〉、〈德充符〉兩篇中寫了大批殘缺、畸形、外貌醜陋的人，如支離疏、兀者五駘、兀者申徒嘉、兀者叔山無趾、哀駘它等等12，但莊子的“醜”是有附帶條件的，因爲這些人雖外形殘缺，可是內在修養、精神品德都很受人尊敬，所以它的“醜”含有“善”的意義。《淮南子‧修務訓》也以西施、嫫母來作爲美醜的論述。葛洪《抱樸子‧博喻》仍然以西施和嫫母的對比來闡述他的美醜觀，然而在〈博喻〉中他則說“銳鋒產乎鈍石，明火熾乎暗本，貴珠出乎賤蚌，美玉出乎醜璞”13。這時已經可以看出葛洪對“醜”的價值提出了正面的肯定。之後的杜甫、韓愈詩中也曾出現“醜”的字句。到了清代劉熙載更說“怪石以醜爲美，醜到極處，便是美到極處。一醜字中丘壑未易盡言”14。因此“醜”觀念的發展，有愈來愈明顯的跡象。

　　然而“醜”的運用，卻始終未被納入書法審美範疇，遲至清代才由傅山提出“四寧四毋”的口號。雖然長久以來沒有人用“醜”來解釋書法，但並不代表書法中沒有“醜”的元素，無可諱言地，中國書法向來也是以追求和諧、穩定、平衡、統一作爲“美”的標準，這個審美價值觀當然和中國以儒家思想爲道統有

12　張耿光譯著《莊子》，（台北：古籍出版社，一九九六年十一月一刷）P59~P108。

13　葛洪《抱樸子‧博喻》收於《中國古典美學舉要》，（安徽教育出版社，二〇〇〇年九月一刷）P288。

14　劉熙載《藝概》，（台北：漢京文化事業公司，一九八五年九月）P168。

密切的關係。"文質彬彬，然後君子"的中庸之道，成為中國美
學的最重要核心。若再往上追探，我們都知道中國文化的發祥地
始自黃河流域，先民們一睜開眼睛所見到的，淨是平穩遼闊、安
定詳和的一幅畫面，這一景象對中國人的審美觀多少產生一些先
入為主的作用，也成功地塑造了中國特有的文化思想與價值體
系，但任一主流體系，因著時代環境的變換，經常會出現和其相
異甚或南轅北轍、背道而馳的思想觀念，並不斷地衝撞著既有的
系統，不過因聲勢不大、力量薄弱，終難與主流價值相頡頏，而
被這堅韌又極富包容力的大文化給消蝕融合，成為主流文化下的
奇花異卉，慢慢在次級系統裡成長茁壯，形成當中的一種價值支
流。舉例來說，相對於漢碑的方整平穩，則簡牘便顯得率性天
真，奇趣橫生；相對於唐楷的嚴謹森然，則北碑顯得活潑自然，
樸拙奇峻；相對於王字婉麗清媚，則旭、素亦顯得狂宕奔肆、漫
不經心。凡此種種，"漢碑"、"唐楷"、"王字"皆是主流文
化審美標準的代表，而"簡牘"、"北碑"、"旭素"便是主流
價值下較為凸出的次級文化，因為它們的氣勢一直無法拉抬到凌
駕主流文化的高度，但在整體審美視角來講，卻也有其存在意
義。進一步言，若前三者是代表書法"美"的化身，那麼後三者
實即蘊含"醜"的成份。所以所謂的"醜"，就是反和諧、反形
式、反協調、反統一的美感類型，它不是真正的"醜"，而是對
美的補充和擴大。潘知常說：

> 醜是對生命的有限的固執的不定，並通過對這種對於生命
> 的有限的否定而間接地進入自由的生命活動，最終上升到
> 最高的生命存在。15

---

15 潘知常〈美醜之間〉《鄭州大學學報・哲學版》，（鄭州大學，一
　　九九七年二月）P12。

"醜"的本質是帶有"眞"的個性意識色彩，是眞實生命的具體展現。徐渭論書雖未使用"醜"的字眼，但他評米芾字時說"瀟散爽逸"，其實這話用來形容他自己的書法也頗合適，徐渭崇尚散逸、時露己意，強調的就是任情恣性，超越規矩，不以刻板的審美印象爲尚的主體意識。周明初說他的自我意識非常強烈，而現實的不幸與心靈的痛苦促使他努力追求自我的實現，"而他的自我卻始終得不到實現，理想與現實之間的對立造成了他內心不可調和的衝突……。而且更主要的是他的創作怪誕、變形……16。"怪誕"、"變形"是徐渭書法的根本特徵，梁少膺說"他突破了形式美規範，含有不和諧甚至'醜'的因素，使書法作品產生了某種程度的對立和衝突，更富有強烈的刺激意味和深刻的美學內涵。……這是一種美中之'醜'17。徐渭書法以破壞性的思維，使之產生突兀和崩潰感，有時以沈重的筆觸和墨水的滲暈，造成醜中見美的強烈動感，而以自然之醜去抵消人工的美，因此嚴格說來，他是以"醜"爲手段，而以"美"爲目的。過大江在《徐渭墨蹟大觀》序中說：

> 徐渭的書法不是很美，甚至有些"醜"。他是有意識地在與"二王"、趙孟頫一路秀媚、典雅的書風"拉距離"，創造一種新的書法形象，換言之，即是"熟而反生"。18

徐渭書法創作導因於對現實生活的抵制，以消極的心態隨機塗

16　周明初《晚明士人的心態及文學個案》，（台北：東方出版社，一九九七年八月一刷）P219。

17　梁少膺〈恣肆狂怪的心理與藝術中的悲劇〉《書法研究》總第六十四期，（上海書畫出版社，一九九五年第二期）P94~P99。

18　過大江編《徐渭墨蹟大觀》，（上海：人民美術出版社，二〇〇〇年一月一刷）序文。

鴉，他是否如過大江所言，是有意識地與二王及趙孟頫書風拉
距，尚待斟酌，但是他的書法表現相對於王、趙書風而言，確實
是站在"醜"的這邊，所以書法美學中"醜"的性質，到徐渭已
臻具體化。

第二節　技法特色評述

前一節所探討的是徐渭書法藝術的精神特徵，而本節則就其
作品本身的現象特徵作一討論。總括而言，徐渭書法技法約可透
過點畫線條、字形結構、章法佈局等三個部份進行評析，這三個
部份也可以算是徐渭書法總體表現的總結。質言之，環繞在書家
週邊的各種因素，乃至書家自身的書學思想、創作理念，最終還
得藉助書法實踐，才足以作爲檢驗書家藝術成就及歷史定位之最
終根據。

一、點畫線條

點畫和線條是構成書法最基本的要素，所謂"積點畫以成
字，積字以成行，積行以成篇"，所以點畫是一切書法的基礎，
而線條則乃點畫的延伸。點和線都是毛筆書寫運作下的產物，點
短而線長，但有時點可以看成線，線也可以看成點，尤其是行草
書，兩者偶爾會互換。雖然點畫線條是書法組成的基本元素，但
其品質優劣亦將直接關係到作品整體水平，孫過庭《書譜》說
"觀夫懸針垂露之異，奔雷墜石之奇"，[19]，前者爲線，後者爲
點。又說"一畫之間，變化起伏於鋒杪；一點之內，殊衄挫於毫

---

19 孫過庭《書譜》收於《歷代書法論文選》，P113。

芒"20，也是在講點畫與線條，今人蔡長盛也舉例說：

> 書法中的點，猶如一粒西瓜子，雖然只是一個小黑點，其
> 內面所包容的，卻是一株西瓜的必要遺傳基因，只要它不
> 腐敗，它蘊含的生命因子，有一天終可以化成爲一棵完整
> 的西瓜，生命要從它產生意義，並繼續延續下去。小小的
> 點，飽含了書法家的生命力在其中，書法家想在一個字表
> 達的意念，已經在點的筆法中具體而微的表現了。21

說明了點畫在書法中扮演的角色不容輕忽。這樣的說法和孫過庭
所說"一點爲一字之規，一字乃終篇之準"22，其理一致。

　　點畫線條在書法中的地位既是如此重要，因此徐渭書法的點
線在作品裡的作用必也關係至大。以下茲分六項進行闡述。

（一）逆側兼之

1.逆勢

　　古人曾說下筆要"凌空取勢"，其用意在於"逆入平出"，
亦即"欲下先上，欲右先左"，通俗地講，就是"逆鋒"。古人
作書爲使鋒芒內含，存其筋骨，大抵服膺這種觀念。徐渭在《筆
玄要旨》中說：

> 須存筋藏鋒隱端滅跡，宜如落鋒渾成，無使毫露浮怯。字
> 有數勢有藏鋒者，在於腹內。23

20　同前註。
21　蔡長盛《書法空間之研究》，（台北：易明企業有限公司，一九
　　九〇年五月）P51。
22　同註19，P118。

其所反映在書法作品中，確實表現得極爲突出。徐渭每於下筆處採逆勢入鋒，使點畫更顯厚重內歛，配合著其他露鋒筆法，展現出藏露互具的和諧美，而在行中之字的第一筆，往往又呼應著上一字的末一筆，利用尖搭半藏來體現逆勢的筆鋒運作（圖八十三），這種筆法並非單純的"藏鋒"，因爲它是絕對的"逆勢"入筆，卻使筆鋒半露於外，這種既逆且露的筆法，富有用筆的二重性，是其一大特色。

2.側鋒

徐渭對側鋒的使用不只是踵步前人而已，他更大量地開發側鋒應用之可行性，其創作實踐一如他的書學理念，不排斥"微倒其鋒"。"側"原指永字八法中的"點"，周汝昌《永字八法－書法藝術講義》說"'側'就是'斜'勢落筆，而將筆毫按住"24。周濟人《楷書技法》亦云

（圖八十三）

23　徐渭《筆玄要旨》收於《中國歷代書法編著彙編》第七冊，（天津：古籍出版社，一九九九年二月一刷）P249。

24　周汝昌《永字八法－書法藝術講義》，（廣西師範大學出版社，二〇〇二年一月一刷）P155。

"'側'即側筆,是點畫的寫法,須側筆取勢,不用平筆"25。
可見"側"不僅是"點"的別稱,也是一種書寫技法。

在實際書寫過程中,"點"的確是以側筆使力," 點"在
下筆後,腹部受力較重,筆毫無法順勢舖開,筆鋒在筆畫中間運
行,"點"的背部受力較輕,多以筆腹外拓再向右下收束,而筆
鋒此時則略呈偏左,旨在顧及"點"的腹部維持斜挺線條,而不
內曲,所以這種用筆,亦屬中鋒範疇,然而古人因過度講究"正
鋒",以致"側鋒"屢遭排斥,例如馮式《書法正傳》就說"今
以側筆取妍者,皆異端也"26,其實,"側鋒"之所以被誤解,
和"偏鋒"有極大關係,一般容易將二者混爲一談,王世貞就是
一例,他說:

> 正鋒、偏鋒之説,古今無之。近来專攻祝京兆,故借此爲
> 誤耳。蘇、黃全是偏鋒;旭、素時有一二筆;即右軍行草
> 中,亦不能盡廢。蓋正以立骨,偏以取態……。27

王世貞已觀察出二王,蘇、黃,旭、素有用側鋒,而且他並未全
盤否定側鋒的價值,但他卻將"側鋒"和"偏鋒"混在一起,可
見古人對"偏側"名詞是有所混淆與誤解。事實上,"偏鋒"在
用筆上是絕對忌諱,因爲古人強調中鋒,無非是欲使筆毫所蓄之
墨,能順暢地流到紙上,而"偏鋒"則不利墨的流滲及毫鋒的運
行,有時會形成一邊平滑而一邊鋸齒狀的現象。正如包世臣所言

---

25 周濟人《楷書技法》,(北京:南海出版公司,一九九五年二月
   刷)P64。
26 馮武《書法正傳》,(台北:台灣商務印書館,一九六五年二月台
   二版)P41。
27 王世貞《藝苑評》收於季伏昆《中國書論輯要》,P216。

"仰筆尖鋒，筆仰側鋒在畫之陽"28 的情況，其與"側鋒"顯然有別。柳曾符〈側鋒探源〉中說：

> 側鋒應該是中鋒的組成部分，我們把中鋒叫做"中鋒運筆"，而不簡單的叫做中鋒，就是爲了便於把側鋒包含在內。而中鋒本是因側勢的出現而產生的手段，所以也不可能離開側鋒而單獨存在。29

柳氏認爲側鋒是中鋒的一部份，而且中、側是一體的兩面，無法分割，這樣的說法似乎頗符合實際。雖然古人作書儘量依循"令筆心常在點畫中行"30 的原則，但中國書法是依附在文字形體上，而文字的字形又是千姿萬態，在書寫過程中，勢難完全使"筆心常在點畫中行"，偶爾筆鋒會稍有偏側，特別是行草的書寫，更呈現了中鋒行筆所產生的自然側勢，所以倪蘇門說：

> 羲、獻作字，皆非中鋒，古人從未窺破，從未說破……。31

以二王這樣一流的書家都無法筆筆中鋒，後人何需死守"中鋒"名詞的泥淖，而深陷其中，由此當然我們也可明白，"側鋒"應是中國書法筆法系統中僅次於中鋒的正當用法。

徐渭書法大致上是以中鋒爲主，但在垂露、左撇和橫折豎及橫畫等處，出現側鋒的機率較高，他所使用的側鋒有長有短，有時表現在收筆，有時表現在起筆，並非得從頭至尾都採側鋒，而

---

28 包世臣《藝舟雙楫疏證》，（台北：華正書局，一九九〇年五月初版）P19。
29 柳曾符《柳曾符書學論文集》，（台北：華正書局，一九九五年六月初版）P243。
30 蔡邕〈九勢〉收於《歷代書法論文選》，P6。
31 倪蘇門〈書法論〉收於季伏昆《中國書論輯要》，P217。

（圖八十四）

有時豎鉤及重捺筆畫也使用側鋒（圖八十四）。他的側鋒據觀
察，大多配合著中鋒的運行而出現，不是刻意要帥，但因爲他的
作品以行草居多，且他經常興酣落筆，不爲法拘，並應行筆速度
的要求，在筆畫與筆畫間由於取勢之需，自然形成側筆的現象，
不過他在筆鋒運轉之間，又能掌握分寸，絕少流於偏鋒之弊，所
以他的用筆看似掙脫一切法的束縛，然而無法之中仍有法在，看
他行筆，有時乍起還耽心會太偏，但他總能隨時修正筆鋒，儘量
貼近在中鋒的邊緣，讓我們感受到側鋒和偏鋒永遠保持一定距
離，卻又不時向偏鋒獻殷勤，維繫著中鋒、側鋒、偏鋒三者之微
妙關係，使觀賞者在爲他捏把冷汗之餘，都能迎刃而解，化險爲
夷，強化視覺感官效果。其對側鋒的使用，實較之前人更具大膽
作風，亦其筆法上之一大超越。

（二）虛實相生

徐渭點線所使用的虛實也是其書法技法之一大特色。

1.主、副筆的虛實運用

　　書法筆法中的虛實，指的是主筆
與副筆的區別，一般而言，主筆應
實，副筆應虛，如果主副不分，等於
就是違背用筆基本法則，但徐渭卻能
實中有虛、虛中有實，巧妙地發揮虛
實相生的道理，也就是說，某些主筆
本來應該以粗黑的線條加以呈現，他
卻反用細薄的筆畫取代；相對地，若
干副筆原應以游絲處理，他則當成主
筆以較粗的線條逕行帶過。在以虛代
實的部份，雖然筆畫纖細，但並無損
於主筆的存在，且更能使錯綜交疊的
主筆筆畫，顯出輕重有致的變化，豐
富了線條的層次感（圖八十五Ａ）。
而在以實代虛的部份，稍不留意，就
可能造成主副混淆，徐渭對這類筆法
亦有特殊的表現，基本上，以實代虛
在其作品中並不普遍，但仍可觀察出
獨到之處，因為這種接近忌諱的筆
法，根本可以捨而不用，然而偶爾出
現在他作品中，雖不見得能為他書法
水準的提升產生多少助益，不過他都

△以虛代實

（圖八十五Ａ）

能不著痕跡的令其存在，且讓觀者不以為意地接受與認同，有著
行若無事而又“輕舟已過萬重山”的能耐。究其原因，主要是這

類筆法的使用通常搭配較為粗重的主
筆字群，細看雖無副筆的虛細輕盈，
然若與該筆畫周圍相較，又無喧賓奪
主之嫌，故不易引人注意，而藏在字
中，亦無突兀之感，有時他更將兩字
拉近，使上一字末筆與下一字首筆直
接連結，完全取消游絲的存在空間，
令實中有虛、虛中有實，達到虛實難
分的地步（圖八十五 B）。

2.飛白

　　筆畫中的飛白也是虛實的一種表
現。徐渭這類筆法大多出現在風格奔
放的作品中，如〈七言律詩軸〉、
〈草書詩軸〉、〈應制詞咏劍〉、
〈應制詞咏墨〉、〈草書杜甫詩軸〉
以及〈春雨詩卷〉、〈行草詩詞卷〉
後段等等。徐渭點畫線條的虛筆，除
了前述以輕細筆畫作“以虛代實”的
處理外，他的許多作品也大量使用飛
白線條來製造點畫中“虛”的效果，
蓋以這類作品多為狂肆之作，其行筆
忽快忽慢，韻律感及節奏感強烈，在
一筆之中，有的從起筆到收筆都是飛
白；有的只是其中一段為飛白；有的
則斷斷續續，時白時黑；也有起筆及

（圖八十五 B）
△虛實難分

收筆均為實筆，而中間地帶以虛筆帶過；更有
白到極點索性來個筆斷意連，徹底地以虛筆代
表，十足反映了徐渭對嘗試飛白的膽識（圖八
十六）。

　　唐代張懷瓘《書斷》曾說"妙哉飛白，祖
自八分。有美君子，潤色斯文、絲縈箭激、電
繞雪雺，誰其覃思，於戲蔡君"[32]。其所謂
"蔡君"是指蔡邕，因為張懷瓘認為飛白乃蔡
邕所創。書法本以黑白二色構成色彩之美，是
字畫內之黑與字畫外之白的分割與流動之美，
所以書法線條透過飛白的運用，增加飛動之
勢，在"白"的感官視覺中，也產生一種縹渺
之美。蔡邕當時的飛白雖用於八分，後經採擷
廣敷，遂可用於各體書法，而以行草運用最
廣，表達也最深刻，所以清代劉熙載說"顧曰
飛、曰白、曰散，其法不惟飛之分隸"[33]。然
而歷代對飛白的使用並不普遍，姚淦銘〈飛白
書史相與史繹〉說"飛白書之用，有一個很顯
著的特點，即是不廣泛，或用於題署，或用於
書碑額，或用於觀賞，很少寫成連篇累牘的文
字，往往數字，甚至（只有）一字"[34]。事實

（圖八十六）

32　張懷瓘《書斷》收於《歷代書法論文選》，P150。

33　劉熙載《藝概》，（台北：漢京文化公司，一九八五年九月）
　　P138。

34　姚淦銘〈飛白書史相與史繹〉《書法研究》總第九十輯，（上海書
　　畫出版社，一九九九年第四期）P24。

上，中國書法是以黑白作爲色彩的基本要素，白紙爲文字形體準備了寬廣的表現空間，黑白的線條便成爲形體浮出紙面的唯一物質，使之形成黑白兩色的強烈對比，而飛白的使用，則介入了兩者間的糾葛紛爭，讓黑與白的距離拉大，從中再分割出多重的對立層次，郭廉夫、張繼華在《色彩美學》中說：

> 色彩關係中不同質、量的顏色相匹配，不同的對比方式的運用，產生了不同的色彩效果，形成不同的色彩情調。可以說，沒有對比就沒有色彩美，對比是掌握色彩規律並獲得色彩美的鑰匙。35

又說：

> 將所用兩種色推向各自的極端，會給予感官帶來強烈感受，反之則對比程度減弱，色彩的對比效果是由視覺接受對比感應程度決定的。36

因此，黑白二色在色彩學上是極端的色系，其對人們感官的刺激最爲強烈，因爲唯一能與黑色作匹配的顏色，只有“白色最能達成完美統一的諧和效果”37。黑與白是既對立又統一的最佳組合。徐渭就善用了黑與白的對比，在同一線條裡，使該二色充份發揮色彩美學的作用，挑逗著觀賞者的感官視覺功能，這種接近枯筆狀態時所留下的痕跡，仔細審視它的肌理，又呈現出絲狀、

---

35 郭廉夫、張繼華《色彩美學》，（陝西：新華書局，一九九四年八月二刷）P116。

36 同前註。

37 胡東敬《中國畫黑白體系論》，（北京：人民美術出版社，一九九三年七月二刷）P248。

顆粒狀或塊墨狀在其間交錯，這種線條有時幾乎分不清賓主高
下，因在飛白處既有白圍黑的情形，又有與整個書法主體黑白關
係相顛倒的黑圍白的現象，這時的白更具有實體的性質，但是由
於白紙寫黑字已成根深蒂固的思維定勢，所以對於打破這種固定
印象的特殊形式，令人倍覺敏感，這便是"飛白"在書法審美意
趣上的價值所在。徐渭在這方面無疑是一個成功的實證者，更是
尚奇與犯險精神的具體表徵。

（三）提按鮮明

清劉熙載《藝概‧書概》說：

> 凡書要筆筆按，筆筆提。辨按尤當於起筆處，辨提尤當於
> 上筆處。書家於「提」、「按」兩字，有相合而無相離。38

"提按"是從事書寫活動最重要的法門，孫過庭說"真以點畫為
形質，使轉為情性；草以點畫為情性，使轉為形質"39。"按"
是一切書法現象的開端，凡要寫出任何筆畫，都須透過"按"的
動作，才能將線條呈現在紙上；"提"則是筆畫與筆畫間的使轉
運作，上文曾提到中鋒運筆是為使毫中之墨能順暢地流滲到紙
上，而"提筆"即是在一個筆畫完成後，能使筆鋒還原，回歸圓
柱形，利於下一筆的書寫，如此第二筆的筆毫也能順利地將毫中
之墨流到紙上，依此類推，則每一個筆畫寫完之後，即將筆鋒提
起，理順筆毫，為下一筆作好起筆準備，所以孫過庭的"使
轉"，簡單地講，就是"提按"。其所謂"形質"、"情性"即

38　劉熙載《藝概》，P164。
39　孫過庭《書譜》收於《歷代書法論文選》，P114。

（圖八十七）

為點畫提按所構成。

徐渭對提按的體會極為深刻，他凡遇轉折處必將筆提高，此從筆畫的輕重變化就可見出端倪，由於他的提按作得徹底，所以在速度感十足的線條中，大多數用筆都能維持一定質感，兼顧了形質、情性的要求。另一方面，也因為他用筆提按清楚，使筆與筆間的起止、主副更顯明晰，尤其他對右折的處理，往往將筆提到極致，僅剩尖鋒留在紙上，甚至筆鋒已完全離開紙面，待向右轉下後又重筆落墨，使轉折瞬間出現極細、極粗的鮮明對比，尤其他的右折有時在筆鋒轉換向右之後，並未逕行按筆，等向下行筆一小段時，再按筆使力，這種筆法在古人作品中絕少出現，堪為徐渭個人特有的筆畫特徵。（圖八十七）

（四）疾澀消長

古人論書對疾澀的這一議題多所關注，但在用詞上，有稱“疾澀”，也有稱“遲速”或“緩捷”，《中國書法文化大觀》云“遲或稱為‘緩’，或連稱為‘遲澀’等；速或稱為‘急’、‘疾’，或連稱為‘捷速’等”，並為“疾澀”作了非常明確的分析，其謂：

> 運筆而遲，取其穩重、沈著、端莊有力；然而一味遲重，
> 專務遲澀，則會失卻神氣、風彩，故必欲與速相輔而行。
> 運筆而速，取其勁利、飛動，風神顯耀；然而一味捷速，
> 專務急族，則會失勢、失態，故必欲與遲相互輔行。40

書法既躋身藝術門類，自必以變化爲尚，否則和印刷體就沒什麼
兩樣，惟變化亦非漫無限制，變化中仍須受一定法則的制約，方
有準則可循，而所謂的優劣高下的判別尺度，亦建立在此一基礎
上。此一基礎就是“變化”與“統一”的調和。用筆的疾澀當然
也有其審美機制，“疾”和“澀”任何一邊過多與不及均非理
想，惟有疾澀互見、協和一致，方屬允當。

　　徐渭《筆玄要旨》也提到了疾澀的問題，他說：

> 書時須用沈靜，下筆宜遲，蓋管是將軍，必須遲重，筆心
> 則箭鋒，箭鋒一遲則中物不入，須十遲五急……遲的分數
> 多，急的分數少。……書貴遲澀，大約遲以取妍，速以取
> 勁，兩者通不可缺，遲又其主矣。既思要遲必先爲之速，
> 然後能爲之遲，若素不能速，專務於遲，必無神氣，若專
> 一以速爲主，又多失勢。41

徐渭對疾澀體會極其深刻，他主要還是認爲用筆以“遲”爲主，
但要遲澀則又須先能速，神采乃生。所以“速”才是他的獨門功
夫，不過“疾速”也不是一味追求快速，必須緩急適中，遲速相
間，方爲正道。當然，各人對遲速的認知不同，也許我們認爲自

40 姚淦銘〈中國書法藝術的美學範疇〉收於《中國書法文化大觀》，
　　（北京大學出版社，一九九六年七月二刷）P123。
41 徐渭《筆玄要旨》收於《中國歷代書法論著彙編》，P245。

己用筆已經夠慢，但在別人看來仍屬太快，所以疾與澀是沒有固定的標準。徐渭雖口口聲聲說用筆要慢，然觀其作品，常給人一種"秋風掃落葉"之感，例如〈七言律詩軸〉、〈春雨詩卷〉、〈白燕詩卷〉、〈行草詩詞卷〉後段、〈自書詩卷〉、〈草書詩軸〉、〈李白詩軸〉、〈杜甫詩軸〉、〈應制詞咏劍〉、〈應制詞咏墨〉等，其運筆速度明顯比其他作品來得快，這些作品的創作背景，或許和酒有關，又或許是在精神混沌、恍惚朦朧狀態下完成，當酒精在指端發酵時，全身氣血通暢，行筆速度加快，就像是酒後駕車一般，猛踩油門，這時的速度感對當事者而言，是一種刺激，也是一種滿足，而徐渭疾澀筆法表現比較突出的，也是這類作品（圖八十八 ABCDE）。但就如他所言，遲與速都不能單獨存在，即使是在快馬加鞭的氣氛下完成的作品，也有"遲"的成份，難得的是，他的快筆留下的筆痕未必都是"疾"，有些快速的筆畫反而呈現拙澀之趣，而有些更因筆調的頓挫，使線條出現時緩時速，疾澀互見的效果。嚴格說來，用筆的遲速配合蘸墨的多寡、濃淡，也將影響到飛白的表現，但遲速講的是用筆的緩急快慢，而飛白則是指筆毫運作下線條的實質現象。

（五）方圓並濟

中國書法最初應無方圓的藝術概念，但卻是古代書法演變的重要規律，例如甲骨文以方筆爲主，而金文則以圓筆居多；秦篆恢復圓筆系統，到了漢隸方筆又取得領先地位。漢代書體大興，書法藝術觀念也逐漸成型，於是方圓便被諸體吸收，成爲藝術表現的一種技巧。在書法的筆法體系中，"方筆"講究的是以折爲使轉，行筆斷而復起，其收鋒爲外拓。圓筆講究以轉爲使轉，行

（圖八十八Ａ）徐渭〈春雨詩卷〉（局部），引自《徐渭墨蹟大觀》

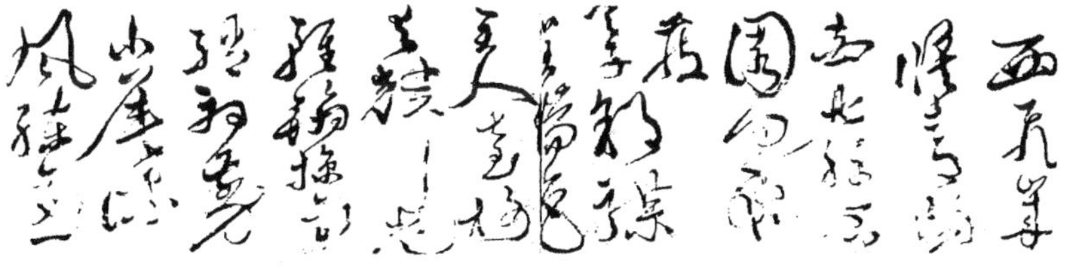

（圖八十八 Ｂ）徐渭〈白燕詩卷〉（局部）29.6×421cm，紹興文物管理處
藏，引自《徐渭墨蹟大觀》

（圖八十八Ｃ）徐渭〈行草詩詞卷〉（局部）引自《徐渭墨蹟大觀》

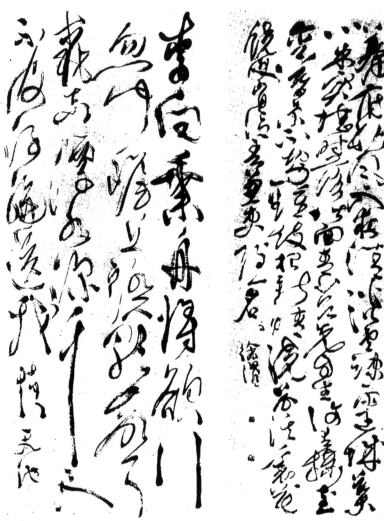

（圖八十八 D）徐渭〈李白詩軸〉
59×126cm
瀋陽故宮博物院藏，
引自《徐渭墨蹟大觀》

（圖八十八 E）徐渭〈杜甫詩軸〉
60.3×189.5cm
上海博物院藏，
引自《徐渭墨蹟大觀》

筆續而不斷，其收鋒內擫。從方筆中可顯示出方正、雄峻之美，
而圓筆則可顯示婉轉、渾穆之美。明代項穆《書法雅言》中說
"方圓互用，猶陰陽互藏，所以用筆貴圓，字形貴方……。是圓
乃神圓，不可滯也；方乃通方，不可執也"[42]。宋姜夔則說
"轉、折者，方圓之法，眞多用折，草多用轉"[43]。又說"方圓
者，眞草之體用。眞貴方，草貴圓。方者參之以圓，圓者參之以
方，斯爲妙矣"。論者大多主張楷書用方筆，草書用圓筆，這種
說法自然和書體本身的筆畫造形息息相關，譬如楷書的橫、直、
撇、捺，本就大都是方筆形態，在書寫上如硬要將之改成圓筆，
有其實際的困難，也無刻意改造的必要，顯然楷書的方筆是在自
然書寫中逐漸形成。而草書因行筆較快，在筆順連貫的揮使下，
某些地方就無法仔細照顧到筆畫原始造形，久而久之，圓筆就在
其中滋生做大，並成爲行草書的重要審美參據。

　　徐渭對方圓的駕馭可謂達到爐火純青的地步。方與圓在他的
行草書中，幾乎完全擺脫楷書的束縛，可依自己意思隨時變更或
方或圓的筆畫。他獨到之處，在於方圓的運用雖靈活自如，但又
能兼顧到協調性，往往在一字之中有方有圓，方圓並濟，轉折並
用，或利用上下二字方圓互補，使他的書法在激宕流速的行筆
中，猶能維持統一的體勢與變化萬端的藝術效果。

二、字形結構

　　書法三大要素中，結構也是極其重要的一環。結構是由不同
形式和意態的點畫，按照一定的規則組織成字，使之安排在適當

42　項穆《書法雅言》收於《歷代書法論文選》，P485。
43　姜夔《續書譜》收於《歷代書法論文選》，P357~P362。

位置，令它們各自定向，並取得相互間的統一協調，因此又稱為
"結體"、"結字"或"間架"。歷代對結構的論述很多，其中
如隋僧智果的〈心成頌〉、歐陽洵的〈結體三十六法〉、明李淳
進的〈結構八十四法〉和清黃自元的〈間架結構九十二法〉等都
為書法結構的專門論述。這些論著，總括了字形結構相關的豐富
經驗，為我們指引了入門的途徑。趙孟頫〈蘭亭跋〉曰"書法以
用筆為上，而結字亦須用工，蓋結字因時相傳用筆千古不易"
44。可見書法的結構應有定法，古人創出的字形代代相傳，因時
相沿，似乎在學習上較用筆來得容易。然而，愈容易學習的東西
往往愈難有所突破，例如隸書是公認的"易寫難工"，因為它的
特徵易於掌握，要寫得幾分形似並非難事，但如要寫出個人風
格、創造出特色，就不是那麼容易的事。書法結構亦當作如是
觀，它既可"因時相傳"，而每個時代的書風又都有若干的差
異，那麼不同時代迥異的書風中，必然存在著字形結構的相異
性，以此來看，字形結構雖可依葫蘆畫樣，但要表現與眾不同的
書風時，結構造形就不再是那般的因時相沿了，徐渭就是典型例
子。

（一）疏密錯落，開合有致

　　"疏密"通俗地講就是"鬆緊"，它是筆畫組成的單字內，
透過點線的交叉錯綜，產生的黑白虛實關係。宋姜夔云：

> 書以疏欲風神，密欲老氣。如"佳"之四橫，"川"之三
> 直，"魚"之四點，"畫"之九畫，必須下筆勁淨，疏密

44　趙孟頫《松雪齋書論・蘭亭跋》收於《歷代書法論文選續編》，
　　（上海書畫出版社，一九九三年八月一刷）P179。

停勻爲佳。當疏不疏，反成寒乞；當密不密，必至彫疏。45
顯然疏與密乃是書法結構的一大法則。字間結構的變化，必須相
間得宜，疏密停勻。

徐渭在結字的功夫上，堪稱是他的看家本領，其結構大體以
寬綽方扁爲主，特別是中期所寫的作品，多數的單字整體寬度，
都超出正常字體的比例，這一現象，從橫卷上就有這種傾向，而
立軸作品又更爲明顯，因爲立軸字距緊密，每字受到上下壓縮，
所以改向橫向發展，使得單字結構的造形變得又寬又扁，這樣的
結體造形主要可從三個方面進行解析。

1.左右結構

所謂"左右結構"就是雙合字或三拼字，它是由二個以上的
結構組成的字，如"治"、"肝"、"頭"、"樹"等。徐渭這
類左右結構在組合上明顯以離代合，將組成部件拉得較開，使中
間空間加大，增加字的寬綽性。（圖八十九 A）

2.獨體結構

如"雨"、"月"、"而"、"長"等字，雖然不是靠左右
部件組構而成，但他也刻意壓扁，整個字形左右所佔空間相當
大，格局更見疏朗開張。（圖八十九 B）

3.單筆拉寬

徐渭書法若干字形本身屬中庸型，但因字中一兩筆向左右伸
展，使該字看起來益顯寬扁，如"意"、"久"、"當"等字。

---

45 姜夔《續書譜》收於《歷代書法論文選》，P363。

"意"第五筆橫畫拉寬；"久"最後一筆捺畫向右拉長；"當"
第五筆橫勢加大，都使原本中和允當的字形變得左右開張，闊綽
有餘。（圖八十九C）

　　然而，這三種類型雖都是他處理寬扁字形的具體手法，但在
寬綽之餘，並未流於鬆散，他一方面作到"疏可走馬"，一方面
也注意到"密不通風"，就在字形向左右拉開或上下擠壓之時，
其內部空間往往也作了巧妙的分配與安排，使字內圍的每一個局
部達到緊密的程度，有時內圍空間如果真的過疏，他便以重筆進
行補救，務期將字內的空白處填補到接近合理的範圍。同時在大
多數寬肩橫勢的結構字群裡，他也適時穿插極其緊密的字形於其
中，使之疏中有密，更見聚散開合之姿。

（二）行書草寫，體勢貫串

　　晚明變形書風在結構上有一共同特徵，就是"行書草寫"，
此和既往寫草書的慣例不同。過去寫草書有草書的規矩，因為草
書是一種書體，而各種書體多少須遵循古人給該書體的定義與形
式規範，例如索靖〈草書勢〉就說"蓋草書之為狀也，婉若銀
鉤，漂若驚鸞，舒翼未發，若舉復安"[46]。王羲之〈題衛夫人
「筆陣圖」後〉也講"若欲學草書，又有別法。須緩前急後，字
體形勢，狀如龍蛇，相鉤連不斷，仍須棱側起伏，用筆亦不得使
齊平大小一等"[47]。歷代對書體的論述多如牛毛，其中草書部份
觀點或有歧異，但總不離其宗。古代的草書字形雖無定法，但我
們看到漢代章草以及王羲之〈十七帖〉和他的草書尺牘法帖，在

---

46 索靖〈草書勢〉收於《歷代書法論文選》，P17。
47 王羲之〈題衛夫人「筆陣圖」後〉收於《歷代書法論文選》，P24～
　　P25。

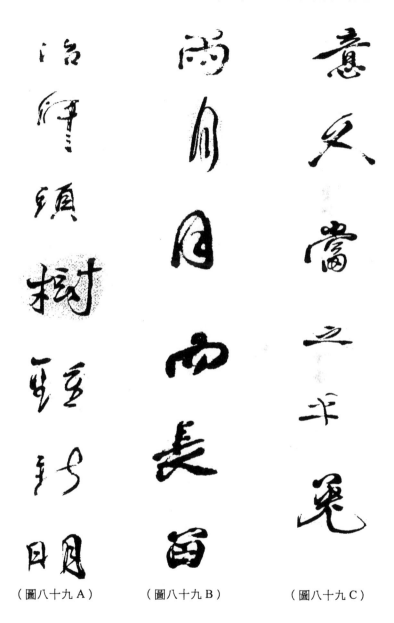

（圖八十九Ａ）　　　　（圖八十九Ｂ）　　　　（圖八十九Ｃ）

結構上都已相當成熟，偏旁也都已有定式，一直到孫過庭、懷素、張旭，仍然沿襲著同樣的草書結構系統，但明代後期，草書大家卻悖逆了這一傳統，改以行書結構寫成草書，這種改變從徐渭開始形成巨浪，流向晚明諸家，更是波瀾壯闊，高潮迭起。

　　徐渭許多被歸類為草書的作品，如果仔細觀察，當中經常會出現行書結構，也就是"草法不純"，但對徐渭而言，他不僅不避忌諱，反而大肆發揮，將草行合於一體，無分彼此，因此嚴格說來，他有不少草書作品其實只能稱之為行草，並非真正的草書。而這種行草合書的作品，大多為立軸條幅，較具代表性的如〈七言律詩軸〉、〈應制詞咏劍〉、〈應制詞咏墨〉等，這幾件作品的用筆幾乎全為草書，但結構則大量地採用行書字形，其各幅草書結構所佔比例甚至不超過該幅作品三分之一，在這方面，就算旭、素再世，恐怕也要微服稱臣。就在此時，也讓我們發現到，他將行書當作草書書寫的最大特徵，除了用筆外，就是筆畫的牽帶糾纏，更使字體變得潦草率意，而且在筆畫交疊縈繞中，增加了字的濃度與密度，產生了另一層的美學效果，這不正是王世貞所說的"書極潦草，中有結法，時時得佳字"[48]的極佳體現嗎？同時他的字形寬扁，如果純以草書結構書寫，由於"化繁為簡"的結果，字形內部因筆畫過少，可能無法對寬大的空間進行填補，恐將造成疏多密少的寬鬆現象，因此徐渭反向思考，"化簡為繁"，卻又能夠"執繁馭簡"，確乎有其獨到之處。

（三）俯仰向背，隨類賦形

　　書法大多數是以橫畫及豎畫組合而成。橫畫因有向上或向下

48　王世貞《弇州山人四部稿》收於《中國書論輯要》，P294。

曲勢，便成"俯仰"；豎畫亦因向左或向右凹凸而產生向背。
"俯"是向下的意思，一個筆畫如果中間部份比兩端微高，就是
俯勢，反之如中間部份較兩端微低，便是仰勢。俯仰相對就成了
字體上下呼應的形勢。徐渭書法造形以俯勢爲多，在橫平線條
中，呈現由上向下覆蓋的體勢，如果我們刻意講究俯仰對立時，
字的上部用俯，則中間或下部應以仰筆相對，以示調和，然徐渭
的結構，卻經常從上到下整個字的橫畫都呈俯勢，因爲他不以單
字爲個體，他同時考慮到
上下左右的互動關係，而
在適當位置見縫插針，補
上一筆仰畫，在整體上，
雖然仰勢比重較輕，但由
於結構變化多姿，橫畫的
筆勢也不盡相同，擾亂了
視覺感官，使觀賞者能毫
不計較其俯多仰少的缺
失，抑或因此而更能展現
徐渭個人特殊的結構處理
手法（圖九十）。

（圖九十）

　　一般說來，俯勢用得多，則相對地向勢就不可能太少，因爲
在筆畫連接上，俯筆連著向勢比較順暢，如顏眞卿書法即屬之；
而仰筆接續背勢亦較妥貼，歐陽通書法即如是。所以徐渭自然是
向勢結構爲多，這類字形通常是四週迴抱、中宮舒朗。依個人淺
見，迴抱型的字，較易表現雄強的氣魄，蓋以字形外圍向外凸
拓，每個字有個體膨脹的作用，搭配徐渭寬扁開張的字形，可謂
完 美組合。姜夔《續書譜》謂"向背者，如人之顧盼、指畫、

相楫、相背"49。"向背"直接關係到字的氣勢與神采。蔣和《書法正宗》亦云"畫多則分仰覆，以別其勢；豎多則分向背，以成其體"50。可見"俯仰"和"向背"是一體的兩面，理論上，"俯仰"、"向背"是爲相對詞；但該二者彼此間並無互根性，亦未必要有互補性，比如前面所舉的例子，顏字俯筆及向勢用得特多，然仰筆及背勢則絕少用到，而歐陽通以仰筆背勢爲主，同樣地他對俯筆向勢也甚少碰及，所以俯與仰、向與背並非需要對立才能存在，書家

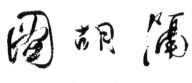

△向勢字形

△背勢字形

△中庸字形

（圖九十一）

可自由選擇任一結構特徵，作爲取法的依據。可是徐渭對向背的態度和對待俯仰一致，大致上他對向勢有較多偏好，可是偶爾會出現幾筆背勢，或不偏不倚以直線條表達中立立場，使看似統一和諧的畫面，憑添幾許情趣。（圖九十一）

（四）奇詭多姿，新意迭出

　　孫過庭《書譜》說"至如初學分布，但求平正；既知平正，

49　姜夔《續書譜》收於《歷代書法論文選》，P363。

50　蔣和《書法正宗》收於劉小晴《中國書學技法評注》，（上海書畫出版社，一九九一年六月一刷）P194。

務追險絕；旣能險絕，復歸平正"[51]。"正"與"奇"乃學習書法者必需正視的兩大課題。"平正"是指結體勻稱，點畫妥貼，橫直相安，骨肉停勻，端莊沈著；合乎一般法度之謂也，這也是初學者首先極須追求的第一個層次。"險絕"是指結字奇變，參差起伏，陰陽開合，縱橫欹側，出沒無窮，合乎意態之謂也，這是書家"旣知平正"之後所應追求的第二個層次。而第三個層次"復歸平正"則指平和簡靜，妙合自然，變化莫測，質樸無華，平中寓奇，合乎理趣之謂。此三個層次其實是圍繞在"正奇"的議題上。"正奇"在書法表現中富有矛盾性與對立性，但又相輔相成。如果只一味求"正"，則僅止於第一層次，未能跳脫法度藩籬；而一味求"奇"，雖也雄爽飛動，卻容易流於狂怪野俗，最好能平中求奇，常中求變，於不平中求平正，不齊中求停勻，使奇正融爲一體。

　　徐渭對古人的取法甚深，初期必也如他人一樣先求"平正"，隨著書齡增長，逐漸對奇險展開追求，他的結構造形履踐著他"急以出奇"和"取險"的書學理念，這類字形特徵，約可歸納爲如下諸項：

1.左右欹側

　　中國文字原本右邊就比左邊略微偏高，但徐渭書法造形，右邊的高度往往比正常字形還高，有時甚至整個字形成左下向右上欹側的姿態，但某些字又反其道而行，由左上向右下傾斜，充份表現結字的妙趣。（圖九十二 A）

51　孫過庭《書譜》收於《歷代書法論文選》，P116。

2.參差迎讓

徐渭寫字是將整幅作品看成一個有機體，有些字的某個部份是字中的主筆，要作適度的誇張，這時與之相配合的其他次要部份就要相應收縮，把空間留給主要部份伸展表現。另一方面，某些字為了求奇，利用高低、參差的寫法，打破平正的造形規律，令每個部位各有姿態，組合起來，更顯生動，變化無窮。（圖九十二 B）

3.誇大縱橫

徐渭書法狂放飛動的造形在他作品中屢見不鮮，同時他更喜歡以極誇大的筆法來處理結構的奇險。例如豎畫，蓄意拉長的次數頻繁，有時一字就佔有數個字的空間，如〈自書詩卷〉後端的"虎"字，足足佔了一行；〈春雨詩卷〉、〈草書白燕詩軸〉、〈草書李白詩軸〉、〈徐積觀潮〉等作，都有頗富典型的字形（圖九十二 C）。其次，某些橫畫或撇捺也都時有超限度的現象，這種極度誇大的結體造形，足堪獨步古今。

三、章法佈局

章法佈局在書法創作中，亦是一項重要組成部份。一幅作品的藝術技巧就是透過點畫、結構、章法的組合，始能克竟全功，所以不僅要把筆畫、單字寫好，更重要的是要把眾多的字結合成完整的篇章，而"章法佈局"，就是對一幅書法作品進行全盤安排的規範。因此"章法佈局"向來亦受書家所重視。清劉熙載《藝概》中稱"書之章法有大小，小如一字及數字，大如一行及數行，一幅及數幅，皆須有相避相形、相呼相應之妙"52。當我

△左低右高

（圖九十二Ａ）
△左高右低

（圖九十二Ｂ）

（圖九十二Ｃ）

們觀賞一幅書法作品，最先映入眼簾的就是佈局，由佈局的第一印象再進入結構、點畫的細部考察，例如顏眞卿的雄厚之氣；王鐸的巨龍奔騰；楊凝式〈韭花帖〉的星月晴空，乃至鄭板橋的亂石鋪階，都是整幅章法所給人的印象和感受。徐渭書法表現理想與現實的矛盾所引起的靈魂的焦燥，都化爲強烈的創作衝動，雖然他仍透過狂放的線條、強烈的節奏，以及變化萬端的結構造形，但眞正突顯他自家鮮明風貌的關鍵，則歸結於章法佈局。其主要特徵有下列幾點。

（一）行距窄狹，參差錯綜

前面介紹徐渭點畫、結構時，曾提到他的用筆飛動，結體誇張，這在單筆或單字的表現上都不成問題，但如將這些乖張詭誕的元素融合在一起時，就需考慮到筆畫及單字相互間的微妙關係。陽泉〈草書賦〉說：

> 或攢翦而齊整，或上下而參差。53

書法字形有整齊有參差，有長短、大小、闊窄、斜正，所以每一個字都是在參差中求整齊，寓參差於整齊之中。明解縉云"上字之下字，左行之於右行，橫斜疏密，各有攸當。上下連延，左右顧矚，八面四方，有如布陣，紛紛紜紜，斗亂而不亂"。54

徐渭在章法上主張"布勻而不必勻"，他的"勻"指的是法

52　劉熙載《藝概》，P166。
53　陽泉〈草書賦〉收於劉小晴《中國書學技法評註》，（上海書畫出版社，一九九一年六月一刷）P213。
54　解縉《春雨雜述》收於《歷代書法論文選》，P463。

度規矩，亦即“平正”，而“不必勻”則是指“險絕”，是變化奇崛之意。“不必勻”才能產生動蕩離奇、熟而後生的審美效果，達到“極有布置而了無布置痕跡”的境界。他的書法作品也充份體現了其書學主張，在聚散錯綜裡，將行距拉到極密，運用字群組合原理，對左右空間作了巧妙的參差閃避，使行與行中間的距離無法由行首到行尾徹底留白，呈現出時疏時密、勿寬忽窄的不規則行距，在這部份又可從四個方面進行探討。

　　1.徐渭作品的天地留邊和行距一樣，是以窄狹的方式佈局。雖然作品在流傳時重新裱褙多少會裁到作品四週，但他的立軸作品幾乎清一色是頂天立地不留寬邊，反觀其卷冊，就無此現象，依理而言，作品流傳之保存條件或許有別，但總不至於卷冊與立軸的收藏命運有如此大的差別，故可相信其軸式書法的留邊應是原本就已偏狹，這樣正好附合著行距的腳步，給人一種極欲掙脫紙面之感。（圖九十三Ａ）

　　2.由於字的格局開張，許多筆畫又向左右伸展，如不善加處理，便會絞繞成一團，就無章法可言，所以徐渭在行與行間的錯綜性上採取了互補的手法，儘量利用隔行的交叉空間，使筆畫盡情延伸，甚至對隔行的字進行入侵，而被侵犯的字又處之泰然，不為所動，作到“行與行間左右參差，彼此歛放，折搭取勢，順勢揖讓”[55]，好像事先經過協調分配，各有其位，各司其職的模樣。（圖九十三Ｂ）

　　3.在行距受到壓縮的情況下，整體佈局空間又出現了一種奇特的現象，就是單字結構內如雙合字兩個局部拉開後，所彌留出

---

55 董友知《書法理論與書法百家》，（浙江：團結出版社，一九八八年十二月一刷）P143。

來的間距，竟然比行距還寬，而該兩個部件卻倚向兩邊，使該字內中宮寬疏，行距到此似乎轉進了字的中心，將之一分為二。譬如〈七言律詩軸〉第三行第五個"帽"字，就是從中間被剖開，"巾"和"冒"則分靠兩邊，形成字中的距離比左右兩旁的行距還寬的現象，洵非常人所能臻此。（圖九十三 C）

　　4.這類行序緊密的作品，也不是全然採取空間消長、交叉揖讓的唯一方式，某些時候根本不理會隔行的空間問題，而僅以自身的需求為考量，因此偶爾也出現互不相讓的局面，從而產生了"劍拔弩張"、"擔夫爭道"的緊張氣氛，有時甚至發生衝突，兩造相互碰撞，直接將筆畫往隔行的字舖蓋過去，劉欣耕在解析徐渭立軸作品時說"是通過爆發性的筆觸墨線對章法平面進行縱橫交集羅織完成的，它突現的書寫過程中每一個跳蕩騰挪的擲力點，及其相互間的一體涵融關係"56。這種作風經常令觀者為之情緒緊繃，精神振奮。（圖九十三 D）

（二）軸線聯結，直中帶曲

　　徐渭書法在軸線方面的表現，還是以立軸較為突出。依當代大陸書法學者邱振中研究，書法軸線可分為"奇異聯結"、"二重軸線吻接"、"分組線構成"三種類型57。在卷册有限的行軸中，書家確實較難有發揮的空間，而立軸作品因軸線縱長，可以考驗書家的巧思與匠心，於是明代以後諸家莫不使出渾身解數，在這一後來居上的超大紙幅比劃較勁，徐渭在這部份則扮演了承

56　劉欣耕《歷代草書技法通講》，（上海書畫出版社，一九九八年七月一刷）P204。
57　邱振中《書法的形態與闡釋・章法的構成》，（重慶出版社，一九九六年十月二刷）P63~P115。

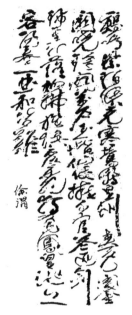

（圖九十三 A）
△留邊狹小，頂天立地

（圖九十三 B）
△左右揖讓，錯綜參差

（圖九十三 C）
△中宮寬疏，行距緊密

(1)

(2)

（圖九十三 D）
△兩字碰觸，劍拔弩張

先啓後的重要角色。首先，徐渭立軸書法的上下節奏非常綿密，字與字的距離相當接近，有些豎畫雖然刻意拉長，但也有某些原本可以拉筆卻未盡情揮展的筆畫，顯係有意壓縮，製造緊湊的空間效果，所以他的作品牽帶並不很多，其連體的字大多在二到三個字之間，卻給人一氣呵成的錯覺，乍看以爲連筆書寫的字串滿佈其間，細察才發現並非如此，可見他在行氣的動勢上，表現得甚爲成功。徐渭對字和字的關係，雖不全然採用連筆映帶，但上下字的筆畫重疊卻時而可見，有時他索性以下一字的部份筆畫向上撐起，佔用了上一字的部份空間，形成上下穿插的子母字群（圖九十四Ａ），更增加了字距的迫促性，這在晚明諸家中曾被大量使用。

　　其次，徐渭單字軸線具有反向傾側連綴的現象，因爲他的字形並非直立排列，時而傾左，時而傾右，又時而中立，使軸線形成曲直不一的彎折感。這種傾側連綴有時又有轉折跳脫的變化，亦即邱振中所謂的“奇異聯結”，它緊密呼應著每個單字的上下

（圖九十四Ａ）

重心及軸線走向，產生如同流水般的動勢及空間感，整行字蜿蜒崎嶇，好似一股力量自上而下曲折推進，同時由於徐渭書法字格寬大，當上一字筆勢帶到下一字左邊偏旁時，軸線到此就已暫告一個段落，再從字的右邊另起一條新的軸線，接續完成綰連的任務，而因他的節奏分明，用筆富於速度感，起伏跳躍之姿不絕如縷，以致聯綴的氣勢極強，再加上字形寬扁，由外接圓形成的軸線外圍粗大，順著點畫忽左忽右的游移律動，就像滔滔江河般偶遇危石咽流，益增其雄渾壯闊之勢，一代大家的寬廣格局迨由此誕生。（圖九十四Ｂ）

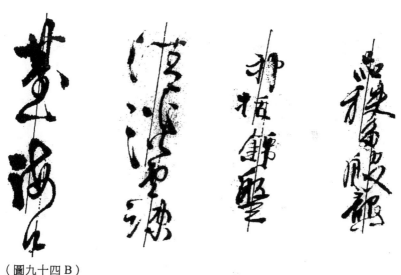

（圖九十四Ｂ）

再次，徐渭書法佈局除前述特色外，在“二重軸線吻接”方面，也有醒目的成績。所謂“二重軸線吻接”，就是當我們順著軸線下行時，軸線到某個字中斷，就在此同時，我們會發現在字裡隱然又出現一條潛在軸線，正啓動連接著下一個字，徐渭書法因為字距緊迫，在字與字間沒有充份的空間可供轉圜，所以就借助"二重軸線吻接"進行軸線接軌，這種軸線特性帶給觀者感知上的頓挫、回旋，因為在行中軸線中斷後，可使感官稍事休息停頓，再慢慢由新的潛在軸線取而代之，略有"一唱三嘆"的韻味，其和"奇異聯結"最大不同，在於"奇異聯結"出現在字裡的二條軸線不相交叉，而"二重軸線吻接"則是主軸線與潛在軸線呈交叉狀態，兩者對行軸的曲折動感，都作了一定程度的貢獻。（圖九十四Ｃ）

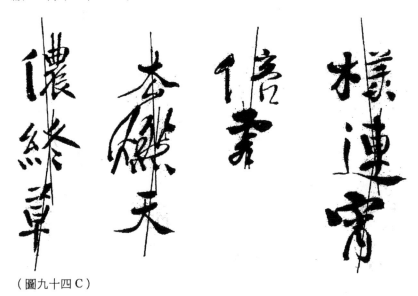

（圖九十四Ｃ）

又次，徐渭在字距迫密的空間裡，因為某些字形的斜側，也可能造成上一字的軸線無法銜接下個字的窘狀，而且也沒有如"二重軸線吻接"有潛在軸線可資替代，行軸到此自成一個段落，而下一字再另起新的軸線，有種"逆轉"的藝術效果，從理論上講，似乎不太符合氣貫串原理，但在綿密的綴聯接軌軸線中，可加強行線自身的運動節奏，在視覺上更能起著免除平淡的功效，使通篇更具節奏和韻律感，豐富了奇崛曲折的美學情趣。這也就是所謂"分組線構成"的軸線章法。（圖九十四Ｄ）

（圖九十四Ｄ）

　　另外，前面所述大多以行軸的中心線為訴求，但事實上，一行的外圍行線也是影響視覺審美的重要考量。如果每個字的寬窄一致，那麼它的外圍行線必然平板單調，而徐渭書法因有傾側聚散，其軸線兩邊亦顯得既膨脹又內縮，而且配合結字原理，時而滿天星斗，時而千里陣雲，譜構出一幅凹凸有致、內放外收的筆墨樂章。（圖九十四Ｅ）

（三）計白當黑，陰陽相對

計白當黑的觀念是來自道家的"知白守黑"，老子云"知其白，守其黑，爲天下式"[58]。中國書法藝術以黑白兩極色系載負著所有的藝術形式和精神內涵，清包世臣《藝舟雙楫》引錄鄧石如話說"字畫疏處可以走馬，密處不使透風，常計白以當黑，奇趣乃生"[59]。書法以黑白兩個色彩創造了無限的筆墨乾坤。書法是藉由點畫結構的交叉組合，當點畫完成後就已建構了書法色彩的基調，但因中國書法是以文字爲載體，所以它必須再進一步以文字的完整字形，搭配淺色的紙縑材料，才能稱得上藝術，也因此，藝術水準的高低，筆墨技巧的良窳，就全在黑與白這兩個顏色的相互襯托之中。胡小石在〈書藝略論〉中說"結衆畫爲一字，曰結體。結衆字爲一體，而布白之說生。結體爲點畫與點畫之關係，布白則爲字與字間之關係。一紙之上，每字各有其領域。著字處爲墨，無字處爲白。墨爲字，白亦爲字。書者須知有字之字固要，而無字之字尤要"[60]。

（圖九十四 E）

---

58 李勉《老子詮證》，（台北：東華書局，一九八七年十月二版）P63。

59 包世貞《藝舟雙楫》，（台北：華正書局，一九九〇年五月初版）P5。

60 胡小石〈書藝略論〉收於《現代書法論文選》，（一九九〇年十二）P49。

　　書法中的黑與白是同等重要的，一般未接受書法或美學專業訓練的書者，都以爲寫書法只須注重黑色的線條，而忽略白色的部份，宗白華〈中國書法裡的美學思想〉也說"字由點畫連貫穿插畫成，點畫的空白處也是字的組成部份……。空白處應當計算在一個字的造形之內，空白要分布適當，和筆畫具同等的藝術價值"61。其核心論點即在說明"計白當黑"的義理，即落墨爲黑，著眼在白，不論有墨處或無墨處，都很重要，因此求美在筆墨，造妙在空白。

　　書法的黑與白猶如宇宙間陰陽關係，具有對立性、制約性與相濟性。〈易經〉裡說"一陰一陽之謂道"。"陰陽"最初被推及萬物，視爲天地間一切事物的運作律則。中國藝術在中國哲學指導下，勻衡、統一便成爲最終的審美目標，就書法布局而言，"疏朗爲陽，密結爲陰；倚側奇險爲陽，平正安穩爲陰；字大爲陽，字小爲陰；點畫多直爲陽，多曲爲陰；行筆布字流暢爲陽，緩澀爲陰；白多爲陽，黑多爲陰；虛多爲陽，實多爲陰"62。書法中的陰陽二氣既有相濟性，自是不可廢偏，劉熙載就強調了"陰陽剛柔不可偏陂"，又說"書要兼備陰陽二氣。大凡沈著屈鬱，陰也；奇拔豪達，陽也"63。

　　徐渭思想曾受道家影響，雖然其書法創作未必有意識地融入黑白陰陽觀念，但道家美學長期對中國藝術進行滲透，徐渭書法

61　宗白華〈中國書法裡的美學思想〉收於《現代書法論文選》，P129。

62　潘朝曦〈大道綱馭書道中－論陰陽與書法〉收於《二十世紀書法研究叢書－品鑒評論篇》，（上海書畫出版社，二〇〇〇年十二月一刷）P300。

63　劉熙載《藝概》，P167。

多少也反映了這一美學思維。我們綜合前述"黑與白""陰與陽"的論點，發現二者有相當密切的關聯。只不過"陰陽"所涵蓋的層面較廣，而"黑白"則屬陰陽其中的一部份。徐渭書法佈局黑墨多屬不規則的線條，因其結構較接近行書，卻以草法運筆，在單字的筆畫間，牽連縈纏的墨線將字的空間分割成許多不規則的形狀，以正常而言，這些被分割後的白色部份，其面積大多比墨線來得大，但徐渭作品則經常僅留類似米粒大小的"針孔"，掩映在字裡行間，且又因他的字形寬綽，在一個字內白色面積就已分出數個層次，從結構上來講是疏密問題，若就章法來看，白色部份似乎比黑色線條更值得留意。而徐渭則將字形壓扁，留出字中迴旋空間，再以如麻的線條對此空間進行處理，其白陽、黑陰的對比，表達了一種"運實為虛"的創作理路，是單純線條虛實的擴大與提升，在他作品中白色的不規則多邊形，可看性不亞於黑色的線條，可說是他得以獨領風騷的拿手絕活。

（四）破而愈完，紛而愈治

　　徐渭生命的不幸與殘缺，透過書法訴說了上蒼對他的不公平待遇，他儼然以抗拒的心態面對生活遭遇，藉由對書法的破壞、撕裂，發抒強烈的憤懣，因而在書法創作中，"殘缺"遂為他所樂於選擇的審美形式。

　　徐渭的美學思想偏向於反摹擬一邊，雖然他對法統亦有所繼承，不過他是選擇性而有條件的繼承，目的是為求"出入古人"，沒有入帖，就不知傳統為何物，又將如何講創新呢？所以當他對古人瞭若指掌後，開始以叛逆式的作風，對傳統進行討伐，他的革命工程不是以言論向古人宣戰，而是透過書法的具體實踐，對既有的筆墨審美系統加以改造。然而，中國書法到了明代一切規矩法則均已齊備，論工整無法超越唐人，論秀媚難與二王、趙孟頫匹敵，以他的生命底蘊及人格特質，正符合從事搞破壞的歷史使命，因爲世上本來就沒有完整的事物，缺陷有時也是一種美。在此我們又得提一提蘇東坡的"意造無法"，言下之意，東坡書法算是對法度的不屑和摒棄，惟若將東坡與徐渭書法相比，則誰才是真正"無法"，便一目了然。如果我們把徐渭某個筆畫或單字取出個別觀察，還真不知該從何欣賞，說得粗俗些，就是點不成點、字不成字，如不深究，或許可能將之看成門外漢的筆蹟，難道徐渭沒有能力把它寫好嗎？在我們看過他所有作品之後，知道答案當然是否定的。既然他也能寫出完好的點畫結構，又同時大量創作"無法"的作品，其動機就昭然若揭了，前面本文曾一再替他解釋說，他的書法不能光以點畫單字來衡量，就是這個緣故。總地來講，點畫結構在他的作品裡，是在爲章法作全盤服務，由於佈局的"變法"，促使內部函數也要跟著揭竿而起，以個別的殘缺，成就整體的完美，是以"拙而愈巧"、"醜而愈美"，完美中有殘缺；殘缺中更見完美。

　　如果說唐人書法是屬於"工筆"，則徐渭書法便是"大寫意"，在繪畫領域也可稱作"速寫"。明代那種長軸巨製，是以提供觀者"遠觀"爲目標，非如卷册置於案上把玩，作品與觀者距離愈遠，其細部愈不須精心鉤勒，就像我們搭乘飛機，從空中俯瞰地面，細微部份根本看不清楚，其顯現的是整體輪廓和大的主體結構，所以徐渭寧可放棄細部的完美，把全付精力貫注在章法上，也是有他的道理，於是"速寫式"的寫法令他感到心手雙暢，不可多得，朱以撒《書法創論》中說"速寫式作者們不作細緻入微的描繪，而是將漢字字型的主要特徵－輪廓、骨架以及風采、神韻鉤勒、抉發出來。這些綱目、枝幹獨到而又準確，使得書法造型很快轉化為一種欣賞者主體情感和心念的審美物化形式"[64]。其實徐渭採用的速寫手法，也是在矛盾中對書法組織的破壞行為。速寫必然牽涉到化實為虛的轉化作用，在大多數實體主筆改由纖細淺淡的虛筆取代時，這些佈局構成所需的點線，是不是也算被迫式的遭到改造的命運。其最終理想，無非亦是為了成全大局。

（五）墨彩繽紛，枯筆偏勝

中國書畫藝術，素重筆墨技巧。用筆之外，用墨亦深受重視。董其昌《畫禪室隨筆》云"字之巧處在用筆，尤在用墨，然非多見古人真蹟，又足與談此竅也。用墨使其有潤，不可使其枯燥，尤忌濃肥，肥則入惡道矣"[65]。墨蘸於筆中，含量多寡、墨色濃淡、出墨快慢等，皆直接影響到書法的表現。筆、紙、墨三者堪為寫字作畫最基本也是最重要的工具。因此，用墨技巧就成了書畫家們費心揣摩精研的一大要領。蘇東坡把墨的色澤神彩比喻成小孩子黑溜溜的小眼珠。孩童眼神光亮、黑白分明，閃爍著光彩，他認為用墨所要追求的藝術效果與孩童的眼珠有異曲同工之妙。他說"世人論墨多貴其黑而不取其光，光而不黑固為棄物；若黑而不光，索然無神彩，亦復無用。要使其光清而不浮，湛湛如小兒目睛乃佳也"[66]。墨色不僅要烏黑，而且要光亮，煥發出活潑耀眼的神采。陳繹曾《翰林要訣》也說"字生於墨，墨

---

64 朱以撒《書法創作論》，（福建人民出版社，一九九二年二月）P112。

65 董其昌《畫禪室隨筆》，（上海：遠東出版社，一九九九年一月一刷）P16~P17。

66 蘇軾《東坡集》收於《中國書論輯要》，P532。

生於水，水者字之血也。筆尖受水，一點已枯矣。水墨皆藏於副
毫之內，蹲之則水下，駐之外水聚，提之則水皆入紙矣」[67]。墨
水透過筆毫洹滲於紙上，從而創造出橫亙古今的筆墨藝術，歸根
結底，還是在於黑與白之間斟酌琢磨，然而，單調的二個色系又
如何能衍生無窮盡的色彩變化呢？人的感官是由外在事物所引起
的，當一個物象引發人們目光去注視時，它必定具有某種色彩性
的誘因，譬如藍天白雲、彩霞夕照、春花秋月，都是因為色彩瑰
麗，才能吸引我們的注意力，所以我們各種視覺感官全來自色彩
刺激的自然反應，刺激物在一定限度內強度愈大，引起的興奮就
愈強。在一張白紙上如果只是畫上一根淺淺的線條，這種顏色就
不易引起觀者的共鳴。在喧鬧的城市中，或噪音隆隆的環境裡，
低聲細語就難以聽得清楚。郭廉夫、張繼華《色彩美學》中說：

> 審美對比心理還可以高級神經的相互誘導得到說明，人的
> 大腦皮層某一部分受到刺激發生興奮時，周圍的皮層就會
> 發生抑制過程，這稱之為負誘導。大腦皮層某一部份發生
> 抑制過程時，它的周圍的皮層引起興奮，黑色在一張淡灰
> 色的底色上，黑色顯得更深沈，引起黑色的皮層細胞興
> 奮，它周圍的皮層細胞因負誘導而加強了抑制過程，所以
> 底色越發淺淡，有時達到視而不見的程度。[68]

這兩位學者是以現代科學來論證色彩之於人們的情感作用，旨在
說明色彩運用的重點就是"對比"，而書法則是所有藝術中色彩
對比最鮮明的門類，這種黑與白及其兩色交叉後的灰系地帶，配

67　陳繹曾《翰林要訣》收於《中國書論輯要》，P537。
68　郭廉夫、張繼華《色彩美學》，（陝西：人民美術出版社，一九九
　　四年八月二刷）P116。

合字形輪廓的分界線及線條墨色層次交叉，產生一種視覺上的異化感，使書法達成"墨分五色"的抽象性藝術表現。

　　徐渭的寫意畫家背景，豐富了他的書法世界，他的繪畫喜採簡筆渲染，以大量的水份灌注在作品中，而書法用墨雖亦時有潤色之處，但總在一定限度內，較少出現墨瀋淋漓、漲墨欲滴的黑塊，他主要是以"乾枯"的一面，來呈現墨色的多重變化。他甚且認為，墨色運用得當，亦可"取險"。他說"用墨作楷書要略令墨勢稍乾，然又不欲太燥，行草則燥潤相雜，以潤取妍，以燥取險，蓋墨濃則筆當滯，墨燥則筆當枯故也"[69]。他的書論並未述及"漲墨"一項，故而在他書法中甚少發現此類作品，然他提到"濃墨"、"潤燥"問題，墨濃對筆的運使將有阻礙，墨燥則會顯露乾枯的筆痕，所以要潤燥相雜，乾濕相濟，他也引《書譜》句說"帶燥方潤，將濃遂枯"[70]。徐渭使用燥筆並不令人感到意外，明清以來漲墨用得最成功的當推王鐸、傅山等人，惟該二人是對表現主義派書家的技法作一統合後，以較理性的審美理想，將筆墨藝術推向高潮，這也是筆者將王鐸列為浪漫主義書家的重要原因。而徐渭的理性質素較低，情感因素使他向枯筆進行挖掘開墾。我們不妨回顧一下古人的用墨特徵，《蘭亭序》創作的背景是在暮春三月，王羲之同謝安等人詩酒雅敘，曲水流觴之餘，落墨作書，其優雅之狀，如在目前，所以墨色潤多燥少。《祭姪稿》的書寫心情顯然比《蘭亭序》來得激越，這種在情緒飽漲狀態所寫的作品，湧現了大量的渴筆。以徐渭的情感理路來看，和《祭姪稿》應該比較接近，因此他用枯筆的比例相當的

69　徐渭《筆玄要旨》收於《中國歷代書法論著匯編》第七冊，P246。
70　同前註，P252。

高。

　　徐渭用墨高明之處，是以燥筆來反襯潤筆。書法既以黑色線條作爲賴以呈現的形質，自然應將潤筆擺在首位，可是徐渭卻賓主互換，而以乾筆爲主，濕筆反串爲客，且在整體謀篇上，潤燥交互穿雜，有時只有數筆乾筆，有時則一連幾個字都是乾筆，有時又把焦距放大，但見上下左右乾筆成群、土厚水深，再利用遠距的黑圈作呼應調和，將乾與濕的對比拉大，並聯合白色的紙底，對人們的視覺神經進行刺激，使他成爲眾所矚目的焦點。同時他以或黑、或灰、或白的墨法，抵銷掉部份完整的點畫結構，營造了紊亂的秩序，製造出內部的不安與尖銳的對抗，再透過高分貝的喊話祭出以大局爲重的指令，統合出一幅幅雜而不紊、亂中有序的筆墨佳構。

第九章　結　論

第一節　後人對徐渭書法的評價

徐渭書法在當時雖已有人懂得賞識，但求書者或爲庶人小紳，人微言輕，無足輕重，或爲附庸風雅之士，並非發自內心的激賞，以致徐渭在明代的書法文獻中，被提到的機會不多，直到他的詩文面世之後，文壇才注意到這號人物，但一般還是對他的文學戲劇較感興趣。嗣經多方搜尋，發現後人對他書法的評價褒貶不一，稱揚者有之，貶抑者亦有之，茲分述如下：

一、褒揚之評價

在所有文獻著錄中，最早對徐渭書法作出正面評價的是袁宏道及陶望齡二人，分別都是在他們所撰〈徐文長傳〉中論及。袁宏道云：

> 文長喜作書，筆意奔放如其詩，蒼勁中姿媚躍出。

又謂：

> 文長書決當在王雅宜、文徵仲之上。不論書法而論書神，先生者，誠八法之散聖，字林之俠客也。[1]

---

[1]　袁宏道〈徐文長傳〉《徐渭集》，P1343。

後人論徐渭書法，大多依循袁氏語氣，反覆引用，當然這也代表
袁宏道對徐渭評價的中肯獨到，使後人不必再絞盡腦汁，想出其
他的評語，蓋以袁宏道自謂"文長吾老友"的口吻，或許他對徐
渭評價存有些許情感因素，但相信以他和徐渭的熟稔情況來看，
對其了解的程度應比他人深刻。

　　明代與袁宏道同時的陶望齡在其〈徐文長傳〉中也說：

　　渭於行草書，尤精奇偉傑。2

他和袁氏一樣，對徐渭書法是持肯定態度，而一般所謂徐渭自言
"吾書第一"之語，也是由陶望齡在傳中轉述。他的評語雖然不
長，但也算是驚警剴切，後人許多評論徐渭書法的文字，亦經常
參考引用。如清錢謙益《列朝詩集小傳徐記寶謂》說"草書奇偉
奔放……嘗言'吾書第一、詩二、文三、畫四'"3。清傅維鱗
《明書徐渭傳》亦云"渭於行草書猶精奇偉傑"4。可見他們都
只是轉引陶望齡的評語。其次王鴻緒《明史稿文苑三徐渭傳》及
張廷玉《明史徐渭傳》都一再引用陶望齡"吾書第一"的文字，
不過，王、張二人又標舉了徐渭"善草書"的特色。5

　　此外，清顧景星《白茅堂集・徐文長遺事》則云：

　　一巨賈購其草書，謀諸鄰老。鄰老曰是固予能得之。6

2　陶望齡〈徐文長傳〉《徐渭集》，P1341。
3　錢謙益《列朝詩集小傳徐記寶謂》收於梁一成《徐渭的文學與藝
　　術》附錄，P154。
4　傅維鱗《明書徐渭傳》，同前註，P159。
5　王鴻緒《明史稿文苑三徐渭傳》、張廷玉〈明史徐渭傳〉具參見前
　　註，P160~P161。
6　顧景星《白茅堂集卷四十三・徐文長遺事》同前註，P161。

清人徐德清《聽雨軒筆記卷三》也說：

> 徐渭字文長……。詩文書畫，奇橫冠一時。……墨蹟滿天
> 下，人皆寶之。予昔曾見數幅，放縱逌逸，酷肖其爲人。7

顧景星和徐德清不僅推崇其書法，還說徐渭墨蹟受人喜愛，"人皆寶之"。

　　除了專門歌頌徐渭書法之外，也有對其書法、繪畫一併評價的，由於徐渭繪畫並非本文研究重點，故在此僅列出較具代表性書畫兼俱之評語，如清梁紹壬說徐渭"書法蒼勁，畫亦簡老"8，而清代畫壇巨匠齊白石亦有一則題畫，曰"青藤、雪个、大滌子之畫，能橫塗縱抹，余心極服之。恨不生前三百年，或爲諸君磨墨理紙，諸君不納，余於門之外餓而不去，亦快事也"9。其對徐渭的傾慕較之鄭板橋實不遑多讓。具見徐渭作品超強的藝術魅力，足以令人神魂顛倒。

　　前面所言都是清代以前的評語，但整體而言，對其書法作出評價的著錄仍屬偏少，如明代的豐坊、王世貞都認識徐渭，在其書論中卻隻字未提，清代以後書論家輩出，亦絕少論及徐渭，顯見徐渭書法在明清著名書論家眼中仍不具份量。到了現代，則逐漸受到重視，然而可能是因爲徐渭收藏在台灣的作品不豐，所以大陸方面對他的關注遠勝過台灣，尤其近些年來，徐渭書論開始有人進行蒐集研究，或在書法史、草書著作中，多少會提到徐

7　徐德清《聽雨軒筆記卷三》同前註，P163。

8　梁紹壬《兩般秋雨盦隨筆卷一徐文長》，見梁一成《徐渭的文學與藝術》附錄，P165。

9　齊白石〈題畫〉，見《雅文化》，（河南：中州古籍出版社，一九九八年九月一刷）P387。

渭，而由於出現頻率頗高，有些評價又大同小異，本文僅擇要引
證，以見一二。諸如李德仁《徐渭》中說：

> 明代擅草書者前有宋克、解縉，繼有張弼、祝允明諸人，
> 後即徐渭及詹景鳳、董其昌等。諸家草書各有千秋，然皆
> 有法度蹊徑朗然可辨，獨文長逸態顛狂，超然於法宋之
> 外，無蹊徑可尋。……歷來作書講求法，獨徐渭能黜規
> 矩，鄙法度，實乃在書法史上獨開一面門戶。10

胡傳海也說：

> 徐渭的書法線條狂放，節奏節烈，率意書寫，不求字工，
> 純以自己一派胸臆而抒發之。11

沙孟海〈徐文長草書美人走馬詞殘卷跋〉中說：

> 文長論書，不重點畫形象，而重運筆。又云"心爲上，手
> 次之"，夫不講書法而講書神，此所以度越諸家，獨出絕
> 塵也。12

于明詮評徐渭〈杜甫秋興八首〉說：

> 在徐渭的筆下，法度均已退居其後，他所著意揮寫的只是
> 作者自己的熾烈情感。13

---

10 李德仁《徐渭》，（吉林美術出版社，一九九七年九月二刷）P242~
　　P243。
11 胡傳海《筆墨氤氳》，（上海：復旦大學出版社，一九九八年十二
　　月一刷）P189。
12 沙孟海〈徐文長草書美人走馬詞殘卷跋〉《沙孟海論書文集》，
　　（上海書畫山版社，一九九七年六月）P415。

劉欣耕《歷代草書技法通講》謂：

> 徐渭突破了某些傳統的用筆方式，在手筆"激動"地觸吻
> 紙的過程中，最大限度地發揮筆觸自身的表現力，同時亦
> 將書法作爲平面視覺藝術的直觀性，提到了超出既往的文
> 字識讀層面。14

尹旭《回歸與叛逆─元明書風論要》中說：

> 徐渭似乎將書法變成了一種純任感情噴湧的大寫意，而全
> 然不將那成爲神聖書統的重要組成部分的筆法、字法、章
> 法放在眼裡，這無疑是對傳統書法及其觀念的一次頗爲嚴
> 峻的衝擊。15

徐利明《中國書法風格史》也說：

> 徐青藤書法的個性風格，是集古今眾多大家之長於一體的
> 再創造。16

前列各家評價，似乎都不約而同地把焦點放在徐渭恣意任情、不
拘法度的風格特質，其所隱含的是無爲而爲、隨機塗鴉的遊戲心
態，故能衝破傳統"中和爲美"的審美理想，使藝術家的創作心

13　于明詮《常有夢齋初集》，（北京：燕山出版社，二〇〇一年六月
　　一刷）P115~P116。
14　劉欣耕《歷代草書技法通講》，（上海書畫出版社，一九九八年七
　　月一刷）P205。
15　尹旭〈回歸與叛逆─元明書風論要〉《書法研究》總第五十五輯，
　　（上海書畫出版社，一九九三年第五期）P62~P63。
16　徐利明《中國書法風格史》，（河南美術出版社，一九九七年一月
　　一刷）P420。

靈獲得解放，開創出深富"人性化"的藝術新主張。嚴格說來，還是承續了袁宏道"不論書法論書神"的觀點。

　　在肯定徐渭書法方面，也有學者直接給予歷史定位，如陳宇、鄒成在〈晚明書法風格論〉就明確表示：

> 真正能夠代表明代書法風格的，不是董其昌所倡導的古典主義書風，而是以徐渭等人為代表的表現主義書法風格。17

梁少膺〈恣肆狂怪的心理與藝術中心的悲劇〉亦言：

> 徐渭的書風，其"尚意"的因素較之早期的宋代的所謂"宋四家"又有大幅度的發展，個性化達到了更高的境界。18

葉鵬飛〈晚明社會與浪漫書風〉更說：

> 徐渭這種大膽，有著神經質的發揮，超越了蘇、黃、米，超越了顛張、醉素，成為書史上第一個企圖使書法衝破文字、技法束縛的書家。19

可見學者們不僅認為徐渭是表現主義風格的代表，也是明代書法的代表，同時他的個性化書風，更超越了宋四家以及唐代的張旭、懷素，標舉出徐渭在書史上的不凡貢獻與地位。

17　陳宇、鄒成〈晚明書法風格論〉《書法研究》，二〇〇一年第二期，總第一〇〇期，P73。

18　梁少膺〈恣肆狂怪的心理與藝術中的悲劇〉《書法研究》，總第六十四期，（上海書畫出版社，一九九五年第三期）P97。

19　葉鵬飛〈晚明社會與浪漫書風〉收於《常州書學論集》，（北京：中國文聯出版社，一九九九年十月一刷）P156

二、褒貶互見之評價

從另一方面來講，徐渭書法亦非完美無瑕，他因為對法度的
過度鄙視，那種視美醜為無物的駭俗面目，也為他帶來若干負面
的批評。例如許洪流就說：

> 徐渭是第一位真正能創作中堂大字的書家。他成功的首要
> 標誌，固然是其浪漫個性的盡情宣洩，但如果不是因有高
> 質量的點畫用筆作為依托，其作品也就失去價值了。20

許氏認為徐渭是第一位真正能創作中堂的書家，而且他也肯定徐
渭的點畫功夫，但是他仍然語帶遺憾地表示：

> 整體地看，徐渭、張瑞圖和黃道周的用筆，或多或少存在
> 著一些缺憾。徐渭因強烈的個性，豪邁奔放，用筆時時會
> 馬失前蹄。21

又如沈鴻根評徐渭行草中堂〈數串明珠〉，也先從正面來評介這
幅書法，他說：

> 這幅行草書，字與行，行與行都排列得很緊密，或擠著，
> 或靠著，或牽著，打成一片，但並不密不通風，相反地在
> 一片蒼辣中透出幾分空靈。這主要是在結體上內部疏鬆，
> 注意點畫的漏光和透氣，於是柳暗而花明。22

20 許洪流《中國書法筆法論》，（浙江：人民美術出版社，二〇〇〇
年九月一版）P102。
21 同前註，P103。
22 沈鴻根《古代書法名家作品鑒賞》，（四川：重慶出版社，一九九
八年七月一刷）P225。

這樣的評語算是中肯平實，但對其用筆則不免又有些微詞，於是他接著又說：

> 這幅字是用畫藤條的筆法來寫字，率真、大氣、蒼辣是其特點，但在用筆上不夠精到，有的是順勢拖下，有的是連筆帶出，何處起倒，何處使轉，何處頓挫，都不講究；再說落款"文長"兩字又低又大，也久妥當。23

所以沈氏針對袁宏道的評語說，如果只以"書神"來論徐渭書法，說他"八法之散聖，字林之俠客"可以贊成，但如要稱其"筆意奔放如其詩，蒼勁中姿媚躍出，居然高過於王寵、文徵明之上"，他則不敢苟同。

對徐渭書法褒貶互見的還有一位大陸書法學者湯臣彬，他以"八法散聖，字林俠客"為題小議徐渭書法，他說：

> 他（徐渭）就是吸收他人的長處，融匯貫通，寫出具有鮮明個性和特點的書法作品。……置傳統法則於度外，不遺餘力地追求神韻，強烈地表現自我……。24

而在文末則以溫和的語調指出徐渭書法也不是零缺點，於是他又說：

> 徐渭書法也不是沒有缺點，他在把傳統法則置於次要地位（不論書法），而瘋狂地追求神韻（而論書神）的創作過程中，就使他的某些作品出現了"任筆所為"，而過分狂

23　同前註。

24　湯臣彬〈八法散聖，字林俠客－徐渭書法小議〉《中國書法》，（北京：中國書法雜誌社，一九八八年第二期）P36。

　　肆和散亂的現象，故被某些堅持傳統的評者譏爲“野狐禪”。25

　　凡事都是一體的兩面，不論任何一種風格，總是無法滿足各種不同審美眼光的檢驗，此在本文第八章第一節即曾以王羲之、蘇東坡等人爲例，舉出他們的書法也同樣遭受批評，更何況徐渭書法長相怪異、奇特詭誕，難怪會有人看不過去。然而，持平而論，徐渭著重的確實是偏向自我情性的開展，帶著反動的旗幟過關斬將，完全是以個性化趣尚爲旨歸，並不是他不注重點畫用筆，而是他認爲點畫用筆應不僅止於傳統賦予的概念，基本技法鍛練成熟後，就應該要“時露己意”，才有機會超越顛峰。這是徐渭作品所透發的語言訊息，也是“表現派”書風的共同特徵。

　　藝術成就的高低，最終還是取決於風格面貌所呈現在整個歷史中開創意義的大小、強弱，徐渭既服從於作品通篇的集體表現，點畫結構便只是整幅作品的組成零件，這些零件必須符合該幅作品所需的特性，否則便無法涵融一體，密切配合，設若在徐渭作品中加進一筆王羲之或歐陽詢筆畫，則未必合適，所以如果以每個筆畫的完整性來論書法，則徐渭的點畫的確有太多的“不完美”，可是假使把徐渭那些筆畫全部更換掉，則徐渭獨到之處便消失殆盡，且一般認定爲理想的筆畫又不見得能見容於徐渭狂風驟雨般的表現風格。因此，論者所評，似不無道理，但也正是徐渭果敢無畏的一種精神象徵，實是平凡書家所弗能爲也。

25　同前註，P64。

第二節 徐渭對後世的影響及其在書史中的意義

　　徐渭的書法藝術，在經過前文各章節的系統研析之後，我們知道，他置身在中國歷史上的震盪期，時代環境給了他肥沃的土壤與清新的空氣。由於政治、經濟、社會、文化所提供的各項條件，營造了興盛的書法風氣，再加上學術思潮的傾軋，書法風尚也跟著走向“直瀝血性”的路上，使表現派書家在“變法”時刻，有著穩如泰山的依恃。而徐渭一生的悲慘歷程及豐富的人生體驗，也是鑄成他特殊人格性向的重要因素，甚至罹患精神病症，導致自殺及殺妻入獄事件，都使他的生命蒙上好幾層陰影，此對一個原本躊躇滿志、胸懷千里的才子而言，這樣的下場，絕對是他始料所未及的，可是精神上的障礙雖然造成他現實生活的困擾，但困擾愈大，他就愈想掙脫，於是書法便成了他排解內心苦痛的最佳工具。

　　徐渭以帶著萬分掙扎極欲尋求解脫的情緒，從事書寫活動，由明代浪漫主義風潮，並自陳淳的基礎上，再向上提升到另一個高度，奠定了表現主義書派的宏規，其後的張瑞圖、黃道周、倪元璐等人均受到不小的影響，就連王鐸、傅山也是在這一路線裡加以修正、整合，而完成了行草技法的極致表現。

　　徐渭是位才華出眾的文人藝術家，儘管他自己把書法擺在首位，然其在詩文、繪畫、戲劇方面的成就比起書法亦毫不遜色，對後世的影響甚至還超過書法，不過綜合其整體文藝思想，和書法創作理念同出一轍。他的書法認眞講起來是反對模擬，崇尚天成，但若干資料也顯示其對古人的取法不亞於任何各家。由於他不是一開始就排斥繼承，所以對古代各家書風瞭若指掌，創作之餘，也著手書論的整理、撰寫。他的書論部份，歷來學者都只停留在《玄抄類摘》序及《徐渭集》中的書跋題序的論書文字，頂多也是再加入《佩文齋書畫譜》引錄《筆玄要旨》裡的〈論隸書〉、〈論執管法〉、〈七字書訣〉等三則，其餘則未有進一步發展，筆者有幸備覽《筆玄要旨》全文（其中缺二頁），並參照前開論述，分成書史論、用筆論、方技論、風格論、書品論等五項論點，歸納出徐渭書學精義，並作為他實際創作的理論依據。

徐渭書法風格除了大環境給予的養份之外，他在生活上的困逆所激發出的生命力，以及精神障礙使他放棄對點畫的刻畫，那種不計工拙、不刻意求和諧的態度，反而形成了藝術上的一種美感。而"酒"對徐渭"表現主義"理路的闢設，也具有催化作用，他許多非理性的作品，就多是成於酒後，當酒精燃燒到指端，便一一化為千古佳構，觀賞其筆走龍蛇的線條，隱然浮現著酒神精神，暢快躍動的鮮活形象，徜徉筆墨之間。

筆者試將徐渭書風作成三個分期，先由繫年作品進行分類，再就未繫年作品中，找出與繫年作品相近的部份，嘗試大敢歸類，雖成果不豐，但亦小有斬獲。而在徐渭創作的書法格式方面，橫卷是一般書家樂於採用的格式，但徐渭以"雜書卷"超越了古人整齊劃一的書寫方式，創造了"舊瓶裝新酒"的形式主張。"立軸"則是幫助徐渭取下表現派后冠的最大功臣，在徐渭之前，立軸最長紀錄是由祝允明所保持，但很快就被徐渭打破，到了王鐸更變本加厲，創下了明清以來傳世最高巨幅立軸，他們彼此間，似乎有種較勁心理，使得創作尺寸一再延展。同時，在徐渭之前的書家書寫立軸作品的比例亦略偏低，而徐渭則把它當成家常便飯，大量加以創作，改變了卷冊、尺牘那種"書房文化"的審美習慣,使筆墨藝術的可開發性,又向前邁進一大步。另外,徐渭的繪畫題款,也展現了書法與繪畫的高度融合,書為畫的一部份,畫少了書法亦嫌美中不足,且書畫水墨技巧的互通互滲,尤使二者的筆墨內涵更有深度,另一方面,徐渭詩文對書畫的介入與補充,也對傳統文人書法起著改弦易轍的作用,他仍然以"書卷氣"為訴求,指引出更活潑而寬廣的文人書法走向。

　　總括徐渭書法藝術,至少具有三項精神特徵,一是對尚奇與犯險精神的實踐,二是隨機漫書的特性,三是以醜為美的具體化。其所反映於作品中的技巧,經常是游走在"適法"與"非法"邊緣,具有強烈的個人色彩。因此他的作品在經過通盤檢視下,我們發現它和古人依然存在著深沈的聯繫,同時又具有大膽的開創作風,這兩項優勢,使他更貼近了書法發展規律的核心,可說是一種"反常合道"的絕佳藝術表現。

　　在中國書法發展史中,明代表現派書法在個性意識上的發揮最為徹底,因而為明末書壇雙雄的王鐸、傅山供應了技法整合的大部份材料,尤其是"行書草寫"及章法佈局的重組,使他們掙開了傳統的枷鎖,成為書法史上的一枝奇葩。而由於明代書法風格的代表,既不是死守唯美思想的古典派,也不是稍具放逸精神的浪漫派,而是由這群以生命本質作為筆墨謳歌,任憑自然偉力的迸發,使出運斤施鑿的能量,匯聚成排山倒海的氣勢,在歷史洪流中澎湃洶湧,並劃下了中國書法藝術另一個高標的表現主義書家。這一高難度的集體成就,其內部的每一個成員固然都功不可沒,但貢獻最大的還是得推徐渭,他的許多理念和實際的藝術實踐,對後世都有很大的啟迪,雖然明清書論家沒有給他應有的定位,但是歷史終究會給予合理的論斷。明末時期,儘管徐渭沒有受到書論家的眷顧,不過他所捲起的表現派書潮,卻並未因此而遭到抹殺。入清以後，這一派書風因王鐸、傅山的修正統合，使之達到極限，一方面也象徵"利多出盡"，書家們清楚若想在此派路線謀求生存，其空間已相當有限，又加上清初書壇董其昌的書風廣受喜愛，風靡一時，激起了帖學的流行風尚，同時由於清代考據學導引出的金石之風，乃至演變成碑學書法。這些因素都使得書法界的目光已無暇再專注徐渭等人。所謂"物極必反"，徐渭等人的書法無疑是把書家本體與創作客體作一極致的開發，其辛辣刺激的勁道，堪稱空前絕後，然而這種口味看久了容易生膩，總覺得平實典雅的風格，比較耐久，所以徐渭書法的起落，不僅是書法發展的必然，更是以"人"為主導的歷史自然現象。

　　話雖如此，但在王鐸、傅山之後的石濤、八大山人、楊州八怪、吳昌碩、齊白石等人，在深嗜徐渭繪畫的同時，其書法也頗受感染，其中最顯著的例子，就是鄭板橋，他曾刻了一方"青藤門下走狗"的閒章，廣被傳頌。郭芳忠《明代書法風格研究》中說：

> 徐渭的這種風格對清朝鄭板橋很有影響，鄭板橋將徐渭的雄健奇偉，鋒芒顯露，楷行相雜化為自己的板橋體。26

鄭板橋曾觀徐渭草書並作了一闋〈徐青藤草書一卷〉詞曰：

> 墨瀋餘香膡，掃長箋狂花撲水，破雲堆嶺。雲盡花空無一物，蕩蕩銀河瀉影，又略點箕張鬼井。未敢披圖容易玩，撥煙霞直上嵩華頂，與帝座呼相近，半生未掛朝衫領，狠

26　郭芳忠《明代書法風格研究》，（高雄：汶采有限公司，二○○○年五月）P107。

秋風青衿剝去，禿頭光頸，只有文章書畫筆，無古今獨
呈，並無復自家門徑，拔取金刀眉目割，破頭顱血迸苔花
冷，亦不是，人間病。27

鄭板橋見到徐渭草書如睹其人，雖說是為其草書填詞，實際上已
把它擬人化了，看著徐渭草書的線條，感受到他旺盛的生命力以
及坎壈多蹇的生命歷程，深深地為他感到委屈、扼腕，流露出一
種英雄惜英雄的概嘆。

　　明末清初，身兼書法家和收藏家兩種身份的周亮工，對書
畫、碑帖、墨硯、印章，深有所好，且精於品鑒，劉恒《中國書
法史・清代卷》中說“周亮工的書法很有特色，其用筆果斷倔
強，斬釘截鐵，結體不斤斤於勻稱工整，而以自然質樸之姿，具
有一種古雅奇崛的趣味。這種獨特的風格一方面帶有晚明書風的
流風餘緒”28。周亮工書法中的“晚明餘緒”雖不是全然承襲自
徐渭，但他對徐渭書法確是頗為熟悉，而且那種“自然質樸”和
“奇崛”的趣味，顯係受徐渭所倡導的“陶寫胸臆”及改革造險
的影響，其曾在徐渭〈王翰等人詩卷〉後跋中稱讚說：

品益高筆墨流傳益貴，此卷書凡數變而往，憤抑鬱之氣時
沸，露筆墨外，宜其為仁淵先生所藏口也。29

　　清末集篆刻、書法、繪畫專長於一身的吳昌碩，也受徐渭不

27　鄭燮《鄭板橋全集》，（台南：大孚書局，一九八九年五月初版）
　　P208~P209。
28　劉恒《中國書法史・清代卷》，（江蘇：江蘇教育出版社，一九九
　　九年十月一刷），P23。
29　《中國古代書畫圖目》第三冊，（北京：文物出版社，一九八七年
　　九月一版）P183。

小的影響，他的書法對側鋒的使用極多，而且書法的畫面幾乎是以繪畫的構圖來經營，顯係繼承了徐渭這一派 " 寫意式 " 的書寫觀念，他在徐渭現存北京故宮博物院的〈花卉十六種〉手卷後端有一段跋語謂：

> 折枝香滿庭，吐豔墨盈斗，大力不運腕，高處懸著肘，青藤得天厚，自謂能亦醜，學步幾何人，墮落天之後，所以板橋叟，僅作門下狗。30

這首詩雖然主要在歌詠徐渭寫意畫的意境獨造，但因徐渭該卷畫作後段係其自題的書法跋文，看在吳昌碩眼裡，後人自不必作厚畫薄書之言，所以吳昌碩既然對徐渭十分傾慕，書法上受其薰染影響，也是正常之事。今人王平《畫家書法》就引了吳昌碩 " 青藤畫中聖，書法逾魯公 " 的話來證明吳昌碩 " 不僅高度評價了徐渭的畫，也高度評價了徐渭的書法 " 。31

另外據筆者檢閱《中國古代書畫圖目》發現，清代受徐渭書風影響的，大多具有畫家背景，蓋因畫家對水墨運用較一般專業書家寬闊，膽識亦較足夠，不至汲汲於點畫功夫上的精巧追求，故對徐渭書法的表達方式接受程度自然較高，如揚州八怪之一的李鱓，他的題畫詩明顯可以看出受徐渭影響不淺，例如他的一〈雜畫〉即是（圖九十五）。而龔賢書法在章法上雖較閒雅，但在結構及用筆方面則經常流露徐渭放逸的筆趣（圖九十六）。清代另一位藝壇奇才石濤，題畫風格也和徐渭有些近似，相信從其

---

30 《中國古代書畫圖目》第廿一冊，（北京：文物出版社，一九八七年九月一版）P21。

31 王平《畫家書法》，（浙江：中國美術學院出版社，二〇〇二年六月一刷）P31。

(1)   (2)

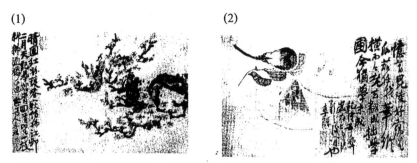

（圖九十五）李㉟〈雜畫〉（局部），中國歷史博物館藏，引自《中國古代
書畫圖目》

他資料所顯示他對徐渭繪畫的學習繼承之外，書法自亦深受其影
響（圖九十七）。清代尚有一名程正揆，書名不高，但似亦對徐
渭書法有一番體會（圖九十八）。在檢閱相關圖錄過程中，有一
件耐人尋味的作品，是現存於山東博物館，爲明代房可壯所作的
〈行書山居詩〉，一時雖無法查考其年代及書學背景，但從他的
作品風格來看，顯與徐渭有關（圖九十九）。

　　今人李葉霜對徐渭書法也極爲喜愛，同時加以臨摹送人，他
曾在致友人一封信中提到：

> ○○老兄：此一青藤中堂，字頗古拙，長約六尺，計八
> 行。其中有五行，行首一字損破，只可猜想，是一缺點。
> 此幅與女芙館十詠似有相通之處，然與王季遷所收之長條
> 幅又不太近似。年前弟曾臨寫一橫幅，後被友人取去，僅
> 存複印本，今附呈一份，祈指教，弟對青藤道人書法至爲
> 喜愛，然以才量所限，恨未能彷彿其十一耳。32

---

32 李葉霜〈致○○老兄〉《書譜》第卅二期，（香港：廣雅社，一九
八○年二月）P12。

(1)

(2)

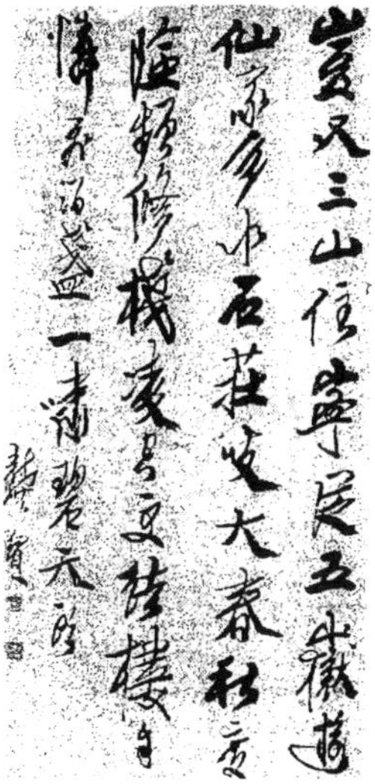

（圖九十七）石濤〈荷花圖〉
　　北京故宮博物院藏，引自
　　《中國古代書畫圖目》

（圖九十六）龔賢〈行書詩〉及〈行書
　　五律詩〉分別爲北京故宮博物
　　院及遼寧博物館藏，引自《中
　　國古代書畫圖目》

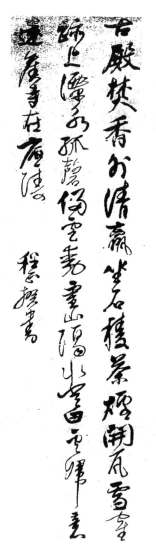

（圖九十八）程正揆〈行書五言詩〉
　　北京故宮博物院藏，引自
　　《中國古代書畫圖目》

（圖九十九）房可壯〈行書山居詩〉
　　山東省博物館藏，引自
　　《中國古代書畫圖目》

　　大陸當代書家聶成文作品亦時而浮現徐渭身影，梁繼在〈柔毫萬丈寫朝暉—淺談聶成文近期的書法創作〉文中表示：

> 古今浪漫主義的書家的作品是聶成文取法的重要目標，從風格上看聶成文先生的草書似乎受張旭、徐渭……等書家影響較多。33

　　最後，有一點必須說明的是，徐渭書法對後世所產生的影響，不完全是反映在字形面貌上，有時是創作心態及觀念的契合，有時是風格的借鏡與傳承，就像是徐渭師法古人，卻往往不見古人痕跡的道理一樣。杜甫有句詩，"春風潛入夜，潤物細無聲"34。好的藝術品對別人的影響，不必非得驚天動地，也可以是"得魚忘筌"、"不著痕跡"。

33　梁繼〈柔毫萬丈寫朝暉—淺談聶成文近期的書法創作〉《中國書法》，（北京：中國書法雜誌社，二〇〇〇年第十期）P61。
34　杜甫〈春夜喜雨〉收於《中國文學總新賞‧唐詩新賞（杜甫）》，（台北：地球出版社，出版年月不詳）P255。

參考書目

一、史料

戰國・莊周《莊子》，張耿光譯著，台北：古籍出版社，一九九
　　六年十一月一刷

晉・葛洪《抱朴子》，收於《中國古典美學舉要》，安徽：安徽
　　教育出版社，二〇〇〇年九月一刷

宋・蘇軾《蘇東坡全集》，台北：世界書局，一九九五年

宋・黃伯思《東觀餘論》，台北：漢華文化事業公司，一九七四
　　年八月初版

明・徐渭《徐渭集》（四冊），北京：中華書局，一九九九年二
　　月二刷

明・徐渭《青藤書屋文集》（三冊），台北：台灣商務印書館，
　　一九六八年十二月台一版

明・徐渭《徐文長逸稿》，台北：長安出版社，一九七五年九月
　　初版

明・徐渭《徐文長外集》，台北：敦煌書局，一九七一年

明・徐渭《南詞敘錄》，台北：新文豐出版社，一九九六年

明・徐渭《四聲猿》，台北：華正書局，一九八五年六月初版

明・徐渭《青藤山人路史》，收於《四庫全書存目叢書・子部》
　　第一〇四冊，台北：莊嚴文化事業公司，一九九五年影印出
　　版

明・王陽明《王陽明全集》，上海：古籍出版社，一九九七年

明・李贄《焚書》，台北：河洛出版社，一九七四年

明・何孟春《餘冬序錄》，台北：國家圖書館藏明萬曆間衡州府推官黃齋賢等重刊本

明・張元汴主編《紹興府志》（中國民俗志，浙江篇）

明・董其昌《容台別集》明崇禎乙亥重刻本

明・董其昌《畫禪寶隨筆》，上海：遠東出版社，一九九九年一月一刷

明・李日華《紫桃軒雜綴・卷一・姜白石論書》收入《叢書集成續編》第二、三冊

明・沈德符《萬曆野獲編・時玩》卷廿六，北京：中華書局，一九五九年

清・康熙敕撰《佩文齋書畫譜》（四冊），台北：新興書局，一九八二年九月

清・鄭燮《鄭板橋全集》，台南：大孚書局，一九八九年五月初版

清・《四庫全書總目提要》，台北：台灣商務印書館景邱文淵閣本

楊家駱編《明清人題跋》（上下二冊），台北：世界書局，一九六八年初版

楊家駱編《清人學書論著》，台北：世界書局，一九七四年五月五版

楊家駱編《宋元人學書論著》，台北：世界書局，一九八三年十月

楊家駱編《明人學書論著》，台北：世界書局，一九八四年十月

楊家駱編《近人學書論著》（上下二冊），台北：世界書局，一九八四年十月

楊家駱編《文房四譜》，台北：世界書局，一九八五年二月四版

容庚編《叢帖目》（三冊），台北：華正書局，一九八四年二月
　　初版

李勉《老子詮證》，台北：東華書局，一九八七年十一月二版

華正人編《現代書法論文選》，台北：華正書局，一九九○年十
　　二月

華正人編《歷代書法論文選》（上下二冊），台北：華正書局，
　　一九九七年四月

崔爾平選編點校《歷代書法論文選續編》，上海：上海書畫出版
　　社，一九九三年八月一刷

崔爾平選編點校《明清書法論文選》，上海：上海書局出版社，
　　一九九五年一月一刷

蕭元編著《初唐書論》，湖南美術出版社，一九九七年四月一刷

于玉安編《中國歷史書法論著匯編》（十冊），天津：古籍出版
　　社，一九九九年二月一刷

桂第子譯注《宣和書譜》，湖南：湖南美術出版社，一九九九年
　　十二月一刷

潘運告編著《漢魏六朝書畫論》，湖南美術出版社，一九九九年
　　十二月三刷

潘運告編著《張懷瓘書論》，湖南美術出版社，一九九九年十二
　　月三刷

潘運告編著《中晚唐五代書論》，湖南美術出版社，一九九九年
　　十二月三刷

水采田譯注《宋代書論》，湖南美術出版社，一九九九年十二月
　　一刷

季伏昆編著《中國書論輯要》，江蘇：江蘇美術出版社，二○○

〇年十二月一刷

二、專書

清・康有爲《廣藝舟雙疏證》，台北：華正書局，一九八五年二月初版

清・劉熙載《藝概》，台北：漢京文化事業公司，一九八五年九月

馬宗霍《書林紀事》，收於藝術叢編第一集・近人書學論著下冊，台北：世界書局，一九七三年十月四版

梁一成《徐渭的文學與藝術》，台北：藝文印書館，一九七七年元月初版

張孝裕《徐渭研究》，台北：學海出版社，一九七八年

王壯爲《書法叢談》，台北：國立編譯館，一九八二年一月

馬宗霍輯《書林藻鑑》（上下冊），台北：台灣商務印書館，一九八二年五月台二版

劉延濤《草書通論》，台北：中國文化大學出版部，一九八三年十二月修訂版

熊秉明《中國書法理論體系》，香港：商務印書館香港分館，一九八四年十二月初版

馮武《書法正傳》，台北：台灣商務印書館，一九八五年二月台八版

毛啓俊《中國書藝六論》，江蘇：古吳軒出版社，一九八五年八月一刷

蔡崇名《宋四家書法析論》，台北：華正書局，一九八六年二月修訂再版

高尚仁《書法心理學》，台北：東大圖書公司，一九八六年四月

初版

王壯弘編著《帖學舉要》，上海：上海書畫出版社，一九八七年
　　一月一刷

蔣勳《美的沈思》，台北：雄獅圖書公司，一九八七年三月

江兆申《雙谿讀畫隨筆》，台北：圖立故宮博物院，一九八七年
　　三月再版

葉秀山《書法美學引論》，北京：寶文堂書店，一九八七年六月
　　一刷

德‧瑪克斯‧德索《美學與藝術理論》，北京：中國社會科學出
　　版社，一九八七年十二月一刷

沈鴻根《書法章法》，北京：清華大學出版社，一九八八年三月
　　一刷

張懋鎔《書畫與文人風尚》，台北：文津出版社，一九八八年十
　　二月初版

程代勒《狂草風格之研究》，台北：台北市立美術館，一九八九
　　年十二月

張建新《徐渭論稿》，北京：文化藝術出版社，一九九〇年

包世臣《藝舟雙揖疏證》，台北：華正書局，一九九〇年五月初
　　版

蔡長盛《書法空間之研究》，台北：易明企業有限公司，一九
　　九〇年五月

英‧埃德加‧卡里特著，蘇曉離等譯《走向表現主義的美學》，
　　北京：光明日報出版社，一九九〇年九月一刷

齊中天《書法論》，北京：北京大學出版社，一九九〇年十月一
　　刷

山木《徐文長傳》，台北：國際文化事業公司，一九九〇年十二

月

李方玉 朱緒常《中國畫的題款藝術》，北京：知識出版社，一
　　九九一年三月一刷

劉小晴《中國書學技法評注》，上海：上海書畫出版社，一九九
　　一年六月一刷

陳滯冬《中國書畫與文人意識》，吉林：吉林教育出版社，一九
　　九一年六月

蘇東天《徐渭書畫藝術》，天津：人民美術出版社，一九九一年
　　七月一刷

朱以撒《書法創作論》，福建：人民出版社，一九九二年二月

吳漢英《卷軸心事》，台北：書泉出版社，一九九二年二月初版

周旻《詩書畫緣探美》，福建：海峽文藝出版社，一九九二年五
　　月

西林《徐文長外傳》，台北：世界文物出版社，一九九二年七月
　　初版

王鋼《徐渭》，台北：知書房出版社，一九九三年

高尚仁《書法藝術心理學》，台北：遠流出版公司，一九九三年
　　一月初版一刷

宋民《中國古代書法美學》，北京：北京體育學院出版社，一九
　　九三年一月三刷

董友知《書法理論與書法百家》北京：團結出版社，一九九三年
　　二月二版一刷

鍾明善《書法欣賞導論》，陝西：人民美術出版社，一九九三年
　　六月一刷

蔣文光《中國書法史》，台北：文津出版社，一九九三年七月

胡東放《中國畫黑白體系論》，北京：人民美術出版社，一九九

三年七月二刷

王靜芝《王靜芝論書叢稿》，作者自印，一九九三年八月

劉景隆編著《歷代書法技藝》，北京：農村讀物出版社，一九九三年八月一刷

楊維鴻《八大山人書藝之研究》，台北：文史哲出版社，一九九三年九月

林木《明清文人畫新潮》，上海：人民美術出版社，一九九三年十一月二刷

朱光潛《悲劇心理學》，板橋：駱駝出版社，一九九三年十一月

丁夢周《中國書法與線條藝術》，安徽：安徽教育出版社，一九九四年五月一刷

郭廉夫 張繼華《色彩美學》，陝西：人民美術出版社，一九九四年八月二刷

陳永正《嶺南書法史》，廣東：廣東人民出版社，一九九四年八月一刷

周濟人《楷書技法》，北京：南海出版公司，一九九五年二月二刷

劉瑩《文徵明詩書畫藝術研究》，台北：蕙風堂筆墨有限公司出版部，一九九五年七月

邱振中《書法藝術與鑑賞》，台北：亞太圖書出版社，一九九六年二月初版二刷

陳振濂主編《書法學》（上下二冊），台北：建宏出版社，一九九六年五月初版二刷

陳振濂《書法美學通論》，遼寧：遼寧教育出版社，一九九六年九月一刷

陳振濂《書法美學》，陝西：人民美術出版社，一九九六年十月

二刷

邱振中《書法的形態與闡釋》，重慶：重慶出版社，一九九六年
　　十月一版二刷

王鎮遠《中國書法理論史》，合肥，黃山書社，一九九六年十一
　　月二刷

徐利明《中國書法風格史》，河南：河南美術出版社，一九九七
　　年一月一刷

洪丕謨《墨池散記》，上海：學林出版社，一九九七年三月一版
　　二刷

藍鐵鄭朝《中國的書法藝術與技巧》，北京：中國青年出版社，
　　一九九七年四月七刷

陳振濂《現代中國書法史》，河南：河南美術出版社，一九九七
　　年五月二刷

沙孟海《沙孟海論書文集》，上海：上海書畫出版社，一九九七
　　年六月一刷

陳方既、雷志雄《書法美學思想史》，河南：河南美術出版社，
　　一九九七年七月二刷

姜澄清《中國書法思想史》，河南：河南美術出版社，一九九七
　　年七月二刷

李德仁《徐渭》，吉林：吉林美術出版社，一九九七年九月二刷

陳欽忠《法書格式與時代書風之研究》，台北：華正書局，一九
　　九七年九月增訂一版

金學智《中國書法美學》（上下冊），江蘇：江蘇文藝出版社，
　　一九九七年十月二刷

張撝之《毛錐藝痕—中國傳統書法管窺》，上海：百家出版社，
　　一九九七年十一月一刷

劉啓林《古今書法要論》，吉林：吉林美術出版社，一九九八年
　　四月一版

朱仁夫《中國古代書法史》，北京：北京大學出版社，一九九八
　　年五月三刷

陳振濂主編《中國書法批評史》，浙江：中國美術學院出版社，
　　一九九八年五月二刷

邱振中《中國書法技法的分析與訓練》，台北：蕙風堂筆墨有限
　　公司出版部，一九九八年五月一版

西中文《書海　測一西中文書法論文集》，河南：河南美術出版
　　社，一九九八年五月一刷

沈樹華編著《中國畫題款藝術》，北京：人民美術出版社，一九
　　九八年五月一版三刷

英・弗蘭西斯・弗蘭契娜等編，張堅　王曉文譯《現代藝術與現
　　代主義》，上海：人民美術出版社，一九九八年五月三刷

蕭元《書法美學史》，湖南：湖南美術出版社，一九九八年六月
　　三刷

劉欣耕主編《歷代草書技法通講》，上海：上海書畫出版社，一
　　九九八年七月一刷

馬欽宗《書法與文化形態》，上海：上海書畫出版社，一九九八
　　年八月一刷

陳代星《中國書法批評史略》，四川：巴蜀書社，一九九八年八
　　月一刷

戴嘉枋等著《雅文化》，河南：中州古籍出版社，一九九八年九
　　月一刷

胡傳海《筆墨氤氳》，上海：復旦大學出版社，一九九八年十二
　　月一刷

陳振濂《書法學概論》，天津：古籍出版社，一九九九年一月一
　　刷

茹桂《書法十講》，陝西：人民美術出版社，一九九九年一月三
　　版一刷

莊天明《書法的最高境界》，江蘇：江蘇教育出版社，一九九九
　　年四月二刷

鄭曉華《古典書學淺探》，北京：社會科學文獻出版社，一九九
　　九年五月一刷

朱光潛《變態心理學流別》，北京：商務印書館，一九九九年七
　　月一刷

啓功《啓功叢稿─論文卷》，北京：中華書局，一九九九年七月
　　一刷

沈鴻根《古代書法名家作品鑒賞》，重慶：重慶出版社，一九九
　　九年七月一刷

譚錦家《唐寅書藝研究》，台北：漢光文化事業公司，一九九九
　　年八月

童慶炳《藝術創作與審美心理》，天津：百花文藝出版社，一九
　　九九年九月二刷

余德泉《書法通》，湖南：湖南大學出版社，一九九九年十月一
　　刷

常抒《常州書學論集》，北京：中國文聯出版社，一九九九年十
　　月一版

毛萬寶《書法美學論稿》，北京：中國文聯出版社，一九九九年
　　十月一版

黃君《東方思維與中國書法》，北京：中國文聯出版社，一九九
　　九年十月一版

郝文勉《走進書法》，北京：中國文聯出版社，一九九九年十月
　　一版

叢文俊《叢文俊書法研究文集》，北京：中國文聯出版社，一九
　　九九年十月一版

朱關田《中國書法史・隋唐五代卷》，江蘇：江蘇教育出版社，
　　一九九九年十月一刷

曹寶麟《中國書法史・宋遼金卷》，江蘇：江蘇教育出版社，一
　　九九九年十月一刷

劉恒《中國書法史・清代卷》，江蘇：江蘇教育出版社，一九九
　　九年十月一刷

封孝倫《人類生命系統中的美學》，安徽：安徽教育出版社，一
　　九九九年十二月一刷

鄭峰明《米芾書學之研究》，高雄：復文圖書出版社，二〇〇〇
　　年元月初版一刷

胡問遂《胡問遂論書叢稿》，上海：上海書畫出版社，二〇〇〇
　　年四月一刷

郭芳忠《明代書法風格研究》，高雄：汶采有限公司，二〇〇〇
　　年五月

鄭曉華《中國書法藝術的歷史與審美》，北京：中國人民大學出
　　版社，二〇〇〇年五月一刷

徐建融《書畫題款・題跋・鈐印》，上海：上海書店出版社，
　　二〇〇〇年六月一刷

諸葛志《中國原創性美學》，上海：古籍出版社，二〇〇〇年七
　　月二刷

許洪流《中國書法筆法論》，浙江：人民美術出版社，二〇〇〇
　　年九月一刷

楊仁愷《中國書畫鑑定學稿》，瀋陽：遼海出版社，二〇〇〇年
　　十月一刷

崔陟《點與線的藝術－書法》，上海：文藝出版社，二〇〇一年
　　一月一版

孫兆時《琴棋書畫雅趣》，北京：北京出版社，二〇〇一年一月
　　一刷

沃興華《中國書法史》，上海：古籍出版社，二〇〇一年七月一
　　刷

歐陽中石《書法天地》，台北：台灣商務印書館，二〇〇一年十
　　月台灣初版一刷

黃惇《中國書法史・元明卷》，江蘇：江蘇教育出版社，二〇〇
　　一年十月一刷

吳柏森 金小萍編著《實用書法教程》，上海：上海書店出版社，
　　二〇〇二年一月一刷

周汝昌《永字八法－書法藝術講義》，廣西：廣西師範大學出版
　　社，二〇〇二年一月一刷

王平《畫家書法》，浙江，中國美術學院出版社，二〇〇二年六
　　月一刷

三、學位論文

蔡營源《徐渭之生平及其文學觀》，國立政治大學中國文學研究
　　所碩士論文，一九七二年六月

黃崇鏗《中國草書的藝術》，私立中國文化大學藝術研究所碩士
　　論文，一九七二年六月

莊伯和《徐渭繪畫之研究》，私立中國文化大學藝術研究所碩士
　　論文，一九七四年六月

黃緯中《楊凝式研究》，中國文化大學藝術研究所碩士論文，一
　　九八七年六月

易怡玲《徐渭之曲學及劇作研究》，國立台灣師範大學國文研究
　　所碩士論文，一九九〇年六月

陳欽忠《唐代書風衍嬗之研究》，國立政治大學中國文學研究所
　　博士論文，一九九〇年六月

李秀英《王鐸書風研究》，國立台灣師範大學美術研究所碩士論
　　文，一九九一年元月

楊雅惠《兩宋文人書畫美學研究》，國立台灣師範大學國文研究
　　所博士論文，一九九二年五月

楊永雯《徐渭繪畫的探究》，私立文化大學藝術研究所碩士論
　　文，一九九三年六月

張麗莉《宋代繪畫中書法性之研究》，私立中國文化大學藝術研
　　究所美術組碩士論文，一九九四年十二月

鄭元惠《傅山書風研究》，國立台灣師範大學美術研究所碩士論
　　文，一九九五年六月

蔡舜寧《黃山谷書法研究》，國立高雄師範大學國文研究所碩士
　　論文，一九九六年六月

陳瑞玲《蔡襄書法之研究》，國立台灣大學藝術研究所碩士論
　　文，一九九六年六月

陳菽玲《漢字形體演變之研究》，國立中興大學中國文學系碩士
　　論文，一九九七年七月

李秀華《晚明變形書風之研究》，香港中文大學研究院藝術學部
　　哲學博士論文，一九九八年十月

葉啓政《中國傳統文人審美生活方式之研究》，國立台灣大學社
　　會學研究所博士論文，一九九九年六月

蘇月鴻《徐渭繪畫的創作背景及其風格研究》，私立中國文化大
　　學藝術研究所碩士論文，一九九九年十二月

羅欽賢《傳統中國佯狂故事之研究》，私立靜宜大學中國文學系
　　碩士論文，二〇〇〇年元月

程君顒《明末清初的畫派與黨爭》，國立台灣師範大學歷史研究
　　所博士論文，二〇〇〇年五月

范翠華《徐渭的人格發展與其繪畫關係之研究》，國立台灣師範
　　大學美術研究所碩士論文，二〇〇〇年七月

吳美琪《流行與世變—明代江南士人的服飾風尚及其社會心
　　態》，國立台灣師範大學歷史研究所碩士論文，二〇〇〇年
　　七月

洪光耀《徐渭書法研究》，國立台灣師範大學美術研究所碩士論
　　文，二〇〇一年六月

朱書萱《明代中葉吳中書家及其書風的形成》，國立台灣師範大
　　學國文研究所博士論文，二〇〇一年六月

莊子茵《宋代書法及其文學涵泳之研究》，國立中興大學中國文
　　學研究所碩士論文，二〇〇二年三月

四、期刊論文

李松〈徐渭生平與繪畫成就〉《文物》總第一二八期，北京：文
　　物出版社，一九六一年

洪丕謨〈論墨法〉《書法研究》總第二輯，上海書畫出版社，一
　　九七九年十月

鄭為〈徐渭「青天歌」卷的真偽問題〉《故宮博物院院刊》，台
　　北：故宮博物院，一九八〇年

李葉霜〈致〇〇老兄〉《書譜》第三十二期，香港：廣雅社，一

九八〇年二月

周蔚祖〈談題畫〉《書法研究》總第四輯，上海書畫出版社，一九八〇年十月

孫崇濤〈徐渭的戲劇見解—評《南詞敘錄》〉《文藝研究》一九八〇年第五期，中國人民大學書報資料社複印報刊資料

敬元沐〈徐渭雜劇《四聲猿》的藝術獨創性〉《紹興師專學報》一九八一年第四期

謝德銑〈紹興青藤書屋散記〉《西湖》一九八一年第五期

沈一草〈線的意象藝術〉《書法研究》總第八輯，上海書畫出版社，一九八二年第二期

黃簡〈書法藝術的本質〉《書譜》第五十二期，香港：書譜出版社，一九八三年六月

王一川〈中國書法的審美心理根源〉《書法研究》總第十三輯，上海書畫出版社，一九八三年第三期

周宗岱〈書法美探源〉《書法研究》總第十三輯，上海書畫出版社，一九八三年第三期

翁闓運〈側鋒、偏鋒、立體感〉《書法研究》總第十六輯，上海書畫出版社，一九八四年第二期

熊澄宇〈徐渭與《南詞敘錄》〉《地方戲藝術》一九八五年四月，中國人民大學書報資料社複印報刊資料

郭丕〈從黑白的世界中看書法藝術美〉《書法研究》總第二十輯，上海書畫出版社，一九八五年第二期

鍾家驥〈草書「動」「靜」辨〉《書法研究》總第廿一輯，上海書畫出版社，一九八五年第三期

黨禺〈「狂怪」和創新〉《書法研究》總第廿三輯，上海書畫出版社，一九八五年第四期

傅申著 鄭逢譯〈題跋與書法〉《書法研究》總第廿三輯，上海
　　書畫出版社，一九八六年第一期

黃明理〈徐文長書、詩、文、畫自評之探究〉，收於《晚明思潮
　　與社會變動》，私立淡江大學中文系主編，台北：弘化文化
　　事業有限公司，一九八七年

馮其庸〈徐渭的書畫藝術〉《朵雲》，一九八七年四月

王崗〈狂禪風中的變態美〉《書法研究》總第卅一輯，上海書畫
　　出版社，一九八八年第一期

楊臣彬〈八法散聖，字林俠客—徐渭書法小議〉《中國書法》，
　　北京：中國書法雜誌社，一九八八年第二期

陳振濂〈線條運動的形式—論書法藝術的時間特徵〉《中國書
　　法》，北京：中國書法雜誌社，一九八八年第二期

鍾銀蘭〈徐渭草書詩卷〉《書法叢刊》第十三輯，北京：文物出
　　版社，一九八八年二月

余佩瑾〈狂人的執著—談梵谷與徐渭的狂癲與藝術〉《歷史月
　　刊》第七期，一九八八年八月

茆帆〈書法風格的特徵及其形成〉《書法研究》總第卅五輯，上
　　海書畫出版社，一九八九年第一期

沈季林〈書初無意於佳乃佳〉《書法研究》總第卅七輯，上海書
　　畫出版社，一九八九年第三期

白鶴〈運筆十四勢論〉《書法研究》總第卅八輯，上海書畫出版
　　社，一九八九年第四期

劉隆民〈論醜〉《美學》一九八九年第五期

鄭為〈含淚的譏訶，動人的墨謔—論徐渭的藝術創作〉，收於
　　《徐渭》，浙江：浙江人民美術出版社，一九八九年

李玉梅〈論徐渭對女性才德之表彰〉收於《明史研究專刊》第九

　　期，宜蘭：明史研究小組，一九八九年十二月

鄭軍健〈從和諧到衝突〉《書法研究》總第四十三輯，上海書畫
　　出版社，一九九一年第一期

任白〈莊子浪漫美學中的醜〉《美學》一九九一年第一期

枕石〈平正與險絕〉《書法研究》總第四十五輯，上海書畫出版
　　社，一九九一年第三期

侯淑娟〈徐渭的文學批評觀〉《中國文化月刊》第一五〇期，一
　　九九二年四月

單國霖〈明代文人書畫交易方式初探〉，收於《上海博物館集
　　刊》第六期，上海古籍出版社，一九九二年十月一刷

蔣天耕〈空白論〉《書法研究》總第四十八輯，上海書畫出版
　　社，一九九二年第二期

賀志樸〈論「醜」的美學價值〉《美學》一九九二年第三期

沈培方〈時代傳統與明代書法〉《書法》，上海書畫出版社，一
　　九九二年第六期

陳方既〈書法美的歷史穩定性與時代變異性〉收於《書法研究》
　　第五十六輯，上海書畫出版社，一九九三年第四期

王琪森〈談書法的表現意識〉《書法研究》總第五十五輯，上海
　　書畫出版社，一九九三年第五期

尹旭〈回歸與叛逆〉《書法研究》總第五十五輯，上海書畫出版
　　社，一九九三年第五期

鄭榮明〈明代草書簡論〉《書法研究》總第五十五輯，上海書畫
　　出版社，一九九三年第五期

潘味琴〈八法之散聖，字林之俠客—徐渭及其行草書「杜甫秋興
　　八首」〉《書法》一九九三年第六期，上海：上海書畫出版
　　社

鄧牛頓〈美醜意識與藝術創造〉《美學》一九九三年第八期

陳慧星〈徐渭與青藤書屋〉《歷史月刊》第六十四期，一九九三
　　年五月

鄭文惠〈繪畫書法化論析〉《北市語文教育通訊》第二期，一九
　　九三年六月

王家誠〈徐渭傳〉連載於《故宮文物》第十一卷第五期～第十四
　　期，一九九三年八月～一九九六年十月

王洪源〈徐渭《草書李白詩》軸〉《書法叢刊》第卅六輯，文物
　　出版社，一九九三年十月

張啟亞〈中國書法藝術概論〉，收於《中國書法藝術‧先秦》，
　　北京：文物出版社，一九九三年十月一版一刷

鄭曉華〈線條論：書法藝術構成分析上、下〉《藝壇》第三〇八
　　期～三〇九期，一九九三年十一月～一九九三年十二月

俞美霞〈狂草線條中的三度空間〉《中華書道研究》第一期，台
　　北：中華書道學會，一九九三年十一月

虞衛毅〈「字意」、「書意」與「詩意」〉《書法研究》總第六
　　十一輯，上海書畫出版社，一九九四年第五期

朱以撒〈論書法家的孤獨意識〉《書法研究》總第六十二輯，上
　　海書畫出版社，一九九四年第六期

胡志平〈論徐渭——個在缺失的人生中崛起的書法偉人〉《中華
　　書道研究》第二期，台北：中華書道學會，一九九四年十一
　　月

張甫麟〈晚明文化思潮述略〉，收於《明史研究專刊》第十一
　　期，宜蘭：明史研究小組，一九九四年十二月

梁少膺〈恣肆狂怪的心理與藝術中的悲劇〉《書法研究》總第六
　　十四輯，上海書畫出版社，一九九五年第二期

林木〈從書畫同源到筆墨表現〉《書法研究》總第六十七輯，上海書畫出版社，一九九五年第五期

傅愛國〈「知白守黑」美學思想探源〉《書法研究》總第六十八輯，上海書畫出版社，一九九五年第六期

景旭〈美醜關係新識〉《美學》一九九五年第七期

鄒華〈惡擴散與醜增加〉《美學》一九九五年第九期

陳政見〈書法表現型式與情緒之關係〉《教師之友》第卅六卷第三期，一九九五年六月

柳曾符〈側鋒探源〉，收於《柳曾符書學論文集》，台北：華正書局，一九九五年六月初版

凍月〈徐渭繪畫藝術散論〉，收於《徐渭‧石濤花鳥畫風》，重慶：重慶出版社，一九九五年九月一版一刷

小丹〈繪畫書法化：文人畫與畫論史淵源〉《藝壇》第三二二期，一九九五年十月

朱樸〈論徐渭的美學思想〉《藝壇》第三二二期，一九九五年十月

陳欽忠〈北宋詩卷形式的完成及其美學意義〉《興大中文學報》第九期，一九九六年元月

李亞軍〈論書法藝術的中庸之道與辨證法〉《書法藝術》一九九六年第一期

余淑瑛〈徐渭其人及其文學藝術觀〉《嘉義農專學報》第五十期，一九九七年

陳欽忠〈詩卷格式的審美特色〉《中華書道季刊》第十五期，台北：中華書道學會，一九九七年二月

沈季林〈書法創作與興會〉《中國文化月刊》第二〇四期，一九九七年三月

傅通先〈青藤書屋走筆〉《中華書道季刊》第十六期，台北：中
　　華書道學會，一九九七年五月

歐豪年〈論書的結體與畫的經營位置〉《中華書道季刊》第十六
　　期，台北：中華書道學會，一九九七年五月

邊建國〈論痛苦體驗是文學創作的內驅力〉《河北師範大學公
　　報》第二十卷第三期，一九九七年七月

黃士純〈線談書法之繪畫性〉《歷史文物》第七卷第七期，台
　　北：國立歷史博物館，一九九七年十月

梅墨生〈畫家書法淺論〉《書法研究》總第七十五輯，上海書畫
　　出版社，一九九七年第一期

張幼矩〈書法在中國畫筆墨中的美學地位〉《中國書法》，北
　　京：中國書法雜誌社，一九九七年第二期

王田葵〈狂草：說不盡的美學難題〉《書法研究》總第七十七
　　輯，上海書畫出版社，一九九七年第三期

蔡顯良〈人、素質與書法〉《書法藝術》，一九九七年第四期

張芹蓀〈論藝術醜的美學功能與價值〉《學海》一九九七年第四
　　期

朱以撒〈論書法創作的情感力度與技巧力度〉《書法藝術》，一
　　九九七年第五期

潘知常〈美醜之間〉《美學》一九九七年第六期

張沐寧〈虛實相生與意境的形成〉《美學》一九九七年第十一期

曹愉生〈談書法藝術的雅與俗〉《歷史文物》第八卷第四期，台
　　北：國立歷史博物館，一九九八年四月

白謙慎〈明末清初中國書法的變遷〉《藝術家》第二七八期，一
　　九九八年七月

叢文俊「書卷氣」考評《中華書道季刊》第廿一期，台北：中華

書道學會，一九九八年八月

曾德宏〈中國草書的氣質〉《書法藝術》，一九九八年第三期

吳振鋒〈書法的「刺激性」與「耐看性」〉《書法研究》總第八十五輯，上海書畫出版社，一九九八年第五期

翁志飛〈書法用墨論〉《書法研究》總第八十五輯，上海書畫出版社，一九九八年第五期

陳方既〈殘缺作為一種審美形態〉《書法研究》總第八十五輯，上海書畫出版社，一九九八年第五期

關道雄〈論晚明公安派文論的「新變」思想〉《南京大學學報》，一九九九年第二期

王志明〈淺談中國古代藝術家的審美態度〉《社會科學家》總第七十七期，一九九九年第三期

胡傳海〈變態書家的精神分析〉《書法研究》總第九十輯，上海書畫出版社，一九九九年第四期

姚淦銘〈飛白書史相與史繹〉《書法研究》總第九十輯，上海書畫出版社，一九九九年第四期

郭頤揚〈論書法的節奏〉《書法研究》總第九十輯，上海書畫出版社，一九九九年第四期

何循真〈論書法精品的創作與高峰體驗之運用〉《書法研究》總第九十二輯，上海書畫出版社，一九九九年第六期

林慶文〈書寫與情感現象〉《中華書道季刊》第廿三期，台北：中華書道學會，一九九九年二月

周思源〈追求濃度——一個中國傳統美學思想〉《中國文化研究》總第廿三期，一九九九年春之卷

朱以撒〈書法欣賞的人文價值〉《書法之友》總第五十三期，安徽：安徽美術出版社，二〇〇〇年三月

宋后玲〈中國書法的抽象之美〉《歷史文物》第十卷第四期，台
　　北：國立歷史博物館，二〇〇〇年四月

李秀華〈晚明書風中用墨表現〉《二〇〇〇年兩岸三地書法學術
　　研討會論文》，台北：中華民國書法教育學會，二〇〇〇年
　　五月

西中文〈論文人書法的意義及其侷限〉《書法之友》第五十五
　　期，安徽：安徽美術出版社，二〇〇〇年五月

鍾明善〈談墨法之美〉《中華書道季刊》第廿八期，台北：中華
　　書道學會，二〇〇〇年五月

王靜芝〈談布白〉《中華書道季刊》第廿八期，台北：中華書道
　　學會，二〇〇〇年五月

劉延濤〈略論草書之美〉《中華書道季刊》第廿八期，台北：中
　　華書道學會，二〇〇〇年五月

楊永雯〈徐渭的書學淵源與行書「女芙館十詠」之風格〉《二〇
　　〇〇年書法論文選集》，台北：蕙風堂筆墨有限公司出版
　　部，二〇〇〇年八月

司徒越原著 虞衛毅整理〈書法的結字與章法〉《書法之友》第
　　五十八期，安徽：安徽美術出版社，二〇〇〇年八月

李尊武〈文化的積澱與人格的昇華〉收於《第五屆全國書法教育
　　學術研討會論文選集》，北京：中國教育學會書法教育專業
　　委員會，二〇〇〇年八月

陳維德〈從晚明的狂怪書風看書藝的發展〉收於《跨世紀書藝發
　　展國際學術研討會論文集》，台北：中華書道學會，二〇〇
　　〇年十月

葉鵬飛〈晚明社會與浪漫書風〉，收於《二十世紀書法研究叢書
　　・歷史文詠篇》，上海書畫出版社，二〇〇〇年十二月一刷

潘朝曦〈大道綱馭書道中〉，收於《二十世紀書法研究叢書・品鑒評論篇》，上海書畫出版社，二〇〇〇年十二月一刷

白謙慎〈雜書卷册和晚明文化生活〉《書法叢刊》總第六十三期，北京：文物出版社，二〇〇〇年第三期

陳方旣〈論「書卷氣」〉《書法研究》總第九十五輯，上海書畫出版社，二〇〇〇年第三期

梁繼〈柔毫萬丈寫朝暈—淺談聶成文近期的書法創作〉《中國書法》，北京：中國書法雜誌社，二〇〇〇年第十期

張愛國〈高堂大軸與明人行草〉《中國書法》，北京：中國書法雜誌社，二〇〇〇年第十二期

單國強〈徐渭生平和藝術〉，收於《徐渭精品畫集》，天津人民美術出版社，二〇〇一年一月

巫仁恕〈簡介明清社會與生活主題研究計畫〉《明代研究通訊》第四期，台北：中國明代研究學會，二〇〇一年十二月

張金梁〈略論明代書法對社會文化的影響〉《中國書法》，北京：中國書法雜誌社，二〇〇一年第二期

陳宇 鄒成〈晚明書法風格論〉《書法研究》總第一〇〇輯，上海書畫出版社，二〇〇一年第二期

李彤〈陽明心學與晚明書學〉《書法研究》總第一〇〇輯，上海書畫出版社，二〇〇一年第二期

沈必晟 沈必耀〈關於書法的空間情調〉《中國書法》，北京：中國書法雜誌社，二〇〇一年第四期

白砥〈漢字空間與書法藝術〉《中國書法》，北京：中國書法雜誌社，二〇〇一年第九期

林榮森〈徐渭書法美學探析〉《中華書道季刊》第三十五期，二〇〇二年二月

吳智和〈居家休閒生活〉，收於《徐渭精品畫集》第十三期，天
　　津人民美術出版社，二〇〇二年三月

胡志穎〈「書畫同源」辨析〉《書法研究》總第一〇六輯，上海
　　書畫出版社，二〇〇二年第二期

沃興華〈論點畫〉，《中國書法》，北京：中國書法雜誌社，
　　二〇〇二年第三期

王漢民〈「本色論」在明代的兩次論爭〉《古典戲曲─戲曲史
　　論》，大陸：出版社及年月不詳

五、碑帖、畫冊

《故宮歷代法書全集》第一～卅二冊，台北：故宮博物院，一九
　　七〇年三月

莊伯和編《書道藝術第六卷・蘇軾、黃庭堅、米芾》，台北：藝
　　術圖書公司，一九七六年七月

尤光先編《書道藝術第八卷・祝允明、文徵明、董其昌》，台
　　北：藝術圖書公司，一九七六年七月

吳哲夫編《中華五千年文物集刊・法書篇》第一～十卷，台北：
　　中華文物集刊編輯委員會，一九八五年八月初版

《中國古代書畫圖目》第一～二十一冊，北京：文物出版社，一
　　九八七年九月一版

日本二玄社《中國法書選》第一～六〇冊，一九九一年一月初版
　　二刷

孫寶文編《歷代千字文墨寶》（上下二冊），吉林美術出版社，
　　一九九一年五月一版一刷

孫寶文編《徐渭行書千字文》，吉林文史出版社，一九九四年一
　　月一刷

劉正成主編《中國書法全集・第五十六卷・明代，黃道周》，北
　　京：榮寶齋出版社，一九九四年十一月一刷

甄明菲主編《淳化閣帖》，天津：古籍出版社，一九九六年七月
　　一刷

孫寶文編《古詩墨翰》第一冊，遼寧美術出版社，一九九六年十
　　月一刷

《中國歷代大師名作叢書・徐渭畫集》，江蘇美術出版社，一九
　　九七年一月一刷

王肇達編《徐渭畫集》，浙江：人民美術出版社，一九九七年二
　　月一版二刷

劉正成主編《中國書法全集・第四十九卷・明代，祝允明》，北
　　京：榮寶齋出版社，一九九八年十月二刷

《明清書法墨蹟叢帖之二・明，徐渭草書詩》，廣西美術出版
　　社，二〇〇〇年一月一刷

《明清書法墨蹟叢帖之二・明，徐渭行書雨中醉草》，廣西美術
　　出版社，二〇〇〇年一月一刷

《明清書法墨蹟叢帖之二・明，徐渭行書詩》，廣西美術出版
　　社，二〇〇〇年一月一刷

《徐渭草書千字文》，北京：榮寶齋出版社，二〇〇〇年六月一
　　刷

《徐渭草書二種》，北京：榮寶齋出版社，二〇〇〇年六月一刷

劉正成主編《中國書法全集・第五十卷・明代，文徵明》，北
　　京：榮寶齋出版社，二〇〇年九月一刷

劉正成主編《中國書法全集・第四十六卷・元代，康里巎巎、楊
　　維楨、倪瓚》，北京：榮寶齋出版社，二〇〇〇年十二月一
　　刷

《中國歷代書法大師名作精選‧徐渭》，浙江：西冷印社，二〇
　　〇一年一月一版一刷

劉正《徐渭精品畫集》，天津人民美術出版社，二〇〇一年一月

過大江編《徐渭墨蹟大觀》，上海：人民美術出版社，二〇〇一
　　年二月二刷

齊林編《徐青藤草書自書詩帖》，天津人民美術出版社，二〇〇
　　二年一月一刷

六、工具書

《中國文學欣賞全集》，台北：莊嚴出版社，一九八三年十一月
　　一版一刷

《中國美學史資料選編》（上下二冊），台北：輔新書局，一九
　　八四年九月初版

柏楊《中國歷史年表》（上下二冊），台北：躍昇文化事業公
　　司，一九九四年元月

劉九庵編著《宋元明清書畫家傳世作品年表》，上海書畫出版
　　社，一九九七年一月一版一刷

《古代藝術三百題》，上海：古籍出版社，一九九八年十二月三
　　刷

《中國古典美學舉要》，安徽教育出版社，二〇〇〇年九月一刷

《書法知識千題》，河南美術出版社，二〇〇一年三月四刷

鄧明主編《中國書法藝術圖典》，上海書畫出版社，二〇〇一年
　　五月一刷

《中國文學總新賞‧唐詩新賞（杜甫）》，台北：地球出版社

七、一般書目

王伯敏《中國繪畫史》，上海：人民美術出版社，一九八二年

《中國文學講話（九）明代文學》，台北：巨流圖書公司，一九八七年五月一版一刷

曾祖蔭《中國古代文藝美學範疇》，台北：文津出版社，一九八七年八月

曹淑娟《晚明性靈小品研究》，台北：文津出版社，一九八八年七月

潘德熙《文房四寶─中國書具文化》，上海：古籍出版社，一九九一年十月一刷

徐復觀《中國藝術精神》，台北：學生書局，一九九二年七月十一刷

洪丕謨《中國文房四寶》，新竹：理藝出版社，一九九二年九月初版

陳平《中國居住文化》，台北：中華書局，一九九三年九月一版一刷

曹林娣《姑蘇園林與中國文化》，台北：萬卷樓圖書有限公司，一九九三年十二月初版

孫敦秀《中國文房四寶》，北京：新華出版社，一九九三年十二月一刷

廖可斌《復古派與明代文學思潮》（上下二冊），台北：文津出版社，一九九四年二月初版

楊鴻勛《江南園林論》，台北：南天書局，一九九四年二月

陳捷先《明清史》，台北：三民書局，一九九五年二月再版

劉壯《中國應用文發展史》，北京：書目文獻出版社，一九九五

年六月一刷

張涵 史鴻文《中華美學史》，北京：西苑出版社，一九九五年
　　八月一刷

錢存訓、劉拓、汪劉次昕《造紙及印刷》，台灣：台灣商務印書
　　館，一九九五年九月初版一刷

金開誠 王岳川主編《中國書法文化大觀》，北京：北京大學出
　　版社，一九九六年七月二刷

何冠彪《明清人物與著述》，台北：台灣商務印書館，一九九六
　　年十二月台初版一刷

王爾敏《明清社會文化生態》，台北：台灣商務印書館，一九九
　　七年七月初版一刷

牛健強《明代中後期社會變遷研究》，台北：文津出版社，一九
　　九七年八月一刷

周明初《晚明士人心態及文學個案》，北京：東方出版社，一九
　　九七年八月一刷

葉長海《中國藝術虛實論》，台北：學海出版社，一九九七年十
　　二月初版

湯綱 朱元寅《明史》，香港：中華書局，一九九八年五月初版

吳承學《晚明小品研究》，江蘇：古籍出版社，一九九八年七月
　　一刷

吳剛《中國古代城市生活》，台北：台灣商務印書館，一九九八
　　年十一月

陸揚《精神分析文論》，山東：山東教育出版社，一九九八年十
　　二月一刷

周志文《晚明學術與知識分子論叢》，台北：大安出版社，一九
　　九九年三月一版一刷

黃清連《酒與中國文化》，台北：行政院文化建設委員會，一九
　　九九年六月增訂一版

李均明 劉軍《簡牘文書學》，廣西：廣西教育出版社，一九九
　　九年六月一刷

錢基博《明代文學》，台北：台灣商務印書館，一九九九年九月
　　台二版一刷

陶水平《審美態度心理學》，天津：百花文藝出版社，一九九九
　　年十月二刷

趙樹功《中國尺牘文學史》，河北：河北人民出版社，一九九九
　　年十一月一刷

張勉之《文明的推手—中國的四大發明》，台北：萬卷樓圖書公
　　司，一九九九年十二月初版

毛文芳《晚明閒賞美學》，台北：學生書局，二〇〇〇年四月初
　　版

日本‧廚川白村著，魯迅譯《苦悶的象徵》，台北：昭明出版
　　社，二〇〇〇年七月一版一刷

蕭默《巨麗平和帝王居—古代宮殿與都城建築》，台北：萬卷樓
　　圖書公司，二〇〇〇年七月初版

劉秋根《明清高利貸資本》，北京：社會科學文獻出版社，二〇
　　〇〇年八月一刷

曹天生《中國宣紙》，北京：中國輕工業出版社，二〇〇〇年九
　　月一刷

劉敦禎《中國古代建築史》，台北：文海學術思想研究發展文教
　　基金會，二〇〇〇年十月再版

李澤厚《美的歷程》，台北：三民書局，二〇〇〇年十一月

周心慧 嚴樺《文房四寶—筆墨紙硯》，台北：萬卷樓圖書公司，

二〇〇〇年十二月初版

孟亞男《微型山水─古代園林》，台北：萬卷樓圖書公司，二〇
　　〇〇年十一月初版

劉永成《巧手多能─中國古代手工業史》，台北：萬卷樓圖書公
　　司，二〇〇〇年十一月初版

于明詮《常有夢齋初集》，北京：燕山出版社，二〇〇一年六月
　　一刷

周祥林《匆匆的三月》，北京：燕山出版社，二〇〇一年六月一
　　刷

龔鵬程《晚明思潮》，宜蘭：佛光人文社會學院編譯出版中心，
　　二〇〇一年十月一版一刷